I0220860

9 781777 051617

نقش سینما
در انقلاب ایران

امیرشفقی

شناسنامه:

نقش سینما در انقلاب ایران

نویسنده: امیر شفقی

صفحه‌آرایی: پروانه ابراهیمی

ویراستار: نیلوفر جانمیان

طراح جلد: مهدی پوریان

تاریخ چاپ: سپتامبر ۲۰۲۱

ناشر: WorldWide Twilight

ISBN: 978-1-7770516-1-7

فهرست

مقدمه

پرداختن به سینمای پیش از انقلاب را از جنبه‌های مختلفی می‌توان پی گرفت. آنچه از اهمیت ویژه‌ای برخوردار است تاثیری‌ست که این سینما روی جامعه می‌گذارد و عاقبتی‌ست که خود پیدا می‌کند. حالا و از این فاصله زمانی که نگاه می‌کنیم تاثیر سینما بر جامعه آنروز را بهتر می‌توانیم تحلیل نماییم. تاثیری که بایستی آنرا در بستر زمان و در قالب جامعه سنتی ایرانی دهه‌های ۴۰ و ۵۰ مورد توجه قرار داد که در سخت‌ترین جنگ درونی خود برای گذار به مدرنیته قرار داشت. از این‌رو، اگر جایی از کلمه غیرعرفی استفاده می‌شود باید به بافت عمومی آن دو دهه و حساسیت‌های سنتی بالا توجه کرد. چون تلاش این کتاب ارائه رویکردی تحلیلی درباره کلیت سینمای پیش از انقلاب و اثر آن روی جابجایی قدرت است، محتوا، به خودی خود انتقادی‌ست. در عین حال نباید مزایای آن سینما را که تجمع تجربه و احساس وسیع هنری‌ست از نظر دور داشت. سینمای بعد از انقلاب هر چه دارد و شده است نتیجه تلاش‌های وسیع سینماگران آن دوره است. در واقع بدنه فنی، خود به تنهایی، بزرگترین سرمایه‌ای بود که سینمای پیش از انقلاب به ارث گذاشت. ضمن اینکه کتاب در پی آن نیست دلیل بروز تغییری بنیادین در اندازه انقلاب ۵۷ را سینما جلوه دهد. سینما به اندازه خود سهم داشته و چون رسانه‌ای اثرگذار بوده بیشتر از سایر زمینه‌های هنری موثر بوده است. در هر صورت سینمای بعد از انقلاب بجز اینکه بخشی از ضعف‌های سینمای پیش از انقلاب را یدک می‌کشد دچار آفت‌های جدیدی هم شده است که چون این مقطع، مد نظر کتاب نیست به آنها ورود نشده است.

برای موضوعات کتاب مثال‌هایی هم زده شده است که تنها نمونه‌هایی از محتوای تولیدی/ تصویری پیش از انقلاب هستند. در واقع دنباله فیلم‌هایی که مثال زده می‌شوند می‌توان نمونه‌های بیشتری آورد به نحوی که تمام سینمای پیش از انقلاب در حیطه همین مثال‌ها طبقه‌بندی شوند. در کتاب به تفاوت انواع سینمای پیش از انقلاب، اعم از فیلم فارسی و موج نو هم اشاره شده است اما مبنای دسته‌بندی‌ها بر این اساس نیست. معمولا، به دلیل ویژگی‌هایی که از فیلم فارسی بیان می‌شود، منتقدین و پژوهشگران با نوعی اکراه، از تحلیل و پرداختن دقیقتر به آن خودداری می‌کنند. در این نوشتار چون هدف بررسی تاثیر سینما بر مدرنیته و متعاقب ان بروز انقلاب است، به فیلم‌ها فارغ از تقسیم‌بندی‌های

رایج، بر اساس نسبت پیام آنها با تحولات جامعه پرداخته شده است. ممکن است در شاخص‌های مورد نظر، فیلم‌های جدی و عامه‌پسند، کنار هم قرار بگیرند یا متفاوت باشند. در عین حال سعی شده به تمام فیلم‌های موسوم به موج نو، جایی که موضوعیت داشته‌اند، پرداخته شود. نکته دیگر اینکه تلاش شده تا جای ممکن از بکار بردن اصطلاحات سینمایی مانند ناتورالیسم، ملودرام و ... اجتناب شود تا کتاب کارکردی عمومی پیدا کند. شاخص‌هایی هم که برای مدرنیته مورد بررسی قرار گرفته‌اند لزوما موارد عنوان شده در کتب علوم اجتماعی، سیاسی و علمی نیستند. آنچه اینجا گفته می‌شود در مورد شرایط ویژه ایران قابل طرح است.

امیر شفقی- تورنتو
دوران کرونا
۲۰۲۱

فصل اول

سینمای ایران

ظهور، افول، اثرگذاری و اثرپذیری هر پدیده‌ای را بایستی در پیوند با شرایط کلی جامعه و جهان، به لحاظ تاریخی، سیاسی، اقتصادی، فرهنگی و اجتماعی مورد بررسی و مداقه قرار داد. هنر پیش از این در مغرب زمین عموما، یا محصور در حیطه قدرت حاکمان و مال‌داران بود یا در کلیسای مسیحیت امکان و فرصت ظهور و بلوغ می‌یافت. بعنوان مثال اگر حمایت توانگران و سفارش‌های کلیسا نبود، داوینچی هرگز فرصت بروز آنهمه استعداد را نمی‌یافت. در ایران‌زمین اما زمینه‌های هنری متفاوت بوده است. پس از ورود اسلام، که معجزه پیامبرش کتاب است، تنها هنری که بصورت جدی طی قرون متمادی امکان رشد واقعی می‌یابد شعر است. در هر دوره و قرنی، انواع و اقسام شاعر در قالب‌های مختلف شعری ظهور کرده‌اند. در واقع بخاطر شیوه جایگاه‌یابی اسلام، که آغازش بر مبنای مبارزه با بت‌پرستی‌ست، هنرهای تصویری، اقبال زیادی برای رشد نمی‌یابند. به همین دلیل است که اگر تاریخ نقاشی را بررسی کنیم تنها چند نام می‌درخشند.[۱] تئاتر هم، بعنوان پدر سینما، بیشتر در قالب تعزیه عمومیت می‌یابد. تعزیه با فرمی کاملا مشخص، داستان‌هایی معین، کاراکترهایی یکسان و برگزاری طی روزهای مشخصی از سال اساسا محصولی نبوده که امکان توسعه داشته باشد. با این اوصاف دو اختلاف اساسی میان سابقه هنرهای بصری بین ایران و مغرب زمین وجود دارد. ۱- این هنرها در غرب، در حیطه اختیار و کنف حمایت توانگران و کلیسا بوده‌اند. در صورتی که اسلام با هنر میانه‌ای نداشته و حاکمان نیز بیشتر از شعر حمایت کرده‌اند. ۲- برعکسِ مغرب‌زمین که هنرهای بصری مجال کافی برای رشد داشته‌اند در ایران، ماهیتاً، چنین امکانی وجود نداشته است.

دوران قاجار و پهلوی اول

شرایطی که گفته شد، بصورت جدی وجود دارد تا در دوران قاجار، علاقه و انگیزه شخصی ناصرالدین‌شاه باعث گسترش عکاسی می‌شود. گسترشی که بخشی از آن به دلیل پذیرش این هنر توسط ملا هادی سبزواری میسر می‌شود.[۲] در واقع این پذیرش، بعنوان مهر تاییدی مذهبی، بزرگترین مانع در برابر هنرهای تصویری را کم رنگ می‌نماید. علاقه سلطان صاحبقران در فرزندش مظفرالدین شاه تداوم می‌یابد و به شکل تمایل به سینما بروز می‌نماید. شاه پسر، در بازگشت از فرنگ، دوربین فیلمبرداری به سوغات می‌آورد و زمینه ظهور سینما در ایران را فراهم می‌نماید.[۳] پس از آن نخستین فیلم صامت ایرانی با نام آبی و رابی توسط

آوانس اوهانیانس در سال ۱۳۰۹ در دوران رضاشاه ساخته می‌شود. دختر لُر هم بعنوان نخستین فیلم ایرانی ناطق ایرانی به همت اردشیر ایرانی در سال ۱۳۱۲ روی پرده نقره‌ای جا خوش می‌کند. از زمان آبی و رابی تا ۱۳۱۶ کلا ۹ فیلم صامت و ناطق ساخته می‌شوند.(۴) این سال‌ها دقیقا مصادف است با تثبیت حزب نازی و قدرت گرفتن هیتلر در آلمان. شروع جنگ جهانی دوم، به تاریخ شهریور ۱۳۱۸ در اروپا و اتفاقات بعد از آن، سینمای ایران را عملا به محاق می‌برد و تا ۱۳۲۸ هیچ فیلمی ساخته نمی‌شود.

دهه‌های ۲۰ و ۳۰

با آغاز دهه ۲۰ شمسی کشور توسط متفقین اشغال می‌شود و پادشاهی نیز از رضاشاه به پسر ارشدش محمدرضاشاه منتقل می‌گردد. شرایطی که حوصله و بضاعت چندانی برای توجه و پر و بال دادن به پدیده جدیدی که نبودش هیچ تاثیری در زندگی روزمره ندارد، باقی نمی‌گذارد. در این دهه کلا چهار فیلم ساخته می‌شوند. (۵) با آغاز دهه ۳۰ سینما کم‌کم رونق می‌گیرد و با وجود درگیری‌های سال‌های اولیه و ماجرای ۲۸ امرداد، رشد کمی قابل توجهی می‌نماید. سال ۱۳۳۲، ۲۱ فیلم ساخته می‌شود و در انتهای دهه، یعنی سال ۱۳۳۹، این عدد به ۲۹ فیلم می‌رسد. نامی که در این دهه بیشتر از همه می‌درخشد ساموئل خاچیکیان است. او که نخستین فیلم خود به نام بازگشت را در ۱۳۳۲ به نمایش درآورده با آثاری مانند دختری از شیراز، چهار راه حوادث، شب‌نشینی در جهنم و طوفان در شهر ما سینما را از حالت جمود اولیه خارج می‌نماید و فیلم‌های پرفروشی می‌سازد. با این حال، در این دهه، بیشتر شاهد رشد کمی هستیم و سینمای ایرانی قوام بایسته را نمی‌یابد. شرایط فرهنگی، اقتصادی و اجتماعی آن دهه و سنگینی فضای بعد از ۲۸ امرداد اجازه توجه جدی به سینما و شکوفایی استعداد های ایرانی را نمی‌دهد و هنوز سینمای فارسی جایگاه درخوری ندارد. در واقع سینماگران، با فیلم‌هایی اولیه، در حال محک بازار و جایگاه‌یابی برای حرفه خود می‌باشند. رویدادهای خوشایند دیگری نیز در این دهه رخ می‌دهند.

۱- محمدعلی فردین به سینما روی می‌آورد و آغاز به کار می‌کند.

۲- فرخ غفاری فیلم جنوب شهر را بعنوان آغازگر تجربه تولید آثار واقع‌گرا با مولفه‌های ایرانی می‌سازد.

۳- استودیوهای فیلمسازی مانند پارس، گلستان، میثاقیه و آژیر فیلم پایه‌گذاری

می‌شوند.
۴- فیلمخانه ملی ایران توسط فرخ غفاری تاسیس می‌شود.
۵- راه‌اندازی سینماهای زنجیره‌ای مولن‌روژ توسط برادران اخوان در هشت سالن آغاز می‌شود.
۶- افرادی مانند هژیر داریوش، پرویز دوایی، هوشنگ کاووسی و هوشنگ طاهری به عرصه‌های مختلف سینمایی مانند نقد فیلم ورود می‌کنند.
۷- ستاره سینما بعنوان نخستین مجله سینمایی ایران پایه‌گذاری می‌شود.
۸- نخستین فرستنده"تلویزیونی ایران" ساعت ۵ بعد از ظهر جمعه ۱۱ مهر ماه سال ۱۳۳۷ راه‌اندازی می‌گردد.

دهه‌های ۴۰ و ۵۰

با ورود به دهه چهل، بعنوان نقطه عطفی هیجان‌انگیز در تاریخ معاصر، شاهد تغییرات بنیادینی در تمام زمینه‌ها هستیم. جامعه ایرانی در این دهه متاثر از شرایط داخلی و جهانی برای عصری نوین، در مناسبات مختلف، خیز بلندی برمی‌دارد. به لحاظ محیط بیرونی، در این سال‌ها، دنیا با ظهور پدیده‌های اعتراضی مانند انقلاب جنسی، هیپی‌گری و جنبش زنان، پادفرهنگ دهه ۶۰ میلادی را تجربه می‌کند. در اوج جنگ سرد ابرقدرت‌ها هر یک به نوعی در حال زورآزمایی هستند. انقلاب‌های متعدد در نقاط مختلف جهان از کوبا تا شمال آفریقا رخ داده‌اند. چهره‌هایی مانند فیدل کاسترو و چه‌گوارا ظهور نموده‌اند و تب فعالیت‌های چریکی در دنیا بالا گرفته است. در واقع جوی در جهان حاکم است که اثرات تک‌تک آنها به ایران هم می‌رسد و جامعه را متاثر می‌نماید.
به لحاظ محیط داخلی، شاه که از دهه‌های پرتلاطم ۲۰ و ۳۰ فاصله گرفته و افزایش درآمدهای نفتی ثبات و اعتماد بنفس بیشتری به او داده، مهمترین رویداد دهه ۴۰ یعنی انقلاب سفید را رقم می‌زند. انقلابی که بعد از پایه‌گذاری آموزش نوین، انقلاب مشروطه و راه‌اندازی سازمان‌های جدید به جامعه عرضه می‌شود و حکم مهمترین خیزش، به سمت مدرنیته را می‌یابد. متعاقبا، اصلاحات ارضی بعنوان یکی از اصول انقلاب سفید برای تغییر ساختار اقتصادی کشور از فئودالیسم به بورژوازی باعث سرازیرشدن نیروی کار به شهرهای بزرگ در قالب مهاجرت می‌شود. کارآفرین‌های قوی ظهور می‌کنند، کارخانه‌های متعددی پایه‌گذاری می‌شوند و جامعه به سمت صنعتی شدن، جدی‌ترین گام‌های خود را

بر می‌دارد. در زمینه ورزش، تیم‌های ملی ایرانی بخصوص در کشتی و وزنه‌برداری شروع به افتخارآفرینی می‌کنند و قهرمانانی در سطح جهان و المپیک به مردم معرفی می‌نمایند. به لحاظ آموزشی، دانشگاه‌های مختلفی پایه‌ریزی می‌شوند و مراکزی مانند حسینیه ارشاد نیز آغاز به کار می‌کنند. کتاب‌های متعددی مانند اگزیستانسیالیست و اصالت بشر از سارتر و مادر از ماکسیم گورکی ترجمه می‌شوند و در داخل هم کتبی مانند ماهی سیاه کوچولو از صمد بهرنگی و غرب‌زدگی جلال آل‌احمد نوشته می‌شوند. سیستم‌های مخابراتی نصب می‌شوند و تولید و استفاده از وسایط نقلیه جدید، مانند خودرو و موتورسیکلت، همگانی می‌شوند. در عین حال، همزمانی انقلاب سفید با مرگ آیت‌الله بروجردی تمایل اقلیتی از روحانیت برای ورود مستقیم به سیاست را افزایش می‌دهد. روشنفکران و مخالفان غیر معمم حکومت پهلوی، جانی تازه می‌گیرند و شروع به سازماندهی فعالیت‌های خود می‌کنند. در واقع نسل جدیدی از راه می‌رسد که از واقعه ۲۸ امرداد آسیب‌های کمتری دیده و جسورانه‌تر فعالیت می‌کند. مجموعه این شرایط اثرات مختلف فرهنگی، اجتماعی و اقتصادی برای جامعه ایرانی در پی دارند و رشد، تضاد و سردرگمی به یکباره بروز می‌نمایند.

سینما هم، با توجه به اتمسفر به وجود آمده، در انطباق و پیوند با شرایط جامعه، شاهد رشد بسیار سریعی‌ست و پس از تاثیرپذیری اولیه از اطراف، شروع به تاثیرگذاری قابل لمس روی محیط می‌کند. اولین جایزه بین‌المللی کارگردانی، در سال ۴۰ توسط ابراهیم گلستان از جشنواره ونیز برای فیلم "یک آتش" گرفته می‌شود و "خانه سیاه است" فروغ فرخزاد، جایزهٔ بهترین"فیلم مستند سال ۴۱" فستیوال فیلم" آلمان غربی را بدست می‌آورد. نقد و گفتمان انتقادی رشد می‌کند و فیلم‌ها از جنبه‌های گوناگون تحلیل می‌شوند. تعداد زیادی سینما تاسیس می‌شوند و گنج قارون (سیامک یاسمی) به سینمای ایرانی رونق می‌بخشد. بعد از آن، دو فیلم مهم قیصر (مسعود کیمیایی) و گاو (داریوش مهرجویی) آغازی می‌شوند برای تاثیر جدی سینما بر زندگی اجتماعی و سیاسی مردم کشور. کانون پرورش فکری کودکان و نوجوانان آغاز به کار می‌کند و بخش سینمایی آن راه‌اندازی می‌شود. جشن هنر شیراز پایه‌ریزی و بصورت سالانه برگزار می‌شود. جشنواره رشد سال ۴۲ و جشنواره سپاس سال ۴۸ پایه‌گذاری می‌شوند. هنر دوبله رشد می‌کند و به کمک شخصیت‌پردازی کاراکترهای سینمایی می‌آید. رشد هنر در سایر زمینه‌های تصویری مانند عکاسی، نقاشی

و گرافیک، در مواردی مانند ساخت تیتراژ و طراحی پوستر فیلم، به کمک سینما می‌آید. ادبیات و شعر به اشکال مختلفی مانند فیلمنامه‌های اقتباسی و ترانه‌های اعتراضی به خدمت سینما در می‌آیند. سینما حتی از موفقیت‌های ورزشی بهره می‌برد و بجز فردین، ورزشکاران صاحب‌نامی همچون حبیب‌الله بلور، عزیز اصلی، محراب شاهرخی، امامعلی حبیبی و حسین ملاقاسمی را به خدمت می‌گیرد. سینماگران ایرانی تحصیل‌کرده در غرب، مانند فریدون رهنما، پرویز کیمیاوی، فریدون گُله، داریوش مهرجویی، آربی آوانسیان، کامران شیردل، بهمن فرمان‌آرا و سهراب شهیدثالث آغاز به تولید محتوای سینمایی یا مستند می‌کنند. سازمان تلویزیون ملی ایران، با جذب افرادی مانند فرخ غفاری و فریدون رهنما، تاسیس می‌شود و مدرسه عالی تلویزیون و سینما سال ۴۸ کار خود را آغاز می‌کند. در این دهه شاهد تولید میانگین سالانه بیش از ۴۶ فیلم هستیم و تنها در سال ۴۷، ۷۱ فیلم در سینمای ایران تولید می‌شود.

دهه ۵۰ شمسی دهه انقلاب است. در واقع به این دهه که می‌رسیم، تحولات عظیم دهه ۴۰ در همه زمینه‌ها، کم‌کم اثر خود را در جامعه نشان می‌دهند و تضادها و تناقض‌ها آشکار می‌شوند. درگیری‌های سیاسی، بخصوص بعد از واقعه سیاهکل، وارد فاز جدی‌تری می‌شوند و شکل مسلحانه می‌گیرند. در حالی که بخشی از مردم کماکان در خانه‌های موسوم به "خانه قمرخانم" زندگی می‌کنند دانسینگ، هیپیسم و مینی‌ژوب گسترش می‌یابند و سبک جدیدی از زندگی را در شهرها ارائه می‌نمایند. این پدیده‌ها را وقتی در کنار کلاه شاپو، چاقوی ضامن‌دار و پنجه‌بکس می‌بینیم نشانگر تعارضی‌ست که جان گرفته بود. در سوی دیگر ماجرا، فارغ‌التحصیلان مراکز آموزش تخصصی تولید محتوای تصویری داخلی آغاز به کار می‌کنند. جشنواره جهانی فیلم تهران در سال ۵۱ پایه‌گذاری می‌شود. ترانه‌های اعتراضی رشد می‌کنند و وقتی روی فیلم‌ها می‌نشینند تاثیر فیلم‌های معترض را بالا می‌برند. تلویزیون حضور گسترده‌تری در خانه‌ها می‌یابد و مردم در معرض محتوای تصویری بیشتری قرار می‌گیرند. سازمان ملی تلویزیون بصورت جدی مبادرت به تولید فیلم‌های سینمایی مانند طبیعت بی‌جان و در غربت (سهراب شهیدثالث)، زنبورک (فرخ غفاری)، شازده احتجاب (بهمن فرمان‌آرا)، اوکی مستر، مغول‌ها و باغ سنگی (پرویز کیمیاوی)، دایره مینا (داریوش مهرجویی) چشمه (آربی آوانسیان)، پسر ایران از مادرش بی‌اطلاع است (فریدون رهنما) و بی‌تا (هژیر داریوش) می‌نماید. در کنار این موارد باید به تولید سریال‌ها و فیلم‌های

مستندی مانند درخت مراد (زکریا هاشمی)، خورشید در مه (نظام کیایی) و برباد (خسرو پرویزی) توسط تلویزیون هم اشاره کرد که مستقیم و غیرمستقیم بر سینما اثر داشته‌اند. کانون سینماگران پیشرو، در رقابت با سندیکای هنرمندان فیلم ایرانی، تشکیل می‌شود. شرایطی که باعث می‌شود رقابت بین فیلم فارسی و موج نو اوج بگیرد و محتوای تولیدی بیش از پیش به تضادها و تناقض‌ها دامن بزند. به لحاظ کمی هم در این دوره شاهد بیشترین رشد تولید فیلم هستیم. تنها در سال ۵۱، ۹۰ فیلم در سینمای ایران ساخته می‌شوند و بطور متوسط هم در آن ۷ سال شاهد میانگین تولید سالانه ۷۵ فیلم هستیم.(۶)

فصل دوم

دوره عمر محصول سینما در ایران

برای سینمای پیش از انقلاب می‌توان منحنی چرخه عمر کالا را با مراحل معرفی، رشد، بلوغ و افول که از تلاقی عناصر مختلف شکل گرفته‌اند در نظر گرفت. مهمترین نکته در مورد منحنی مذکور، قطعیت رسیدن به مرحله افول و حذف از بازار است، اگر محصولات و طبقات کالایی خود را با نیازهای مشتریان و جامعه منطبق نکنند. برای سینمای ایران مرحله معرفی به جامعه در دوران رضاشاه اتفاق می‌افتد. مرحله‌ای که در آن اثرگذاری اقلیت‌های مذهبی کاملا مشهود است و دو نام اوانس اوهانیانس و اردشیر ایرانی می‌درخشند. اما ورود به مرحله رشد، به دلایلی که پیش‌تر ذکر شد، تا دهه ۳۰ به تعویق می‌افتد. در واقع پس از واقعه ۲۸ امرداد است که به دلیل فضای مناسب‌تر، سینما وارد مرحله رشد می‌شود و بعد از آن در مسیر خود، با دو نقطه عطف اصلی، تقویت می‌گردد. اولین نقطه عطف، سال ۱۳۴۴، با استقبال بی‌نظیر مردم از گنج قارون رخ می‌دهد. این فیلم که محل تلاقی ورزش اول کشور با رویاپردازی، در هم‌ذات‌پنداری با کاراکتری بلندطبع است برآورنده نیاز عیان شده مردم کشور بود. بعد از آن، با رونق سینمای ایرانی و افزایش درآمدها، امکانات مالی و غیرمالی فراوانی در اختیار عوامل تولید قرار می‌گیرد تا حجم وسیعی محتوای سینمایی ساخته شوند. دومین نقطه عطف مرحله رشد، سال ۴۸ با ساخت قیصر رقم می‌خورد. فیلمی که مسیر سینمای ایران را تغییر می‌دهد و با ورود مولفه‌های جدید، تمام تاریخ معاصر کشور را متاثر از خود می‌کند. مرحله رشد سینما، بعد از قیصر، با افت و خیز، حدود ۹ سال ادامه می‌یابد و با وقوع انقلاب، قبل از ورود کامل به مرحله بلوغ، بطور ناگهانی مرحله افول را تجربه می‌کند. مهمترین نکته‌ای که در بررسی دوره رشد سینمای آن دوران به چشم می‌خورد سرعت رشد و بومی شدن کمی و فنی این طبقه کالایی‌ست. رشدی که تنها در فاصله زمانی ۱۳ ساله بین گنج قارون تا انقلاب، به قدری زیاد بوده که از کنترل خارج شده است. در واقع هیچ ۱۳ سالی در تاریخ هنر ایران، به لحاظ اثرگذاری یک هنر بر جامعه، در هیچ زمینه‌ای، با فاصله سال‌های ۴۴ تا ۵۷، قابل قیاس نیست. سینمای ایران تنها ۴ سال بعد از گنج قارون به قیصر می‌رسد و ۹ سال بعد انقلاب رخ می‌دهد. در این مدت کوتاه، حجم وسیعی فیلم ساخته می‌شوند که ریشه‌های نظام اجتماعی نوپایی که به سمت مدرنیته خیز برداشته بود و متولی آن، یعنی نظام پهلوی را هدف قرار می‌دهند. در واقع اثرگذاری سینما روی شرایط سیاسی و اجتماعی آن دوران، حاصل عرضه کالاهای نابالغی ست که به درستی قوام نیافته بودند. محصول هنری نوظهوری

که از نظر کمی به سرعت رشد می‌نماید و تا حکومت پهلوی به قدرت آن واقف شود و به تاثیر فیلم‌ها و کاراکترهای خلق شده پی ببرد، کار از کار گذشته است. پیش از آنکه جامعه مجالی برای ۱- تعریف ماموریت و چشم‌انداز درست ۲- تشخیص و درک میزان اثرگذاری ۳- ایجاد خبرگی در تولیدکنندگان ۴- افزایش بلوغ سینمایی عمومی بیابد، اثر عدم بلوغ سینما برای همیشه در تاریخ معاصر ایران به جا می‌ماند.

نشانه‌های بلوغ

با اینکه سینمای آن دوران نتوانست بطور کامل وارد مرحله بلوغ شود اما نشانه‌هایی از نزدیکی به این مرحله در آستانه انقلاب وجود دارند. در واقع اگرچه طی سه دهه ۳۰ تا ۵۰ فیلم‌های خوبی ساخته می‌شوند که مجال قوت نمی‌یابند اما در صورت تداوم روند مدرنیته، هم جامعه هم نظام حاکم، چاره‌ای جز پذیرش فیلم‌های خوب و همراهی با بلوغ سینما نداشتند. برای حدس اینکه اگر انقلاب نمی‌شد آیا سینمای ایران از آن هیجان، خامی و بی‌تعادلی خارج می‌شد، بر اساس دانش آینده‌پژوهی، می‌توان به نشانه‌هایی اشاره کرد.

الف) کم رونق شدن فیلم‌های کافه‌ای و اعتراضی در دهه ۵۰. به جز بحث گیشه، چرخش محتوای اعتراضی به سمت آثاری مانند "علف‌های هرز" (فرزان دلجو و امیر مجاهد) که قهرمانانش، برش کاراکترهای پیشین این ژانر را نداشتند، نشانه‌ای‌ست از اشباع جامعه از هیجان کاذب اینگونه فیلم‌ها. سن وثوقی هم، بعنوان نماد اینگونه کاراکترها، از هیاهوی جوانی می‌گذشت و به میان‌سالی می‌رسید. کما اینکه ترفند تهیه‌کنندگان، در رقیب‌تراشی برای او با ورود چهره‌های جدید، به اندازه کافی موثر واقع نشده بود.

ب) تمایل دو پایه اصلی فیلم فارسی یعنی فردین و فروزان به سینمای بهتر. اینکه فردین سال ۵۱ فیلم جهنم بعلاوه من و سال ۵۷ بر فراز آسمانها را می‌سازد، به بیضایی برای ساخت رگبار کمک مالی می‌کند و در فیلم غزل(مسعود کیمیایی) بازی می‌کند نشانه‌هایی از تمایل او به فاصله گرفتن از سینمای گذشته است.[1] فروزان هم که نماد زن فیلم فارسی‌ست، با بازی در دایره مینا (داریوش مهرجویی)، اشتیاق خود برای حرکت به سمت بلوغ را نشان می‌دهد. او که پیش از آن تنها در سال ۴۸ در ۸ فیلم بازی کرده بود از سال ۵۲ تا ۵۷ کلا در ۶ فیلم ظاهر می‌شود.

ج) ساخته شدن فیلمی مانند مریم و مانی توسط کبری سعیدی، که تهیه‌کننده و نقش اول آن پوری بنایی‌ست. ساخت فیلمی جدی و متفاوت که تمام عوامل اصلی آن زن‌ها هستند نشانه‌ای‌ست از شروع مسیری جدید برای سینمای آن دوران. افزایش نگاه زنانه به مسائل اجتماعی می‌توانست به بلوغ سینما و متعاقبا جامعه، سرعت بالایی ببخشد. بعد از ساخت مستند "خانه سیاه است"، این دومین محتوای تصویری واقع‌گراست که توسط یک زن عرضه می‌شود.

د) افزایش ورود زنان بازیگر تکنیکی مانند فرزانه تاییدی، مری آپیک، سوسن تسلیمی و شهره آغداشلو در دهه ۵۰.

ه) آغاز اعتراض به ابتذال در سینما توسط زنان. بعنوان مثالی از این اعتراض، کناره‌گیری معترضانه آذر شیوا و آدامس‌فروشی او جلوی دانشگاه تهران[۲] یا کناره‌گیری کبری سعیدی از بازیگری و روی آوردن او به ساخت فیلم کوتاه و سرودن شعر را می‌توان بیان داشت.

و) تغییر نگاه به کارگرجنسی و محتوای آب توبه‌ای. ساخت فیلم طوطی توسط زکریا هاشمی در سال ۵۶ که جزو محصولات آب توبه‌ای‌ست، اما با واقع‌گرایی، به زندگی زنان "شهر نو" پرداخته اینجا قابل ذکر است. این فیلم اگر چه توقیف می‌شود و به نمایش در نمی‌آید اما تغییر نگاه تولیدکنندگان محتوای تصویری را به رخ می‌کشد. فیلم واسطه‌ها (حسن محمدزاده) هم، که در زمره محصولات آب توبه‌ای ست، در همان سال ۵۶ از زاویه جدی‌تری به ماجرا نگاه کرده است چون ۱- محور فیلم با پژوهش روی پدیده کارگر جنسی شروع می‌شود. ۲- مرد داستان از گذشته همسرش خبر ندارد و ما از زبان یکی از کاراکترها می‌شنویم که اگر مطلع شود او را خواهد بخشید. ۳- از صحنه‌های جنسی به دور است و بیشتر به فرهنگ جاری در این قشر پرداخته است ۴- در کنار عناصر کلاسیک محتوای آب توبه‌ای، دانشجوی نجات‌دهنده‌ای از نسل متاثر از مدرنیته وجود دارد. ۵- فیلم نسبت به پدیده تن‌فروشی نتیجه‌گیری دارد و نقش قوادها و خود جامعه را بر ملا می‌کند.

ز) تولید فیلم‌هایی مانند سرخپوست‌ها (غلامحسین لطفی) و مغول‌ها (پرویز کیمیاوی) که مخاطب را به پشت صحنه سینما می‌برند و او را با واقعیات این هنر آشنا می‌کنند نشانه دیگری‌ست. با افزایش تولید چنین محتوایی، تاثیرپذیری غیرمعمول مخاطب از سینما تعدیل می‌شد.

ح) تغییر فرجام برخی فیلم‌ها. اینجا مشخصا می‌توان به فیلم کوسه جنوب(ساموئل خاچیکیان) ساخت سال ۵۶ اشاره کرد. در این فیلم برعکس اکثر آثار که پلیس مجرم را در درگیری میدانی از پای در می‌آورد، قاتل دستگیر می‌شود و بعد از محاکمه اعدام او را می‌بینیم. ضمن اینکه در مواجهه با جرم، دوستی‌های محله‌ای، بعنوان یکی از پایه‌های اصلی مناسبات سنتی در فیلم‌های آن دوران، مقهور قانون می‌گردد.

ط) پُرکارتر شدن تئاتری‌های قدیمی مانند عزت‌الله انتظامی، علی نصیریان، محمد علی کشاورز، داود رشیدی و جمشید مشایخی در دهه ۵۰. با اینکه این افراد هم نسل فوق ستاره‌های آن دوران بودند، پیش از آن، هیاهوی بازار مجال کافی برای دیده شدن به آنها نمی‌داد. فعالتر شدن این هنرمندان در دهه ۵۰ نوید آثار بهتری می‌داد.[۳]

ي) آغاز ورود فارغ‌التحصیلان زن و مرد مدارس و دانشکده‌های سینمایی تازه تاسیس به بازار عرضه آثار هنری در دهه ۵۰.

ك) افزایش تعداد کارگردانان جوان متمایل به ساخت فیلم‌های واقع‌گرا در دهه ۵۰. طی دهه‌های ۳۰ و ۴۰ استعداد تولید آثار واقع‌گرا عموما روی نام گلستان، غفاری و فریدون رهنما می‌چرخد. از اواخر دهه چهل، تعداد اینگونه استعدادها، بصورت چشمگیری افزایش می‌یابد و در دهه ۵۰ به بار می‌نشیند.

ل) افزایش تعداد فیلم‌های جدی و واقع‌گرای غیرهیجانی در دهه ۵۰.

م) به بار نشستن بذرها در صورت عدم وقوع انقلاب. با وجود تمام پراکندگی‌های ساختاری و محتوایی آثار موج نو، ساخت هر دسته از این فیلم‌ها، همانند کاشت بذری در زمین سینما بود. برخی از این بذرها، مانند آنچه فریدون رهنما با دو فیلم اصلی خود کاشت، مجالی برای سر از خاک برآوردن نیافتند. برخی بذرها، مانند سینمای بیضایی، رشد بایسته را تجربه نکردند. او که از سال ۵۱ تا ۵۷ موفق به ساخت ۴ فیلم بلند می‌شود، در تمام ۴۰ و اندی سال بعد از انقلاب تنها می‌تواند ۶ فیلم بسازد. برخی بذرها هم، سانند آنچه شهیدثالث و خود کیارستمی برای تولید آثار مینیمالیستی کاشته بودند، با موفقیت بلندمدت کیارستمی به درختی پر شاخ و برگ تبدیل شدند. در صورت عدم وقوع انقلاب احتمالا بذرهای بیشتری به درخت تبدیل می‌شدند و سینمای ایران را پُربارتر می‌کردند.

ن) قوام کانون پرورش فکری کودک و نوجوان و کمک به تولید آثار جدی

توسط نسل جدیدی از فیلمسازان، مانند کیارستمی، تقوایی، بیضایی و نادری نشانه دیگری از آغاز روند بلوغ است. مرکزی آموزشی و حمایتی که بخش سینمایی خود را یکسال بعد از راه‌اندازی پایه‌گذاری می‌کند و هر چه می‌گذرد بیشتر به سینما کمک می‌نماید.

س)   نشانه‌هایی از گسترش و افزایش همکاری‌های بین‌المللی سینما، اگر انقلاب نمی‌شد، وجود دارد. در این صورت پیوندی جدی بین سینمای ایران و جهان برقرار می‌شد، تجارب فلسفی، اجتماعی و تکنیکی دنیا به داخل کشور منتقل می‌شد و بلوغ سینما را جلو می‌انداخت. این همکاری‌ها حتی روند جهانی شدن و صنعتی شدن کشور را هم تسریع می‌نمود. در واقع با اقبال و علاقه عمومی اگر سینمای اجتماعی به پیوند با دنیا می‌رسید، تبدیل به یکی از موثرترین ابزارهای توسعه همه جانبه می‌شد. افزایش همکاری با بزرگان سینمای جهان، دریچه‌ای می‌شد که از طریق آن عموم مردم تحت تاثیر فرهنگ جهانی قرار می‌گرفتند و از قافله بشری جا نمی‌ماندند. سینمای ایران، که از ابتدای ظهور به اشکال مختلفی همکاری با سایر کشورها را شروع کرده بود، با گذشت زمان تجارب بیشتری در وجوه مختلفی کسب می‌کرد.[۴] در ادامه نشانه‌های گسترش جهانی سینما ذکر می‌شوند.

۱.   **بازیگران:** اواخر دهه چهل، فردین با بازی مشترک در فیلم‌هایی مانند همای سعادت (تاپی چاناکیا) با هندوستان، مردی از تهران (فاروق عجرمه) و طوفان بر فراز پاترا (فاروق عجرمه) "با لبنان و مردانه بکش" (دموفیلو فیدانی) با کارگردان و بازیگران ایتالیایی در ژانر وسترن فعالیت زیادی در این زمینه می‌کند. بیک ایمانوردی در یک فیلم ایتالیایی با نام صندلی الکتریکی (دموفیلو فیدانی) بازی می‌کند. وثوقی نیز در فیلم چندملیتی "قهرمانان" (ژان نگولسکو) که در ایران و به کارگردانی "ژان نگولسکو" با هنرپیشه‌های بین‌المللی ساخته می‌شود بازی می‌کند. به دهه ۵۰ که می‌رسیم، نشانه‌هایی از رشد این مقوله حکایت می‌کنند. ۱- عزت‌الله انتظامی برای اولین بار جایزه بهترین بازیگر مرد را از هفتمین جشنواره فیلم شیکاگو سال ۱۹۷۱ میلادی بدست می‌آورد. ۲- مری آپیک برای نخستین بار جایزه بهترین هنرپیشه زن را از جشنواره فیلم مسکو، برای بن‌بست (پرویز صیاد)، کسب می‌کند. ۳- بیک ایمانوردی تنها در سال ۵۶ در ۶ فیلم ترکیه‌ای بازی

می‌کند. ۴- بهروز وثوقی در فیلم کاروان‌ها (جیمز فارگو) با آنتونی کویین و کریستوفرلی همبازی می‌شود. آنتونی‌کویین جزو هنرپیشه‌های طراز اول کلاسیک دنیاست که هم جوایز زیادی برده، هم با بزرگترین کارگردانان تاریخ کار کرده هم در فیلم‌های موفق زیادی حضور داشته است. در کنار او قرار گرفتن وثوقی، می‌توانست راه جدیدی برای رشد بازیگری ایران باز کند.

۲. **جشنواره‌های بین‌المللی:** افزایش دریافت جوایز بین‌المللی بعد از سال ۴۸ توسط کارگردانان نوظهور، نوید آینده‌ای درخشان در این زمینه می‌داد. مهرجویی، بیضایی، شهیدثالث، کیمیاوی، رهنما، نادری، کیمیایی و تقوایی همگی در همان دهه ۵۰ جایزه‌های بین‌المللی بدست آورده‌اند. به لحاظ تداوم تاریخی نیز بهترین نشانه، کیارستمی‌ست. او که از نسل فیلمسازان پیش از انقلاب است، برای ۴ دهه موفق می‌ماند. اینکه آثار بعد از انقلاب کیارستمی، تداوم سینمای واقع‌گرای پیش از انقلاب اوست، نشان می‌دهد اگر انقلاب نمی‌شد هم بالاخره این نوع سینما راه خود را پیدا می‌کرد و برای دوره‌ای به جریان اصلی فیلمسازی ایران تبدیل می‌شد. بعنوان نمونه، فیلم "خانه دوست کجاست"، هیچ ارتباطی با هیاهوی سیاسی و اجتماعی شهری ندارد و اگر در زمان شاه هم ساخته می‌شد همین شاکله را داشت و احتمالا جایزه می‌برد. چه بسا اگر انقلاب نمی‌شد بعد از مدتی شهید ثالث به کشور بازمی‌گشت و کیمیاوی به فعالیت خود ادامه می‌داد و روند این موفقیت سرعت می‌گرفت.

مقایسه سینمای پیش و پس از انقلاب از همین زاویه قابل توجه است. در واقع سینمای ایران، با وجود محدودیت‌های اعمال شده، بعد از انقلاب هم رشد کرده اما برای رسیدن به این پیشرفت زمان زیادی صرف شده است. حاکمان بعد از انقلاب تلاش کردند با خط‌دهی ایدئولوژیک و کنترل شدید، سینما را از صفر شروع کنند و در چرخه عمر به مرحله معرفی بازگردانند. به همین دلیل با وجود تجمع سرمایه‌های تکنیکی و حسی فراوانی که از دوران پهلوی به جا مانده بود، به نسبت بیش از چهار دهه بر سر کار بودن، کماکان مرحله رشد سینما در آن دوران، هر چند با خطا، با سرعت بسیار بیشتری طی شده است.

فصل سوم

سینما، سنت، مدرنیت و روحانیت

در تقسیم‌بندی‌هایی که برای سینمای قبل از انقلاب مطرح می‌شود فیلم‌ها را معمولا به فیلم فارسی، موج نو و بعضا روشنفکرانه تقسیم می‌کنند. ملاک تشخیص فیلم فارسی نیز روابط سست علی و معلولی، حوادث و اتفاقات غیرطبیعی، تقدیرگرایی، تأکید بر ارزش‌های اخلاقی سنتی و لوطی‌گری و نالوطی‌گری می‌باشد. سینمایی که در آن از شخصیت‌پردازی خبری نیست و در حد تیپ‌سازی‌های کلیشه‌ای مانند کلاه مخملی، نامرد، کارگرجنسی، کاباره‌دار، رقصنده، حاجی‌بازاری، دختر ساده‌دل و مادر مهربان باقی می‌ماند. داستان‌ها معمولا بر اساس اختلاف طبقاتی طراحی می‌شوند، بعضا از لوکیشن‌های مجلل استفاده می‌شود و همراه با خیال‌پردازی، آخر خوشی برای فیلم‌ها رقم می‌خورد. بسیاری از فیلم‌ها شبیه هم هستند و تفاوت چندانی بین داستان‌ها، شخصیت‌ها و موقعیت‌ها وجود ندارد. در واقع فیلم‌ها، تنها با جابجایی چند فاکتور مشخص، باز تولید می‌شوند. مولفه‌هایی که باعث شده بود سینما، همچون جزیره‌ای دور از زندگی عادی، به تولید محصول بپردازد. بعد از سال ۴۸ موجی موسوم به نو در سینما راه می‌افتد که در آن گره دراماتیک، نحوه باز کردن آن، خلق موقعیت و تکنیک‌های فیلمسازی متفاوتی عرضه می‌شوند. ضمن اینکه شخصیت‌پردازی هم بصورت جدی‌تری تمرین می‌شود.

از این فاصله زمانی که نگاه می‌کنیم، می‌توان گفت اثر منفی برخی فیلم‌های موج نو روی جامعه، بسیار بیشتر از فیلمفارسی بوده است. ضمن اینکه برخی وجوه منفی فیلمفارسی، بعد از سال ۴۸، در عکس‌العمل به موج نو و در رقابت برای حذف نشدن از بازار تشدید می‌شوند.

بعنوان مثال: ۱- محتوای اغواگرانه و صحنه‌های سکسی، بی‌پرواتر از گذشته تولید می‌شوند. ورود بسیاری از چهره‌های زن جوان برای ایجاد جذابیت جنسی در سینمای بدنه هم دقیقا بعد از موج نو اتفاق می‌افتد. ۲- مرگ‌اندیشی قوت می‌گیرد. تا پیش از ظهور موج نو، بسیاری از فیلم‌ها، بخاطر پایان خوشی که داشتند تنش و تلخی به جامعه تزریق نمی‌کردند. بعد از آن، مرگ بطور وسیع، در محتواهای سینمایی گنجانده می‌شود و به بسیاری از فیلم‌ها راه می‌یابد. یعنی بخشی از فیلم‌های موج نو، نه تنها خود محتوای ضدمدرنیته عرضه می‌کنند بلکه سینمای بدنه را هم در عکس‌العمل، به تشدید حرکت نادرست وامی‌دارند. بجز این، فیلم‌های موج نو، نه تنها پیام‌های ضدمدرنیته فیلمفارسی را درون خود دارند بلکه پیام‌های ضدمدرنیته جدیدی خلق و به جامعه مخابره می‌نمایند. در

هر صورت در انتها متوجه خواهیم شد تاثیر سینمایی که فردین آنرا نمایندگی می‌کرد و خوش‌خیالی می‌فروخت، روی بروز انقلاب، بسیار کمتر از محتوایی بوده که بدگمانی می‌فروخت.

سینمای لایه‌لایه و جرقه محور

سینمای ایران جرقه محور است. به واسطه زمینه‌های هنری و اجتماعی، فیلمی ساخته می‌شود و جرقه‌ای زده می‌شود که ممکن است بعد از آن، موجی ایجاد شود. برخی جرقه‌ها مانند چهار راه حوادث، گنج قارون و قیصر به موجی کوتاه یا بلندمدت ختم شده‌اند و برخی مانند جنوب شهر و خشت و آینه (ابراهیم گلستان) نتوانسته‌اند موج ایجاد کنند و جرقه مانده‌اند. در مقام مقایسه، همانگونه که بعد از قیصر موجی در سینمای ایران راه می‌افتد، بعد از گنج قارون هم شاهد موجی هستیم که یکباره شروع نمی‌شود و پیش از آن، فیلم‌هایی مانند آقای قرن بیستم (سیامک یاسمی) و مسیر رودخانه (صابر رهبر)، شرایط را فراهم کرده بودند. یعنی مثل قیصر، که عناصر مختلفی کنار هم قرار گرفتند تا فیلمی متفاوت خلق شود، در تولید گنج قارون هم فردین برای نقش آماده می‌شود، صدای ایرج به خوبی روی نقش او می‌نشیند، ترانه مناسب برای فیلم سروده می‌شود، فردین و فروزان به خوبی یکدیگر را جلوی دوربین پیدا می‌کنند و جامعه نیز آمادگی پذیرش قهرمانی در شمایل علی بی‌غم (فردین) را می‌یابد. از این منظر می‌توان گنج قارون را نیز موج نویی دانست که مخاطب را جذب سینما می‌کند. اما بطور کلی، چون جرقه‌های سینمای ایران متکی به فرد هستند، به جنبشی که از حمایت گروهی برخوردار باشد ختم نمی‌شوند و تنها کشش بازار آنها را تبدیل به موج می‌کنند.

در مورد سینمای مصطلح به موج نو نیز هیچگاه همه جانبه و یکدست رخ نداده است. شاید به همین دلیل است که بعد از سال ۴۸ شاهد تنوع زیاد محتوایی و ساختاری در فیلم‌ها هستیم. همانطور که گفته شد، سینمای ایران، بعد از گرفتاری های دهه ۲۰، تازه از سال ۳۲، جان واقعی می‌گیرد و محصولات رشد کمی و کیفی را تجربه می‌کنند. دقیقا ۵ سال بعد از همین سال ۳۲ است که فیلم جنوب شهر تولید می‌شود و ۶ سال بعد از آن هم "شب قوزی" (فرخ غفاری) و "خشت و آینه" تولید می‌شوند. یعنی پیش از چرخش کامل سینما، با گنج قارون، به سمت فیلمفارسی، جنوب شهر، شب قوزی و خشت و آینه ساخته شده‌اند. حتی خیلی

پیشتر از آن، در سال ۱۳۱۲، حاجی آقا اکتر سینما (اوانس اوگانیانس)، جزو ۴ فیلم اولی‌ست که تولید می‌شود. این یعنی سینمای ایران از ابتدا موج نو را در دل خود داشته و در اشکال مختلف و بصورت یک لایه، در هر دوره، جرقه‌هایی زده شده‌اند اما مجال رشد نیافته‌اند. لایه‌هایی که در ۴ مقطع زمانی زیر پررنگ‌ترند.

۱. **۱۳۱۲ حاجی آقا اکتور سینما:** اگر چه این فیلم از سوی کارشناسان سینمایی جزو موج نو محسوب نمی‌شود اما، به لحاظ پیام مناسب برای مدرنیته، شاخص‌ترین و پیشروترین فیلم تاریخ سینمای کشور است.
۲. **۱۳۳۷ جنوب شهر:** در مورد این فیلم، که از نظر فضاسازی و واقعیت‌گرایی پیشتاز است، چند نکته را باید خاطرنشان کرد. الف) توقیف می‌شود و با تاخیری ۵ ساله، بعد از جرح و سانسور در سال ۴۲ به نمایش عمومی در می‌آید.(1) این وقفه و سانسور باعث کم شدن و تاخیر اثرگذاری آن بر جامعه و خانواده سینما می‌شود. حساسیت سیستم پهلوی روی محتوای جنوب شهر حتی به تغییر نام آن به رقابت در شهر منجر می‌شود. ب) این فیلم از نظر پیام و محتوا تفاوت چندانی با فیلمفارسی ندارد. دعوای دو جاهل بر سر یک زن که در نهایت آدم خوب داستان پیروز میدان است. ج) اگر بخواهیم بر اساس مقایسه با خاستگاه موج نوی فرانسه بسنجیم، فیلم جنوب شهر نقطه عطفی مهم محسوب می‌شود. فرخ غفاری سازنده این فیلم، تحصیلکرده فرانسه است و پایگاهی پژوهشی دارد. موج نوی فرانسه هم، که با فرانسوا تروفو و ژان لوک گدار از مجله کایه دو سینما(2) شروع می‌شود، پایگاهی پژوهشی دارد. یعنی غفاری از نظر پیشینه تحصیلی، زمینه کاری و پژوهشی به آغازگران موج نوی فرانسه نزدیکتر از سایرین است.
۳. **۱۳۴۳ شب قوزی و خشت و آینه:** این دو فیلم، بجز ویژگی‌های مثبت جنوب شهر، در محتوا و پیام نیز رشد قابل توجهی داشته‌اند و مسائل پیچیده‌تری را با ظرافت بیشتری مطرح کرده‌اند. اما، ضمن اینکه با استقبال روبرو نمی‌شوند، در برابر موجی که یکسال بعد گنج قارون ایجاد می‌کند گم می‌شوند.
۴. **۱۳۴۸ قیصر و گاو:** آخرین جرقه در این زمینه، ساخت همزمان این دو فیلم است که به لحاظ فرم و محتوا، محصولات جدیدی به جامعه عرضه می‌کنند و بالاخره به موجی وسیع منتهی می‌گردند. دلایل تبدیل قیصر، به

اصلی‌ترین فیلم آغازگر موجی جدید در سینمای ایران را از وجوه مختلف تکنیکی و محتوایی می‌توان بررسی کرد. از منظر این کتاب، بخش عمده‌ای از موفقیت قیصر، به دلیل پیامی‌ست که به مخاطب مخابره می‌کند. اگر تا پیش از آن، فیلمفارسی، به ترویج بخش‌هایی از سنت مشغول بود، قیصر برای نخستین بار، ضمن ترویج سنت، به تخریب جدی پایه‌های مدرنیته نیز مبادرت می‌نماید. یعنی از یک سو در تقدیر از سنت، از فانتزی فیلمفارسی دور می‌شود و شکل واقع‌گرایانه به خود می‌گیرد و از سوی دیگر تخریب مظاهر مدرنیته را، با استفاده از شاخصه‌های جدید سینمایی، شروع می‌نماید. تقدیر و تخریبی که چون برای نخستین بار در یک محتوای تصویری جذاب، تلفیق و عرضه می‌شوند موج می‌سازند. در واقع وجه اشتراک آثار منتسب به موج نو واقع‌گرایانه بودن آنهاست. اما چون واقع‌گرایی در قیصر، همراه با ایجاد هیجان کاذب ناشی از حماسه می‌باشد، محتوا از اساس منحرف شده است. واقع‌گرایی در این فیلم به گونه‌ای سودار شده که پیام تقدیس سنت و تخریب مدرنیته، به راحتی توسط مخاطب پذیرفته شود. مخابره پیامی که چون با رشد تکنیکی فیلمسازی، شخصیت‌پردازی بهتر و محتوایی جذابتر همراه است، بصورت غیرمنتظره‌ای، مخاطب را جذب می‌نماید. به بیانی از فرم واقع‌گرا سوءاستفاده می‌شود تا پیام بازگشت به سنت بصورت هیجان‌انگیز به مخاطب تزریق گردد. با این حال، به دلیل موفقیت مالی بالایی که به همراه می‌آورد، برای دوره‌ای به رونق کل سینما کمک می‌کند و از این رهگذر امکان ساخت تعداد بیشتری فیلم در حیطه موج نو فراهم می‌گردد. به قیصر متعاقبا بطور مفصل خواهیم پرداخت.

موج نو تنوع بسیار بالایی دارد اما، بطور کلی، بخشی که قیصر نمایندگی می‌کند را می‌توان "فارسی‌نو" یا "فیلمفارسی‌نو" نامید. بخشی که از بسته‌بندی شیک موج نو استفاده می‌کند تا پیام‌های ضدمدرنیته با کدگذاری حرفه‌ای در قالب شخصیت‌پردازی، داستان و موقعیت منتقل شوند. این بسته‌بندی را بخصوص در شخصیت‌پردازی، با استفاده از پارامترهای مدرن، به خوبی شاهدیم. تنهایی، اتکا به خود و ناامیدی از نقاط تمایز قهرمانان این فیلم‌هاست. در واقع با ویژگی‌های انسان مدرن، به شخصیت‌ها جذابیت داده می‌شود، تا به جنگ خود مدرنیته بروند. بخشی از این شخصیت‌پردازی، حاصل الگوبرداری از کاراکترهای غربی‌ست و بخشی ناشی از تاثیری‌ست که جامعه از موضوعاتی مانند بازگشت به خویشتن

گرفته بود. خلق چنین شخصیت‌هایی، در سینمای اروپا، متاثر از زمینه‌های اجتماعی مانند شرایط بعد از جنگ دوم جهانی‌ست. در صورتی که خلق پرشمار اینگونه شخصیت‌ها، حتی با بافت جامعه ایرانی هم، همخوانی زیادی نداشته است. در آن دهه‌ها جامعه ایرانی و اکثریت قشر جوان هنوز درگیری وسیعی با یاس‌های فلسفی و فلسفه‌های فردگرایانه پیدا نکرده بودند. مناسبات قومی قبیله‌ای، روابط و رفاقت‌های محله‌ای، با هم زندگی کردن خانواده‌ها، رونق اقتصادی و پایین بودن سطح عمومی سواد، عموم جامعه را از ابتلا به تنهایی‌های اجتماعی و فلسفی دور نگه می‌داشت. ترویج اینگونه تنهایی، نه تنها لزومی نداشت و جامعه را سرگردان می‌کرد بلکه ضد ایجاد یکپارچگی در سیستمی بود که برای حرکت به سمت صنعتی شدن نیاز به انسجام داشت.

شاید این سوال پیش آید که با توجه به جرح و تعدیل و توقیف فیلم‌های موج نو و شکست بسیاری از آنها در گیشه آیا واقعا تاثیری در مقابله با مدرنیته و بروز انقلاب داشته‌اند؟ اینجا چند نکته قابل ذکر است ۱- بخشی از این آثار که پارامترهای ضدمدرنیته در آنها زیاد و قوی‌ست، مانند قیصر و گوزنها (مسعود کیمیایی)، بسیار دیده می‌شوند و جزو پرفروش‌ترین‌ها بوده‌اند. ۲- اتفاقا کسانی که پیگیر سینمای موج نو بودند رهبری انقلاب را بعهده می‌گیرند.(۳) مردم عادی علاقه‌مند به فیلمفارسی، از مناسبات سیاسی به دور بودند. ۳- اگر چه این کتاب به بررسی نقش سینما در بروز انقلاب می پردازد اما انقلاب ایران نمادی از بازگشت به سنت و مقابله با مدرنیته است. این تقابل هم، تنها به پیش از انقلاب ختم نمی‌شود و کماکان در جامعه ایرانی وجود دارد. تداوم اثرگذاری این فیلم‌ها، بعد از چند دهه، نشان می‌دهد همان موقع هم روی مخاطب اثر بالایی داشته‌اند.

سنت در برابر مدرنیت

تقابل سنت و مدرنیته در ایران چند نقطه عطف مهم دارد. ۱- پایه‌گذاری نخستین مدارس نوین و بخصوص دارالفنون در زمان امیرکبیر. ۲- جنبش مشروطه، با طرح و امضا قانون اساسی و افزایش تعداد روزنامه‌ها. ۳- پایه‌گذاری سازمان‌های جدیدی مانند ارتش و دادگستری در دوران رضاشاه. ۴- انقلاب سفید در دهه چهل شمسی که بلندترین و آخرین گام جدی در مسیر مدرنیته است. تمام اصول نوزده‌گانه انقلاب سفید به گونه‌ای طراحی شده‌اند که مسیر حرکت جامعه به سمت مدرنیته را هموار می‌کردند. در سوی دیگر ماجرا، در تمام این

مراحل، سنت هم بیکار ننشسته و با انواع و اقسام ابزارهای موجود، در پی کنترل جامعه بوده است. شدیدترین شکل این مقاومت را بین روحانیون شاهدیم که خود را زعمای دینی مردم می‌دانند و جدی‌ترین طبقه اجتماعی متولی سنت می‌باشند. مخالفت‌های آنها، در مقاطع مختلف، به اشکال گوناگونی مانند تحمیل احکام فقهی به قانون اساسی مشروطه، تخطئه سیستم آموزش نوین، نفوذ در ساختارهای جدیدی مانند دادگستری و تحریم مظاهر مدرنیته مانند دوش حمام، تلویزیون و خدمت سربازی قابل مشاهده است. بین مردم عادی هم مقاومت درونی در برابر مدرنیته وجود دارد که بخشی از آن ناشی از عدم تمایل به تغییر عادت‌هاست و بخشی از تحریک روحانیون می‌آید. در واقع بدنه جامعه، اگرچه مزایای مدرنیته را لمس می‌کند اما در برابر ناشناخته‌ها نیز نگران است. با سابقه‌ای که از مشروطیت به بعد وجود داشت پیش‌بینی جنگی تمام عیار، بعد از انقلاب سفید، بین سنت و مدرنیته کار سختی نبوده است. جنگی که با آغاز اوجگیری سینمای ایران، بعد از گنج قارون، همزمان می‌شود. در این تقارن و همزمانی بایستی دید سینما به کمک کدامیک از این دو جبهه رفته است. در ادامه ابتدا به بررسی مختصر مقاومت مردم و نهاد روحانیت در برابر مدرنیت می‌پردازیم و بعد به سراغ سینما می‌رویم.

مقاومت مردم در برابر تغییر

به اعتبار نظریه کرت لوین[۴] که تغییر را مستلزم حرکت از یک نقطه تعادلی به نقطه تعادلی دیگر می داند، دگرش به معنای خروج از منطقه‌ای ست که مختصات آنرا، هر چند بد، می‌دانی و ورود به وضعیت فوق‌العاده‌ای که پیچیدگی، ابهام و نگرانی به همراه دارد. از همین روی آدمی، به صورت کاملا غریزی، یا در برابر تغییر مقاومت می‌کند، یا در ناگزیری، در پی به حداقل رساندن عوارض منفی احتمالی‌ست. در واقع به دلیل علاقه شدید به ثبات و اجتناب از عدم قطعیت، که پیش‌فرض ذهنی اکثریت جوامع است، مغز آدمی مانند کفه ترازو به محاسبه و مقایسه مزایای قبل و بعد از تغییر می‌پردازد. اکثر اوقات، در این مقایسه، وحشت ناشی از احساس فقدان، سردرگمی و دودلی، میان عمل و بی‌عملی می‌ایستد و چون جامعه به اندازه کافی از آینده مطمئن نیست، احتیاط را شرط عقل پنداشته، به تغییرات به دیده تردید نگریسته و تلاش می‌کند شرایط فعلی را حفظ نماید. دلیل اصلی هر گونه مقاومت در برابر تحول نیز

یادآوری ناخودآگاه فناپذیری آدمیزاد است. با وجود اینکه تنها تغییر است که تغییر نمی‌کند، بزرگترین مانع ذهنی آدمی، وقتی در آستانه خروج کامل از حالت فعلی و ورود به شرایط ناشناخته قرار می‌گیرد، مرور مرگ به عنوان تنها دگرش مسلم زندگی در ناخودآگاه اوست. بعد از انقلاب سفید و با تسریع فرایند مدرنیته، لایه‌های عمیق‌تر جامعه سنتی، درگیر همین تضادها و کشمکش‌ها شده بود. تغییرطلبی را در طیفی باید دید که در دو سر آن، ویژگی‌ها و پیامدها متفاوتند. یک سر طیف تغییرات بنیادین قرار دارد که عموما همه چیز در زمانی کوتاه زیر و رو می‌شود. سر دیگر، تغییرات تدریجی‌ست که گام به گام پیش می‌رود. اینکه چه می‌شود جامعه ایرانی در برابر تغییر از نوع انقلاب سفید مقاومت می‌کند و به تغییر در شکل انقلاب تن می‌دهد شاید از پیچیده‌ترین بخش‌های تحلیل دهه‌های ۴۰ و ۵۰ باشد. ظاهرا انقلاب ۵۷ تغییر بنیادینی بود که از قانون و مناسبات اجتماعی تا ارزش‌ها، چشم‌انداز و ماموریت جامعه را دگرگون کرد و انقلاب سفید شاه، به تغییر تدریجی بسیار نزدیک‌تر است. اما به واقع اینگونه نیست. اگرچه تغییرات ناشی از انقلاب سفید، به لحاظ دوره زمانی، تدریجی و بلندمدت بودند اما چون تحول ارزش‌های عمیق و درونی مردم را در پی داشتند و به دگرش نظم شکل گرفته منتهی می‌شدند، بسیار بنیادین‌تر از انقلاب ۵۷ بودند. تقابل بین سنت‌های چند صد ساله با ارزش‌های ناشی از مدرنیته، درون مردم، کاملا بنیادین بود. به بیانی انقلاب سفید سبب تغییرات بنیادین درونی می‌شد در صورتی که انقلاب ۵۷ وجوه سطحی‌تر و بیرونی‌تر زندگی مردم را تحت تاثیر قرار داد.

نهاد روحانیت و تغییر

نقش روحانیون، بعنوان مهمترین متولیان ارزش‌های سنتی، در تشویق مردم به ماندن در سنت، بسیار اثرگذار بوده است. در واقع روحانیون، از آغاز حرکت جامعه به سمت مدرنیته برای مقابله با آن، به آنچه در آن استادند، یعنی شیوه‌های بازاریابی، پناه می‌برند. مهمترین مکانیسم آنها برای ممانعت از تغییر به سمت مدرنیته نیز ایجاد ترس است. در این سبک، که اینروزها از آن در شرکت‌های خودرویی، سیستم‌های ایمنی و حتی جی‌پی‌اس‌های ردیابی کودکان استفاده می‌شود، از عامل ترس برای جلب توجه و ترغیب مشتریان سود برده می‌شود. به محض ایجاد ترس، بخش ناخودآگاه مخاطب فعال می‌شود و اگر شما برای از بین بردن آن، راه حل و محصولی داشته باشید، پُرفروش می‌شود. در گام نخست،

ترس ایجاد می‌شود که اسلام در حال از بین رفتن است. در جوامع سنتی هم چون بسیاری از ارزش‌ها برگرفته از مذهب است، از بین رفتن اسلام نابودی ارزش‌ها و در نتیجه هویتی که برای مردم ساخته شده، تعبیر می‌شود. ترس که ایجاد شد، بلافاصله بازگشت به ارزش‌های سنتی و احکام فقهی، بعنوان راه حل، عرضه و به فروش می‌رسد. اعلام نگرانی برای از دست رفتن اصول اسلام به واسطه مشروطیت توسط شیخ فضل‌الله نوری، مقابله با خدمت سربازی توسط حسن مدرس و مخالفت با حق رای زنان توسط روح‌الله خمینی همین کارکرد پروموشنی، به منظور بازگشت به ارزش‌های فقهی را دارا هستند. بعد از انقلاب سفید، که مهمترین چالش با نهاد روحانیت محسوب می‌شود، سینما بعنوان مهمترین تفریح مردم، که خودآگاه یا ناخودآگاه به فرهنگ‌سازی نیز مشغول است، ظهور می‌کند. نسبت این ظهور را با روحانیت در سه زمینه می‌توان مورد توجه قرار داد.

۱. **تحریک مردم علیه مدرنیته:** محتوایی که ابزار لازم برای تحریک مستقیم مردم علیه مدرنیته را در اختیار نهاد روحانیت قرار می‌دهد. این بخش خود به دو قسمت تبدیل می‌شود.

الف) **تولید محتوای جنسی زیاد و غیر معمول:** نسبت اینگونه محتوا را با نهاد روحانیت، از دو جهت می‌توان بررسی کرد. ۱- باعث می‌شوند روحانیون بتوانند به راحتی فریاد وااسلاما سر بدهند، جامعه مردسالار را بترسانند، علیه مظاهر مدرنیته تحریک نمایند، به ماندن در سنت تشویق کنند و علیه نهاد پادشاهی بشورانند. در جوامعی مانند ایران، زنان همیشه بهترین وسیله برای تحریک مردان در جهت خواسته‌های روحانیون می‌باشند. روحانیونی که به دلیل تماس روزمره با مردم، حساسیت‌های آنها را می‌شناسند، با ترساندن مردان، از آزادی‌های زنان، آنان را به راحتی علیه شرایط حاکم می‌شورانند. ۲- از سوی دیگر، احکام فقهی مرتبط با زنان، یکی از مهمترین ابزارهای روحانیون برای تسلط بر جامعه می‌باشند. احکامی که با آزادی‌های نورسیده زنان در تضاد می‌باشند و ممکن است بی‌خاصیت شوند. در این شرایط تنها مدت کوتاهی بعد از ظهور سینما، روحانیونی که برای زن حق رای قائل نیستند و آنرا مترادف با از دست رفتن اسلام می‌دانند، **شاهد تصاویر برهنه زنان بر پرده سینماها** می‌شوند. به بیانی **شاهد به خطر افتادن کارکرد احکام فقهی** می‌شوند. این موضوع بجز اینکه حساسیت بالای خود

روحانیون را برمی‌انگیزد و آنها را به مخالفت با مدرنیته مصمم‌تر می‌نماید، اقشار مذهبی را نیز تحریک می‌کند. حساسیت‌زایی موضوعات جنسی، تنها محدود به صحنه‌های سکسی نیست بلکه دامنه وسیعتری دارد. مثلا برخی دیالوگ‌های به نظر بی‌اهمیت، در واکنش جامعه مذهبی بی‌تاثیر نبوده‌اند. در پلانی از فیلم جوجه فکلی (رضا صفایی)، سکینه (شهناز تهرانی) به شیرین (مستانه جزایری) توصیه می‌کند برای اینکه دل پدر پهلوان، سنتی و مذهبی خود را بدست آورد چند روز نماز بخواند و روزه بگیرد، اما بلافاصله می‌گوید "الکی". چنین دیالوگی، برای پدر و مادر سنتی و نمازخوان ایرانی آن دوره، که دلش می‌خواهد فرزندش نماز بخواند، تنها حسی از نفرت به بار می‌آورد. در واقع حتی دیالوگ‌ها و پلان‌های سطحی از این دست، که هیچ باری از دوش فیلم بر نمی‌دارند نیز باعث خشمی پنهان می‌شوند.

ب) **تولید محتوای ضد احکام فقهی:** نقد مستقیم احکام فقهی با طنزی نیش‌دار، در فیلم‌هایی مانند محلل(نصرت کریمی) و زن یک‌شبه(محمود کوشان)، رودررویی کاملا مستقیم با نهاد روحانیت سنتی بود. طرح این نقدهای بی‌مهابا و زود هنگام، روحانیت زخم خورده از انقلاب سفید را به شدت تهدید می‌کند و تتمه قدرت احکام فقهی را در آستانه نابودی نشان می‌دهد. کم اهمیت شدن احکام فقهی نیز خطر حذف قریب‌الوقوع نهاد روحانیت را پُررنگ می‌کند و روحانیون را به عکس‌العمل مستقیم و غیرمستقیم وا می‌دارد. فیلم‌هایی که به هجو احکام فقهی می‌پرداختند، نه بار روشنگری قابل توجهی داشتند و نه باعث تغییر نگاه عمومی می‌شدند. تغییر عقاید و باورهای مردم سخت است و نقد ناشیانه و حساسیت برانگیز مذهب، همیشه اثرات معکوسی در جامعه سنتی بر جای می‌گذارد. در اینگونه نقدها صراحتا به آدم‌ها گفته می‌شود آنچه تا بحال بوده‌اند و کرده‌اند خطا بوده است. اگر بیان این که تا به حال اشتباه می‌کرده‌اند، ماهرانه، با ظرافت و با طمانینه صورت نگیرد، هویت افراد دستخوش تزلزل می‌شود و احساس تحقیرشدگی دست می‌دهد و ممکن است عکس‌العملی خشن در پی داشته باشد. بخصوص وقتی با طنزی نیشدار صورت بگیرد، افراد به خود می‌گیرند و احساس می‌کنند مورد تمسخر قرار گرفته‌اند. اینگونه فیلم‌ها، هم مذهبیون عامی و متعصب را به واسطه دیدگاه‌های مذهبی‌شان تحریک و تحقیر می‌کرد هم غیرمذهبیون سنتی و غیرتی را به واسطه اخلاق خشمگین می‌نمود. نمایش آنهمه

مصرف مشروبات الکلی در فیلم‌ها هم از این قاعده مستثنی نیست. حجم عظیم تولید این نوع محتوا با اهداف کلان مملکت برای حرکت به سمت مدرنیته سازگار نبود، بخش سنتی جامعه را تحریک می‌کرد و روحانیون را حساس‌تر می‌نمود. اما چون مصرف مشروبات بیشتر توسط مردان صورت می‌گرفت مخاطبی برای تحریک به شورش وجود نداشته است.

سال ۱۳۵۰ دو فیلم با موضوعیت سه طلاقه و مرد محلل ساخته می‌شوند. یکی زن یک‌شبه که موقعیت و شخصیت‌پردازی کاراکترها در فضای مدرن طراحی شده است. دیگری محلل که فضای فیلم و شخصیت‌پردازی‌ها کاملا سنتی هستند. نمایش فیلم محلل فرصتی می‌شود تا روحانیت با مصداق به شرایط آن روز جامعه بتازد. طوری که مرتضی مطهری، بدون دیدن فیلم و تنها از طریق شنیدن دیالوگ‌ها، نقدی بر آن می‌نویسد.[۵] اینکه روحانیت به محلل واکنش نشان می‌دهد اما در مورد زن یک‌شبه سکوت می‌کند از چند جهت قابل توجیه است. ۱- محلل، که با اقتباس از داستان صادق هدایت ساخته شده، سناریوی قویتری دارد. ۲- نصرت کریمی در طنزپردازی قویتر از رضا میرلوحی، کارگردان زن یکشبه است و موضوع را با طنز نیش‌دارتری به چالش می‌کشد. ۳- باز کردن گره دراماتیک در فیلم محلل حساسیت‌زاتر است. در فیلم زن یکشبه مرد محلل مجبور می‌شود با هر دو زن ازدواج کند و با آنها بماند. اما در محلل، گره داستان اینگونه باز می‌شود که چون شوهر وکالت‌نامه طلاق را نخوانده است، سه‌طلاقه باطل می‌باشد و متعاقب آن عقد زن با مرد دیگر نیز باطل است. یعنی گره داستان با بی‌اعتبار کردن احکام فقهی باز می‌شود. ۴- دلیل چهارم، به فضای این دو فیلم و بازار هدف آنها باز می‌گردد. روحانیت به خوبی می‌داند نسل نورسیده، که فیلم زن یک‌شبه در فضای آن ساخته شده، مشتری احکام فقهی نیست و این محتوا اثر زیادی در تغییر دید و رویکرد این طبقه اجتماعی ندارد. اما فیلم محلل، مشتری مستقیم نهاد روحانیت، که قشر سنتی ست را هدف قرار داده است.

۲. **ترویج سنتی مذهب:** تولید این نوع محتوا در سینمای آن دوران به وفور قابل مشاهده است. فیلم‌هایی که به تبلیغ سنتی مذهب می‌پردازند، بصورت مستقیم در بروز انقلاب نقشی ندارند اما در تثبیت قدرت روحانیون، بعد از انقلاب، موثرند. مثلا در فیلم کیفر (عبداله غیابی)، برای شفای قهرمان داستان، او را به امامزاده دخیل می‌بندند. در قیصر قهرمان داستان بعد از ارتکاب

دو قتل برای زیارت به مشهد می‌رود. در سوته‌دلان (علی حاتمی) برای شفای مجید (بهروز وثوقی) او را به امامزاده داود می‌برند. در طوقی آسید مرتضی (بهروز وثوقی) به امامزاده پناه می‌برد. فیلم صلات ظهر (سعید مطلبی)، داستان جوانمردی را روایت می‌کند که مهمترین ویژگی او علامت‌کشی در عاشورا و تاسوعاست. فیلم جهنم بعلاوه من هم، که در مورد تعدادی زائر امام هشتم است، محتوایی عمیقا مذهبی‌ست. در هر صورت با نمایش و تقویت وابستگی مردم به مراکز و شعایر مذهبی، اعتبار روحانیون برای در دست گرفتن قدرت زیاد می‌شد. وقتی به اماکن مذهبی اعتبار می‌دهی ناخودآگاه و غیرمستقیم به متولیان آن، که روحانیون هستند، قدرت می‌بخشی.

۳. **خدمت غیرمستقیم به روحانیت:** بخش اعظم محتوای ضدمدرنیته اما غیرمذهبی که عرضه می‌شد و امکان بروز انقلاب را بالا می‌برد، بصورت غیرمستقیم به نهاد روحانیت خدمت می‌کرد. با توجه به ریشه و عمق حضور نهاد روحانیت در ساختارهای جامعه، هر یک از مظاهر مدرنیته، به نحوی، در رقابت استراتژیک با وجهی از نفوذ روحانیون در جامعه بودند. وقتی این پایه‌های مدرنیته تخریب و تهدید می‌شوند، بصورت غیرمستقیم، رقیب دیرینه آنها تقویت می‌شود و فضای مورد نیاز برای بازگشت نقاط قوت نهاد روحانیت را در ذهن مردم بازسازی می‌نماید. بعنوان مثال، تمام فیلم‌هایی که در آنها انتقام شخصی به شیوه ایرانی تشویق می‌شد، پایه اصلی مدرنیته، یعنی قانون و قانون‌گرایی که از زمان مشروطه، در رقابت با احکام فقهی، تلاش برای نهادینه شدن آن بود تضعیف می‌گردید. تمام فیلم‌هایی که به سیستم آموزش نوین می‌تاختند، بصورت غیرمستقیم آموزش سنتی را، که در اختیار نهاد روحانیت بود، تقویت می‌کردند. تمام فیلم‌هایی که فقرستایی می‌کردند و ثروت و کارآفرینی را تضعیف می‌نمودند، به یکی از اصلی‌ترین استراتژی‌های نهاد روحانیت، که در ارزشمندی فقر نمود می‌یابد، خدمت کرده‌اند. فیلم‌هایی که نظم اجتماعی نوینی که از طریق سازمان‌های جدیدی مانند پلیس، ژاندارمری، دادگستری و تیمارستان در حال شکل‌گیری بود مخدوش می‌کردند، بازگشت به ساختار اجتماعی مورد نظر روحانیون را تشویق کرده‌اند. با اینکه در سینمای پیش از انقلاب شاهد تصویر هیچ فرد روحانی در سینما نیستیم و اگر هم باشند به شکل شیخ و ملا هستند، اما

محتوای غالب، در حال خدمت رسانی به استراتژی‌های آنهاست. در واقع سینما خودآگاه یا ناخودآگاه تبدیل به ابزاری می‌شود برای پروموشن و فروش ایده انقلاب سنت علیه مدرنیت به نفع روحانیت.

در عین حال نباید نادیده گرفت که در آن دوران فیلم‌های خوبی مانند قیامت عشق (هوشنگ حسامی) و شوهر آهوخانم (داود ملاپور) هم در حیطه مذهب ساخته می‌شوند.

این آثار، در عین نتاختن بی‌مهابا به احکام فقهی، تضادهای درونی انسان مذهبی را به تصویر می‌کشند. یا تفاوت درشکه‌چی با محلل از آن‌روست که نصرت کریمی در درشکه‌چی به احکام فقهی نمی‌تازد بلکه به سنتی غیرمذهبی در قالب غیرت پسری نسبت به مادرش می‌پردازد. به همین دلیل این فیلم، به لحاظ مذهبی، حساسیت‌زا نیست. در هر صورت جنگ بین سنت و مدرنیته را نمی‌توان جدای از تضادهای مذهبی دانست چون بخش زیادی از فرهنگ جاری، متاثر از شرایط مذهبی جامعه بوده است.

نسبت سینما با مدرنیته

سنت زیرمجموعه‌های مختلفی دارد که بخشی از آن، مانند آیین و رسوم نوروز، یلدا و زبان مشترک، مولفه‌های فرهنگی پیونددهنده اعضای جامعه می‌باشند. در این کتاب وقتی صحبت از مدرنیته در برابر سنت می‌شود منظور آداب و رسوم نیست بلکه محور بحث‌ها بیشتر بر قانون‌پذیری، سیستم آموزش نوین و سازمان‌های مدرن می‌باشد. سایر شاخص‌های مورد نظر هم عبارتند از مرگ‌اندیشی، تحریک به اقدام چریکی، غرب ستیزی، تقابل شهری روستایی، حساسیت‌زای فقهی، حساسیت‌زای جنسی، ضدکارآفرینی (فقرپرستی)، ترویج درگیری فیزیکی و ایجاد هیجان کاذب. به این شاخص‌ها در فصول بعدی خواهیم پرداخت. در ادامه با محوریت پیام و محتوای فیلم‌ها، می‌توان از نظر نسبت با مدرنیت ۴ دسته‌بندی را در نظر گرفت.

۱.   **ضدمدرنیته:** در نگاه کلی می‌توان گفت اکثر فیلم‌های آن دوره در حال ضدیت و تضعیف یک یا چند مورد از پایه‌های مدرنیته در برابر سنت می‌باشند. در واقع سینماگران جامعه را از مدرنیته می‌ترسانند اما راه حل غلبه بر این ترس را دیگرانی مانند، جلال آل‌احمد با غرب‌ستیزی، شریعتی، با بازگشت به تشیع علوی و روحانیون با بازگشت به احکام فقهی عرضه

می‌کنند. برخی فیلم‌سازان مستقیم به جنگ مدرنیته می‌روند و پایه‌های آن‌را هدف می‌گیرند. بعضی بطور مستقیم به جنگ مدرنیته نمی‌روند بلکه مثلا با ستایش فقر، مرگ‌اندیشی، ایجاد حساسیت‌های فقهی و جنسی به سنت اعتبار می‌بخشند. در واقع این فیلم‌ها یا بطور مستقیم مظاهر مدرنیته را تخطئه می‌نمایند یا بطور غیرمستقیم سنت را تبلیغ می‌کنند، یا هر دو وجه را با هم دارند. فضای کلی آثار نیز اغلب اینگونه است که سنت بر مدرنیت غلبه می‌کند و بر آن مسلط می‌شود. این برتری حتی در کتک‌کاری‌های مردان جاهل و سنتی با نسل جوان و غیرجاهل خودنمایی می‌کند و آن‌ها را به طور غیرطبیعی و بدون هیچ خراشی، پیروز میدان می‌نماید. این تسلط گاهی با ظرافت بیشتری نمایش داده می‌شود. مثلا در فیلم کندو (فریدون گله)، شکستن آینه‌های کافه شمال شهر توسط ابی (بهروز وثوقی) نمایش برتری سنت است. اگر جنوب شهر را نماد سنت و شمال شهر را نمود تمایل جامعه به مدرنیت بدانیم، این فیلم به شکلی نمادین، با شکستن مظاهر مدرنیته، تشویق به ارزشمندی سنت و بازگشت به آن می‌کند. بجز این، شاهد نوعی سوءاستفاده از ورزش سنتی کشور به نفع مفاهیم ضدمدرنیته هم هستیم. ابی کشتی‌گیری همیشه بازنده است که برای اثبات خود رفتاری غیراجتماعی در پیش می‌گیرد. حتی در برخی موارد که سینما می‌خواهد یا مجبور می‌شود انقلاب سفید را، بعنوان مهمترین گام مدرنیته، تبرئه کند، خودآگاه یا ناخودآگاه، به گونه‌ای عمل می‌شود که اثر معکوس می‌گذارد. مثلا فیلم هیولا (سیامک یاسمی) عملا اقتباسی‌ست از داستان گوژپشت نتردام نوشته ویکتور هوگو. وقتی نریشن اول فیلم روی تصویر، داستان را به یکی از روستاهای مازندران پیش از انقلاب سفید نسبت می‌دهد، از چشم بیننده کتابخوان پنهان نمی‌ماند. در هر صورت تولید آن حجم محتوای تصویری که در آن‌ها غلبه سنت بر مدرنیت به وضوح تبلیغ و ترویج می‌شود، نتیجه‌ای جز غلبه سنت بر مدرنیته، در دنیای واقعی، نمی‌توانسته داشته باشد.

این ضدیت در لایه‌های ظریف‌تری نیز قابل مشاهده است. مثلا با اینکه در اکثر فیلم‌های ضدمدرنیته تضادها و گرفتاری‌های ناشی از دوران گذار نمایش داده می‌شوند اما به تقابل درونی انسان در گذار پرداخته نمی‌شود. گویی انسانی که در حال تغییر عادت از نظم سنتی به نظم نوین است، به دنبال مقصری بیرونی‌ست تا با تکیه بر آن، فرافکنی کند و بهانه‌ای بیابد برای محق دانستن عادات گذشته

خود. نوعی فرافکنی که تمام تقصیرها را متوجه کائنات، سیستم حکومتی، روابط اجتماعی و مناسبات انسانی می‌داند. در واقع به تناقضات، در سطح حوادث و رفتارهای بیرونی پرداخته می‌شود. از همین روست که برخورد کاراکترها عموما عکس‌العملی در قبال آنچه بیرون رخ می‌دهد است. قهرمانان ضدمدرنیته معمولا فاعل ذاتی نیستند بلکه در برخورد با پدیده‌ای بیرونی با واکنشی شدید، فاعل می‌شوند و بعد از آن تا انتهای خط می‌روند. به بیانی فیلم‌هایی که با رویکردی روانشناسانه به اکتشاف درونیات انسان در گذار، با توجه به مولفه‌های سنتی ایرانی، بپردازند نداریم. در مواردی هم که فیلمسازانی مانند بیضایی در آثاری مانند کلاغ به درونیات کاراکترها نزدیک می‌شوند محتوای تولیدی انتزاعی ست و به مسائل اجتماعی نمی‌پردازد.

۲. **یاور مدرنیته:** بخش کوچکی از فیلم‌ها به دو شکل به کمک مدرنیته می‌آیند. الف) نقد درست مدرنیته بدون تخریب پایه‌های آن. فیلم گزارش کیارستمی از بهترین فیلم‌هایی‌ست که بدون اعتباربخشی کاذب به سنت، بدون ایجاد هیجان، بدون تاختن به پایه‌های مدرنیته و با کدگذاری ساده تعارضات ناشی از مدرنیته را نمایش می‌دهد. ب) فیلم‌هایی که به لحاظ تولید و مخابره پیام، مستقیم و غیرمستقیم، به جا افتادن پایه‌های مدرنیته کمک می‌کنند. در این زمینه کماکان یکی از شاخص‌ترین فیلم‌های تاریخ ایران حاجی آقا اکتور سینماست که بطور مستقیم به خدمت مدرنیته درمی‌آید. فیلمی مترقی که در پی نشان دادن مزایای مدرنیته می‌باشد. محتوایی که در آن رژیسور (کارگردان) می‌کوشد حاجی را، بعنوان نماد قدرتمند و متمکن سنت، قانع کند سینما بعنوان ابزاری مدرن مفید است. این فیلم را می‌توان در تداوم تلاش ناصرالدین شاه برای قانع کردن ملاهادی سبزواری در مورد مفید بودن عکاسی دید.

۳. **محتوای علی‌السویه:** برخی ساخته‌ها، روی روال مدرنیته، اثر شدیدی نداشتند. مثلا حسن کچل (علی حاتمی)، قصه‌ای فولکلور است. غریبه و مه (بهرام بیضایی)، استعاره‌ای از خود زندگی‌ست. سیاوش در تخت جمشید (فریدون رهنما)، بازتعریف داستان سیاوش در فرمی نوین است. این هر سه اگرچه جزو بهترین آثار تاریخ سینمای ایران می‌باشند اما با نگاهی فرازمانی ساخته شده‌اند و نسبت ثاقبی با عبور جامعه به مدرنیته پیدا نمی‌کنند.

۴. **فیلم‌های دو وجهی:** برخی آثار در بخشی از محتوای خود در خدمت مدرنیته‌اند و در بخشی در تضعیف آن. وزن اثرگذاری این آثار، به نسبت اینکه چند پایه و کدام پایه مدرنیته را با چه حجم محتوا مورد حمله قرار داده‌اند، متفاوت است. در بسیاری از فیلم‌ها، چند پایه از مدرنیته، بصورت جدی مورد حمله قرار گرفته‌اند و ترکیبی از این تخطئه‌ها را شاهدیم. برخی فیلم‌ها، در محوریت خود، یکی از پایه‌های مدرنیته را مورد هجمه قرار داده‌اند اما بصورت مختصر سایر پایه‌ها را نیز بی‌نصیب نگذاشته‌اند. مثلا در فیلم کیفر با اینکه موضوع مقابله مستقیم سنت با مظاهر افراطی و بی بندوبار جدید است، در سکانس آسیاب، شهرنشینی هم با چند جمله تخطئه می‌شود. در فیلم میخک سفید (رضا صفایی)، چون نقش اول فیلم یک دانشجوست به آموزش نوین کمک می‌کند اما وقتی این کاراکتر به یک رقصنده کافه‌ای دل می‌بندد و در عین حال کارآفرین فیلم را شخصیتی ظالم و زورگو نشان می‌دهد ضدمدرنیته می‌شود. سه قاپ (امیر نادری) در نشان دادن مضر بودن قماری سنتی در خدمت مدرنیته است اما با وجود مرگ‌اندیشی و باز شدن گره دراماتیک داستان با قتل، ضدمدرنیته می‌شود. حکیم باشی (پرویز نوری) در رسوا کردن خرافات همراه با مدرنیته است اما وجود محتوای جنسی اغواگرانه در آن به زیان روال مدرنیته است. آرامش در حضور دیگران (ناصر تقوایی)، چون تناقض‌های ناشی از مدرنیته را بدون هیجان کاذب مطرح می‌کند، در خدمت مدرنیته است اما جایی که این تضاد را به تقابل شهری و شهرستانی گره می‌زند و طعنه‌ای هم به ارتش بعنوان سازمانی نوین زده می‌شود تضعیف‌کننده مدرنیته است. دایره مینا در سیاه نمایی بیش از حد به ضرر فرایند مدرنیته عمل می‌کند اما چون کمبود ساز و کاری مدرن را مطرح می‌کند و بعد از آن است که سازمان انتقال خون راه می‌افتد در خدمت مدرنیته است. حتی فیلمی مانند امشب دختری میمیرد (مصطفی عالمیان)، با وجود اینکه با محوریت خیانت جنسی در طبقه ثروتمند تولید شده و فقرستایی می‌کند، اما چون منجی دختر داستان، از سازمانی نوین و روزنامه‌نگار می‌باشد کمی به مدرنیته خدمت کرده است. فیلم دیگری که قاعدتا باید در خدمت مدرنیته باشد ستارخان (علی حاتمی) است. این فیلم به زندگی یکی از سرداران جنبش مشروطه می‌پردازد. اما چون به تاریخ وفادار نیست و روایت خود را از وقایع دارد نسبت آن با مدرنیته و مشروطه

مخدوش می‌باشد.
در سرایدار (خسرو هریتاش)، اول سیاه‌نمایی اقتصادی می‌شود و بعد فیلمسازی داود (سعید کنگرانی)، عامل رسوایی، اخراج پدرش رحمان (علی نصیریان) و نابودی خانواده نشان داده می‌شود. در واقع خود سینما را بعنوان یک تشکیلات مدرن زیر سوال می‌برد. از این جهت کاملا برعکس حاجی آقا اکتور سینما عمل می‌کند و کاملا ضدمدرنیته است. با اینحال بخشی از فیلم که به نقد بی‌هیجان پدیده چاپلوسی می‌پردازد به نفع مدرنیته است. در سایه‌های بلندباد (بهمن فرمان‌آرا)، مترسک، نماد قدرت سیاسی ست که افراد، خود به او اهلیت می‌دهند و بعد به واسطه همین قدرت، مطیع او می‌شوند. مضمونی که می‌توان مترسک را به شاه و عبدالله (فرامرز قریبیان) را به مبارزانی که با او می‌جنگند و در نهایت تنها می‌مانند تشبیه کرد. رویای عبدلله، از اتحاد همه با هم و به آتش کشیدن مترسک‌ها، آرزوی قشر مبارز سیاسی آن دوران است. این فیلم از یک سو با شخصیت‌پردازی خوب معلم روستا به آموزش نوین بها می‌دهد اما به متولی مدرنیته که نهاد پادشاهی‌ست می‌تازد.

ارتباط چندوجهی سینما با مدرنیته

ارتباط سینما و سینماگران با مدرنیته خطی نمی‌باشد و چند وجهی‌ست. در واقع هر فیلم، با توجه به مقدار محتوایی که بر ضد یا به نفع مدرنیته تولید کرده، بصورت مستقل، نسبت مخصوص خود را با مدرنیته و انقلاب ایران پیدا می‌کند. برای تشخیص نسبت فیلمسازان با مدرنیته و انقلاب ایران هم باید دید هر یک از آنها، در مجموعه محتوای تولیدی خود، چقدر به پایه‌های مدرنیته تاخته‌اند یا به آن کمک کرده‌اند. با توجه به محوریت موضوع فیلم، میزان هنجارشکنی، نوع مخاطب، مقطع زمانی تولید، میزان محتوای تصویری خلق شده برای هر یک از شاخص‌هایی که پیش از این ذکر شدند می‌توان به اثرگذاری ضدمدرنیته هر یک از فیلم‌ها یا مجموعه آثار فیلمسازان وزن داد.
اینجا برای نمونه مختصری به نسبت آثار علی حاتمی با مدرنیته می‌پردازیم. در یک نگاه کلی اگر چه اغلب آثار او به سنت‌ها می‌پردازند اما جو غالب این آثار به درگیری بین سنت و مدرنیسم دامن نمی‌زنند. به بیانی چون اکثر آثارش، به سنت‌های دورتر زمانی می‌پردازند، اثر منفی محتوایش روی مدرنیته، بسیار کمتر از فیلم‌های اعتراضی و سیاه است. مثلا او هیچ‌گاه به سیستم آموزش نوین

نمی‌تازد و سازمان‌های نوپا را نفی نمی‌کند. در واقع حاتمی بیشتر درگیر آن بخش از سنت است که رسوم، آیین‌ها و زبان را در برمی‌گیرد. در حسن کچل و بابا شمل به خدمت زبان در می‌آید و فیلم‌های موزیکال می‌سازد. در باباشمل و قلندر که موضوعیت آنها پهلوانی‌ست داستان را قبل از شهریور ۱۳۲۰ روایت می‌کند تا پهلوان‌هایش از آسیب‌های ناشی از درگیری این طبقه اجتماعی در تحولات سیاسی مصون بمانند. در واقع با اینکار به راحتی به شخصیت‌پردازی پهلوان اصیل نزدیک می‌شود و از فرهنگ جاهلی دوری می‌نماید. ستارخان هم که پیش از این توضیح داده شد، نسبتش با مدرنیته مخدوش است. بین هفت فیلمی که حاتمی می‌سازد تنها طوقی‌ست که از سه جهت به مضامین ضدمدرنیته نزدیک می‌شود. ۱- فیلم دچار جنسیت‌زدگی‌ست و مضامین اغواگرانه و صحنه‌های سکسی دارد. ضمن اینکه خواستگاری رفتن خواهرزاده کوچکتر از دایی برای او، در چارچوب رفتارهای ایرانی نیست. در واقع بدون اینکه هیچ یک از رسوم خواستگاری و ازدواج را رعایت کند یک مثلث عشقی سخت‌باور را نمایش می‌دهد. ۲- با نوع مرگ آسید مرتضی، مرگ‌اندیشی را تقویت می‌کند. ۳- با موضوعیت کفتربازی و نحسی طوقی، به خرافات دامن می‌زند.

این بررسی را بصورت دقیق‌تر در مورد سایر فیلم‌سازان هم می‌توان انجام داد. بعنوان مثالی دیگر، بین کارهای امیر نادری نمی‌توان اثر مرثیه و تنگنا را یکسان دانست. مرثیه بدون ایجاد هیجان کاذب و نادیده گرفتن قانون، به واقع‌گرایی نزدیک‌تر می‌شود و عملا برای روال مدرنیته هیچ زیانی ندارد. نصرت کریمی، جایی که در حکیم‌باشی بازی می‌کند و به جنگ خرافات و تعصبات بی‌ثمر می‌رود در خدمت مدرنیته است، اما وقتی محلل را می‌سازد و احکام فقهی را به نقد تند می‌کشد بهانه برای مقابله با مدرنیته به دست روحانیون می‌دهد.

تفاوت نسبت فیلم‌ها با پایه‌های مدرنیته

بجز کلیت آثار فیلمسازان، به تفاوت نسبت هر فیلم با مدرنیته هم می‌توان وزن داد. مثلا در قیصر، گرفتاری، کاملا توسط یک عامل خارجی، برادران آب منگل، شروع می‌شود در حالی که در تنگنا و صبح روز چهارم (کامران شیردل) عامل گرفتاری، عمل ناخواسته خود قهرمان داستان است. یعنی در این دو فیلم ابتدا قهرمان داستان خودش عامل ناخواسته است بعد در چرخه حوادث قرار می‌گیرد. اما در قیصر، کاراکتر فیلم، اول معلول است بعد عامل می‌شود. در تنگنا و صبح

روز چهارم چون موضوع انتقام شخصی نیست ارجاعی به سنت داده نمی‌شود در حالی که قیصر با ارجاع به سنت اهلیت می‌یابد. این تفاوت‌های ظریف شاید به چشم نیایند اما در اثرگذاری فیلم روی مخاطب متفاوت عمل می‌کنند. به همین دلیل بیننده با قیصر بیشتر از امیر (سعید راد) و علی خوش‌دست (سعید راد) همراهی می‌کند و اثرش در مقابله با مدرنیته به شدت بالا می‌رود.
گرفتاری صادق‌کرده (ناصر تقوایی) هم مانند قیصر، از سوی عامل خارجی‌ست، اما سایر مولفه‌های فیلم باعث می‌شوند کمتر به سنت ارجاع دهد. تاکید بر کرد بودن صادق (سعید راد) به فیلم رنگ قومی می‌دهد، خارج از شهر اتفاق افتادن داستان بومی بودن آنرا کمرنگ‌تر می‌کند و کور بودن انتقام مشروعیت قهرمان داستان را نزد مخاطب پایین می‌آورد.
در تولید محتوای نامناسب جنسی هم، نوع و بار اثرگذاری فیلم‌ها، با توجه به پیامی که به جامعه مخابره می‌کنند، متفاوت است. مثلا در موسرخه (عبدالله غیابی) تلاش شده با تصاویر به شدت غیرعرفی، از مضمون جنسی، برای نشان دادن فساد زنی که ارباب است استفاده شود. اما فیلم‌های آب توبه‌ای، پیام عادی‌سازی ازدواج با کارگران جنسی را به جامعه مخابره می‌کنند و فیلم‌هایی مانند رضاموتوری (مسعود کیمیایی) و ماه عسل (فریدون گله) اغفال زنان نامزدداری مانند عروس‌های شیرین ملوک را جذاب نشان می‌دهند.
نوع و وزن تضعیف سیستم آموزشی هم در فیلم‌های مختلف متفاوت است. در قیصر تجاوز وقتی رخ می‌دهد که قربانی در موقعیت آموزش نوین قرار گرفته است. گویی دلیل مورد تجاوز قرار گرفتن، خود را در موقعیت درس خواندن قرار دادن است. گوزنها آموزش نوین را کاملا بیهوده و حتی باعث مرگ می‌داند. در رضا موتوری (مسعود کیمیایی) ما شاهد تحقیر کامل سیستم آموزش نوین هستیم. فیلم آدمک (خسرو هریتاش) آموزش نوین را موجب پوچی می‌داند. در صورتی که رگبار نوعی شکست سیستم آموزشی را با انفعال نهایی آقای حکمتی رقم می‌زند. در واقع رگبار، سیستم آموزشی را مفید و برحق می‌داند اما در نهایت مقاومت آنرا در برابر سنت می‌شکند. آنچه گفته شد، اشاراتی بود برای تشخیص تفاوت فیلم‌ها. در ادامه کتاب و با بررسی بیشتر، خودبخود، تاثیر بسیاری از فیلم‌ها بر انقلاب مشخص خواهد شد.

فصل چهارم

سینما و پایه‌های مدرنیته

سینما ذاتا محصولی خدماتی/ ارتباطی‌ست. کالایی که از بدو پیدایش، بعنوان یک وسیله ارتباطی مدرن، موجبات تسهیل کدگذاری، ارسال، دریافت و کدبرداری پیام را فراهم کرده است. در انطباق اجزای سیستم ارتباطات با سینما، مهمترین عامل، محتوایی‌ست که توسط نویسنده و سناریست به شکل پیام وارد چرخه ارتباط می‌شود. پیامی که هم می‌تواند تحت تاثیر قدرت‌های حاکم بر سینما، مانند تهیه کننده و دولت باشد هم می‌تواند خود را بر نظر این قدرت‌ها تحمیل کند. تهیه‌کننده، با توجه به اینکه صاحب کالاست، ارسال‌کننده پیام محسوب می‌شود. بخش بعدی ارتباط، کدگذاری هنرمندانه پیام است که بیشترین سهم در آن، با دکوپاژ و میزانسن و بازی گرفتن از هنرپیشه‌ها، از آن کارگردان است. هر قدر این کدگذاری هنرمندانه‌تر و حرفه‌ای‌تر انجام گیرد پیام با زیبایی و اثرگذاری بیشتری در اختیار مخاطب قرار می‌گیرد. بعد از کدگذاری، ناقل پیام اهمیت می‌یابد که در سینما هنرپیشه است. هر قدر بازیگر به پیام اعتقاد بیشتری داشته باشد، در درونی کردن آن ورزیده‌تر باشد و فیزیک و روان مناسب‌تری داشته باشد، ناقل بهتری خواهد بود. در آخرین حلقه این زنجیره، دریافت‌کننده پیام قرار دارد که به شکل بیننده، پای فیلم می‌نشیند. دریافت‌کننده‌ای که بعد از شنیدن دیالوگ‌ها و دریافت تصاویر با کدبرداری، از محتوا متاثر می‌شود و بازخورد می‌دهد. برقراری ارتباط از طریق رسانه، در کارکرد بازاریابی خود، ذاتا به سه منظور صورت می‌گیرد. ۱- انتقال اخبار ۲- یادآوری موضوعی خاص ۳- تغییر ترجیحات، باورها، ارزش‌ها، پنداشت‌ها و نگرش‌های مردم. پیامی که در فیلم سینمایی کدگذاری می‌شود می‌تواند هر یک از سه هدف فوق را دنبال نماید. از بین این سه هدف، جایی که فیلم در خدمت تغییر ارزش‌های درونی یا ثانویه کوتاه مدت یا بلندمدت قرار می‌گیرد، ممکن است اثرگذاری زیادی روی کلیت جامعه داشته باشد. در هر صورت قدرت ارتباطی سینما تا جایی ست که ممکن است بعنوان یک رسانه سطح بالا، حتی منجر به خرید یک ایدئولوژی توسط یک جامعه شود.

اثرگذاری سینما

در مقام مقایسه، به دلیل ابعاد گوناگونی که همواره در دل سینماست، هیچ یک از وسایل ارتباطی که تا پیش از انقلاب در خدمت بشر بوده‌اند به اندازه آن اثرگذاری نداشته‌اند. برعکس سایر هنرها، که معمولا ابعاد محدودی دارند، ترکیب متن، نور، صدا، حرکت، رنگ، دکوپاژ و میزانسن و وجود اصولی مانند خط فرضی

باعث گره خوردن فیلم به عواطف مخاطبان می‌شود و تمام حواس انسانی را با خود درگیر می‌نماید. مثلا نقاشی و مجسمه‌سازی حس بینایی را درگیر می‌کنند و شعرخوانی و موسیقی شنوایی را تحریک می‌نمایند. اما سینما، که محل تجمیع هنرهای بشری‌ست همزمان حواس مختلف را به خود جلب می‌کند و تا عمق وجود آدمی رسوخ و رسوب می‌نمایند. مثلا قصه و ادبیات در قالب سناریو در خدمت سینما قرار می‌گیرند، موسیقی به شکل موزیک متن و ترانه در این هنر جلوه می‌یابند و عکاسی متواتر تصاویر متحرک را می‌سازد. این شرایط باعث شده سینما، بعنوان ابزاری نوین، از جنبه‌های گوناگون زندگی بشر، اثر بگیرد و در عین حال از نظر اجتماعی، سیاسی، اقتصادی، فرهنگی و حتی آموزشی بر محیط خود تاثیر بگذارد. در عین حال بسیاری از فیلم‌ها در تاریخ گم می‌شوند اما برخی به اثرگذارترین ابزار تغییر تبدیل می‌شوند و نقش‌ها، دیالوگ‌ها و حتی لوکیشن‌های آنها، همچون اثر باد بال پروانه [1]، به تحولات بلندمدت ختم می‌گردند. بعنوان مثال‌هایی ساده از تاثیرگذاری بلندمدت، می‌توان از فیلم‌هایی مثل عمو سیبیلو یا سازدهنی یاد کرد. بسیاری از هم‌نسلان ما بدون آنکه از بزرگی نام بهرام بیضایی در دوران کودکی با خبر باشیم، با فیلم عمو سیبیلوی او خاطره داریم. ترس و هیجان ناشی از پلان بیمارستان این فیلم، کماکان بین ما حسی مشترک ایجاد می‌کند. فیلم سازدهنی امیر نادری نیز وضعیت مشابهی دارد. همین که این فیلم‌ها در اذهان کودکانی که تحت تاثیر نام سازندگان آنها نبوده‌اند ثبت شده‌اند نشانه‌ای از خوش‌ساخت بودن این آثار است. در نمونه خارجی هم می‌توان به فیلم جاده اثر فلینی که در دهه شصت شمسی با سانسور از تلویزیون پخش می‌شد اشاره کرد. فیلمی که خاطره‌ای مشترک همراه با احساساتی مشابه درون بسیاری از کودکان آن دهه شکل داده است. در هر صورت تاثیرگذاری سینما در دهه ۴۰ و ۵۰ به ۳ دلیل اصلی، بسیار بالاست. ۱- سینما مهمترین تفریح مردم بود. ۲- جامعه در پیچ تاریخی گذار به مدرنیته قرار داشت. ۳- بلوغ تصویری مخاطبان فیلم‌ها، در مراحل اولیه رشد خود بود. مجموعه شرایطی که باعث می‌شود حتی تیپ، ژست و نحوه حرف زدن برخی کاراکترها به شکل وسیعی به الگوی جوانان تبدیل شوند و مثلا کفش قیصری و موی گوگوشی تا سالها مد بماند. حرکات آکروباتیک بیک ایمانوردی تقلید شود و ژست‌های ملک مطیعی بین مردم جا باز کند. برخی دیالوگ‌ها و تکه کلام‌های بهروز وثوقی در فیلم‌های دشنه (فریدون گله) و همسفر (مسعود اسدالهی) برای چند نسل ماندگار شوند و نحوه حرف

زدن بیک ایمانوردی، به شوخی، بین مردم زمزمه شود. حتی اسمی که روی کاراکتر فیلم‌ها گذاشته می‌شوند، مانند عباس قراضه و مهدی پلنگ، در محلات بکار روند. مثال‌های بالا نمونه‌های بسیار ساده‌ای از اثرگذاری سینما بر فرهنگ عمومی جامعه هستند. وقتی رفتار عادی کاراکترها تا این حد روی مردم اثرگذار بوده، می‌توان به نفوذ محتوا و پیام فیلم‌ها تا عمیق‌ترین لایه‌های ناخودآگاه مردم پی برد

کلان محصول سینما، مانند هر سیستم دیگری، متشکل از ورودی، فرایند و خروجی‌ست. خروجی، محتوایی‌ست که برای سالن سینما ارسال می‌شود، به مصرف می‌رسد و بازخورد ایجاد می‌کند. فرایند از زمان تعیین سوژه آغاز می‌گردد و تا انتهای تدوین ادامه می‌یابد. قسمت اعظم ورودی‌های فیلم سینمایی در پیش تولید تعیین می‌شوند. مهم‌ترین بخش ورودی هم سوژه و پیام فیلم می‌باشد. اگر پیام نهفته در سناریو با برنامه‌های کلان یا وضعیت عرفی جامعه هماهنگ نباشد بازخوردهای نامناسب کوتاه مدت و بلندمدتی ایجاد خواهد شد. با ورودی‌های نامناسب اتفاقا اگر فرایند تولید، حرفه‌ای و هنرمندانه طی شود، خروجی مخرب‌تر خواهد بود. رشد تکنیکی و فنی در سینمای پیش از انقلاب به معنی قوی‌تر شدن فرایند بود. نتیجه این شرایط، با توجه به محتوای ضدمدرنیته سینمای قبل از انقلاب، ابتدا بازخورد زیرپوستی جامعه بود و بعد به شکل خشم، یاس، احساس پوچی و تمایل به بی‌نظمی عیان شد. اهدافی که پشت به آتش کشیده شدن سینما رکس وجود داشته، نشانگر میزان اثر و اهمیت این هنر در شرایط پیش از انقلاب است.(۲)

پایه‌های مدرنیته در سینما

پایه‌های مدرنیته، که در فصل قبل ذکر شدند را بایستی در دل تقسیم‌بندی محتوایی سینمای آن دوران بررسی کرد. با این توضیح غالب محتوای تولیدی پیش از انقلاب را در ۳ دسته‌بندی ۱- جوانمردی‌های غلو شده ۲- محتوای جنسیت‌زده ۳- اعتراض ناشی از تعارضات اجتماعی و اقتصادی می‌توان در نظر گرفت. در هر سه زمینه فوق هم غلو در موقعیت‌ها و تلاش برای تحریک رفتار مخاطب، دو شاخصه اصلی هستند. مثلا یکی از پُرتکرارترین پلان‌های غلوآمیز، مربوط به دعواهای کافه‌ای‌ست. شخصی یک تنه چند نفر را، بدون اینکه کلاه از سرش بیافتد، از پا در می‌آورد. تحریک هیجانی رفتار مخاطب نیز در تمام

زمینه‌های فوق قابل مشاهده است. در غالب مواقع هم فیلم‌ها با تلفیق این محتواها عرضه می‌شده‌اند. مثلا آثار اعتراضی و جوانمردانه محتوای تحریک‌کننده جنسی هم داشته‌اند. از بین شاخص‌های مورد نظر این کتاب، برای بررسی نسبت سینما با مدرنیته، به محتوای حساسیت‌زای فقهی در بخش مربوط به روحانیون پرداختیم. در ادامه ابتدا به بررسی محتوای جوانمردانه می‌پردازیم، بعد، به دلیل گستردگی بحث جنسیت‌زدگی، بطور مستقل، آنرا بررسی می‌کنیم و در نهایت سایر شاخص‌های تقابل سینما با مدرنیته را در زیر مجموعه محتوای اعتراضی، مورد کنکاش قرار می‌دهیم.

محتوای جوانمردی

بخش مهمی از فرهنگ آن روزهای کوچه پس‌کوچه‌های شهرها، که جامعه در حال عبور از آن بود، جاهلی و کلاه مخملی‌ست. این خرده فرهنگ، که وجه منحرف شده فرهنگ پهلوانی‌ست، در برهه‌های مختلف تاریخ معاصر ایران، بخصوص بعد از شهریور ۱۳۲۰ اثرگذاری زیادی بر مناسبات اجتماعی و سیاسی داشته است. مثبت‌ترین، قابل قبول‌ترین و شناخته شده‌ترین پهلوانان تاریخ پوریای ولی و غلامرضا تختی می‌باشند. بخش خاکستری این طبقه اجتماعی در تاریخ معاصر، که هم جوانمردی دارند هم شرارت، محله‌گردان‌هایی مثل حسین رمضون یخی، هفت‌کچلون، مصطفی پادگان، طیب حاج رضایی و شعبان جعفری هستند. این لات‌های خاکستری هم زورگویی کرده‌اند هم از مظلوم دفاع نموده‌اند. هم حق‌خوری کرده‌اند هم دست و دلباز بوده‌اند. تناقضی که منجر به بزرگنمایی آنها، با داستان‌های غلوآمیز شده است. ورود این طبقه اجتماعی به سینما به دو شکل است:

۱- کاراکترهای کلاه مخملی و جاهلی که معمولا با بازی‌های ناصر ملک مطیعی به یاد می‌آوریم. شخصیت‌هایی که کلفت حرف می‌زنند، صدا در سینه می‌اندازند، همیشه باد در غبغب دارند، گشاد راه می‌روند، چشم غره می‌روند و تودلی می‌خندند. سردانی که زد و خورد می‌کنند، از بلندی می‌پرند و دعوا مرافعه می‌کنند اما خراش برنمی‌دارند.[۳]

۲- بخشی هم به نمایندگی فردین، عیاران تلطیف شده‌ای هستند که از فیلم‌های جاهلی فاصله می‌گیرند و مسیری جداگانه، با ویژگی‌هایی که از فیلمفارسی ذکر شد، در سینمای ایران باز می‌کنند. در ادامه تاثیر فیلم‌های کلاه مخملی و جاهلی

را بررسی می‌کنیم.

۱.   این فیلم‌ها، دوره‌ای به بازار عرضه می‌شوند که بعد از اعدام طیب حاج
رضایی، در سال ۴۲، همزمان با انقلاب سفید، بسیاری از جاهل‌های بزرگ و
واقعی، در تلاش برای وفق خود با شرایط جدید جامعه بودند. در واقع اعدام
طیب، بعنوان یکی از بزرگترین لات‌های کشور، باعث می‌شود جامعه احساس
کند دوره این طبقه اجتماعی گذشته است. در این شرایط، فیلم‌های جاهلی
در فرایندی معکوس و با تلاشی مداوم، در پی زنده نگه داشتن فرهنگی
هستند که در دنیای واقعی در حال از بین رفتن بود.

۲.   اینگونه فیلم‌ها خودبخود تمایل جامعه برای بازگشت به نظم حاصل
از اقتدار محله‌گردان‌ها را تشدید و تشویق می‌کردند. محتوایی که برای
شهرنشینان قدیمی زنده کننده خاطرات و منش‌های رو به موت بود و
برای بسیاری از مهاجرین، آموزش جاهلی محسوب می‌شد. مضاف بر اینکه
مخاطب اینگونه فیلم‌ها، طبقات اجتماعی رو به پایینی بودند که به راحتی
تحت تاثیر قرار می‌گرفتند. اینجا بعنوان نمونه می‌توان به فیلم جوجه‌فکولی
اشاره کرد که رسما فرهنگ جاهلی را آموزش می‌دهد. فیلم، بدون اینکه
صفات مثبت جوانمردی فیلم‌های جاهلی را در خود داشته باشد، با تمسخر
زیاد، حکایت بازگشت یک هیپی به جاهلی‌ست. در واقع بازگشت از تاثیرات
سطحی حاصل از مدرنیته به سنت جاهلی را شاهدیم. بعد از این بازگشت،
در دعوای بین جاهل‌ها بر سر یک دختر، آنکه جاهل‌تر است پیروز میدان
می‌شود و همه جشن می‌گیرند. مضمونی که در آقای جاهل (رضا میرلوحی)
هم تکرار می‌شود با این تفاوت که اینجا آنکه جاهل می‌شود، از بهترین بخش
ناشی از مدرنیته بازمی‌گردد. یکی از نتایج مدرنیته ساختار یافتن فعالیت‌های
اقتصادی‌ست. در این فیلم فردی صاحب شرکت و خانواده‌دوست، که در
چارچوبی مدرن به فعالیت اقتصادی مشغول است، تحت تعلیم قرار می‌گیرد
تا تیپ اجتماعی‌اش تغییر کند، مشتری زنان کافه‌ای گردد و جاهل شود.
جاهل شدنی که چون احساسی از قدرت و قهرمانی به مخاطب تزریق می‌کند
نزد بیننده ارزشمند قلمداد می‌گردد. اگر چه در این فیلم مرد داستان به
تلافی بی‌قیدی همسرش به این راه می‌رود و در انتها به زندگی خانوادگی
بازمی‌گردد اما، این بازگشت نه به دلیل بد بودن زندگی جاهلی، بلکه به خاطر
فداکاری لوطی منشانه زن رقصنده کافه اتفاق می‌افتد. یعنی در انتهای فیلم

هم، با فداکاری زن کافه‌ای، به زندگی جاهلی یک امتیاز اضافه داده می‌شود. بازگشتی که مهر تاییدی ست به برتری زندگی کافه‌ای بر سبک زندگی آبرومندانه و مدرن. فیلم رقاصه شهر (شاپور قریب) هم با مضمون رفتن یک مرد کاسب مسلک به سمت زندگی کافه‌ای ساخته شده است. اینجا تقابل، درون خود فرهنگ جاهلی به وجود می‌آید.

۳.   ایراد مشترکی که تقریبا به تمام آثار این ژانر وارد است ارائه تصویری غالبا جذاب از این طبقه اجتماعی‌ست. محتوایی که مخاطب و بیننده را از واقعیت‌های جاری جامعه دور می‌کند و نوعی خوش‌بینی و علاقه کاذب به جاهل‌ها ایجاد می‌نماید. تیپی سینمایی که به نظر می‌رسد اواخر دهه ۴۰ رو به افول بود اما نقش فرمون در فیلم قیصر دوباره به آن جان می‌دهد. کم بودن درصد حضور کاراکتر فرمون به نسبت کل فیلم، بازتابی از به حاشیه رانده شدن این طبقه اجتماعی در سینماست. دیالوگ برادر آب منگول بعد از کشتن فرمون که "باید از داداش کوچیکش ترسید" نیز مرثیه‌ای ست برای حضور لات‌های جوانمرد در فیلم‌های ایرانی. اما ساخت تعداد زیادی فیلم در این ژانر و تلاش برای زنده نگه داشتن فرهنگ جاهلی، اثرات بلندمدت خود را می‌گذارد و اجازه گذشتن جامعه از این طبقه اجتماعی را نمی‌دهد. فرهنگی که بعدها از وجوه مثبت و سفید خود خالی می‌شود، ظاهرش را با شرایط اجتماعی جدید وفق می‌دهد و به شکل چماقداران حکومتی به خدمت جمهوری اسلامی در می‌آید.

۴.   سیاه و سفید دیدن پدیده‌ها و آدم‌ها، که باعث صفر و یکی بار آمدن مخاطب می‌گردد، ضعف دیگر این ژانر است. در اینگونه فیلم‌ها خیر و شر در دو جبهه کاملا جدا تصویر می‌شوند و بیننده را به گونه‌ای پرورش می‌دهند که نمی‌تواند آدم‌ها و روندها را خاکستری ببیند. حتی داش‌آکل (مسعود کیمیایی)، بعنوان یکی از قوام‌یافته‌ترین فیلم‌های این ژانر خیر و شر را در دو فرد جداگانه نشان می‌دهد. با اینکه بازی کنترل شده وثوقی، محل و لهجه فیلم آنرا از جریان فیلم‌های جاهلی متمایز می‌کند، اما به سیاه و سفید دیدن آدم‌ها دامن می‌زند. نگاهی که در جامعه تقویت می‌شود و در عرصه سیاسی هم رشد می‌کند و بعدها رقبای سیاسی را به شکل دیوی که بیرون می‌رود و فرشته‌ای که در می‌آید می‌بینند.

۵.   پرداختن اغراق‌آمیز سینمایی به وجوه جوانمردی کاراکترها، ویژگی‌های

مثبت این تیپ اجتماعی را لوث می‌کند و کارکرد مرجعیت آنها را تضعیف می‌نماید. محتوای تولیدی در این بخش، اعم از شخصیت‌پردازی‌ها، بازی‌ها، موقعیت‌ها و حتی دیالوگ‌ها تماما غلو شده هستند. این غلو به حدی‌ست که مثلا در فیلم مرد (فریدون ژورک) کسی که یک شب از ترک اعتیادش گذشته دوباره تبدیل به یلی یکه‌تاز می‌شود. به این ترتیب سینما نمی‌تواند با شخصیت‌پردازی درست از سرمایه اجتماعی طبقه پهلوان، در جهت رشد مدرنیته، بهره ببرد و با نزدیک‌بینی مفرط، جنبه مثبت این طبقه اجتماعی را تخریب می‌کند.

۶. در اکثر فیلم‌های جاهلی، جوانمردی‌ها، با موضوعی جنسی مانند تجاوز، آب توبه یا تصاحب یک زن معنا پیدا می‌کنند. اصرار و اغراق در خلق کاراکترهای متعدد جوانمردی که یکسره بر سر زنان پایمردی به خرج می‌دادند، نوعی زدگی پنهان از این تیپ اجتماعی به وجود می‌آورد. تعداد آثار مرتبط با تجاوز و آب توبه هم بسیار زیاد است. حتی فیلمی مانند پهلوان مفرط (امان منطقی) هم با تجاوز گره خورده است.

۷. اکثر فیلم‌های جاهلی، با دعواهای خیابانی و کافه‌ای که در آنها رخ می‌دهد، مروج خشونت هستند. روحیه‌ای که به مردم منتقل می‌شود و در درگیری‌های مربوط به انقلاب و بعد از آن اثر می‌گذارد.

محتوای جنسیت‌زده

در سینمای پیش از انقلاب شاهد آثار معدودی مانند مریم و مانی، بن‌بست، چریکه تارا، غریبه و مه، مغول‌ها و بی‌تا هستیم که در پی ارائه تصویری متعادل از زنان هستند. آثاری که تعدادشان و مخاطب‌شان اصلا قابل توجه نیست. در عوض غالب آثار، با گره زدن زنان با موضوعات جنسی، تصویری مخدوش و متعارض از آنان ارائه می‌کنند. پرداختن به مسائل جنسی ذاتا بد نیست اما وقتی همراه با تصاویر سکسی و اغواگرانه می‌شود و بافت سنتی جامعه در نظر گرفته نمی‌شود، تعادل جامعه را بر هم می‌زند. به بیانی مواضع سینمای پیش از انقلاب، در قبال زنان، به شدت متناقض است. تناقضی که در دو زمینه قابل بررسی‌ست. ۱- شرایط عرفی و روانی جاری در جامعه. ۲- خیز جامعه از طریق برنامه‌های آتی به سمت مدرنیته. در ادامه ابتدا دلایل و انواع جنسیت‌زدگی را بررسی می‌کنیم و بعد به این دو تناقض می‌پردازیم.

دلایل تولید حجم زیادی محتوای جنسی

۱. طرح موضوعاتی مانند عقده جنسی توسط فروید، به انقلاب جنسی در مغرب زمین منجر شده بود و تحولی عظیم، در نسبت زنان با جامعه، ایجاد کرده بود. تحولی که به سینمای غرب هم راه پیدا می‌کند. در این شرایط، بسیاری از سینماگران ایرانی، بدون درک عمیق زمینه‌ها، بسترها و ریشه‌های تحولات اجتماعی غرب، تنها با مشاهده سطحی نتایج، شروع به هنجارشکنی جنسی، حتی افراطی‌تر از خود غرب می‌کنند. در صورتی که انبوه زمینه‌هایی که در مغرب زمین موجبات پذیرش نظریات فروید را فراهم کرده بود در ایران رخ نداده بودند. نمود عینی این تاثیرپذیری در فیلم‌هایی که با اقتباس از ادبیات یا سینمای غرب ساخته شدند، مانند پستچی (داریوش مهرجویی)، نفرین (ناصر تقوایی) و غزل قابل مشاهده است.

۲. رقابت شدیدی که در گیشه، بعد از سال ۴۸، بین سینمای موسوم به موج نو و فیلمفارسی در می‌گیرد عامل دیگری‌ست. بیشتر فیلم‌هایی که صحنه‌های شدیدا غیرمتعارف یا مضامین جنسی هنجارشکن دارند بعد از این تاریخ ساخته می‌شوند.

۳. تمایل موقتی مخاطبان مرد جوان سینما برای تماشای صحنه‌های سکسی، تقاضایی کاذب و بیش از حد برای این محتوا به وجود آورده بود. هیجان ناشی از دیدن صحنه‌های اغواگرانه و جنسی توسط خیل افرادی که تا پیش از آن چنین تجربه‌ای نداشتند و حتی بی‌حجابی برایشان کاملا عادی نبود به این تقاضای کاذب، بطور موقت، دامن زده بود. این در حالی‌ست که بجز خود شهرهای بزرگ با جمعیت اکثرا سنتی و مذهبی، در شهرستان‌ها و روستاها هم بی‌حجابی معنا نداشت. نباید تمام جامعه را با شمال تهران اشتباه گرفت.

۴. کارگردانانی که عموما یا کم تجربه‌اند یا توانایی بازی گرفتن، حتی از بازیگران مستعد را ندارند، برای پُر کردن این خلا زنان را در چارچوب‌های جنسی محصور می‌خواهند.

۵. کم بودن بازیگران زن تکنیکی آموزش دیده دلیل دیگری‌ست. از دهه ۵۰ است که کم کم بازیگرانی مانند شهره آغداشلو، فرزانه تاییدی، مری آپیک و سوسن تسلیمی به سینما می‌پیوندند.

۶.   تمایل عوامل تولید به هنجارشکنی، برای بیشتر دیده شدن، دلیل دیگری‌ست.

۷.   عوامل فوق، به واکنش بازاری خود زنان بازیگر منتهی می شود. یعنی عدم استعداد سینما برای رشد تکنیکی بازیگران و نیازی که از سوی محیط ابراز می‌شود خود زنان را هم برای جلب نظر مخاطب به سمت محتوای اغواگرانه و جنسی سوق می‌دهد. بخش قابل توجهی از این بازیگران، به منظور پوشاندن ضعف‌های تکنیکی خود و انتقال حس مورد نظر، به اغراق در بازی روی می‌آورند. اغراقی که وقتی به پلان‌های اغواگر گره می‌خورد، خروجی محتوای تصویری شدیدا غیرعرفی می‌شود.

انواع جنسیت‌زدگی

شرایط سینمای پیش از انقلاب به گونه‌ای‌ست که تقریبا شاهد تولید و عرضه همه نوع محتوای جنسی هستیم. محتوایی که بخشی از آن ظاهرا به چشم نمی‌آید و نامحسوس است اما اثر مخربی روی جامعه می‌گذارد. در ادامه به انواع جنسیت‌زدگی در فیلم‌ها می‌پردازیم.

الف)   تعداد بسیار زیادی از فیلم‌ها بر اساس مثلث عشقی شکل گرفته‌اند. این مضمون در انواع ژانرهای سینمایی قابل مشاهده است.

ب)   فیلم‌هایی با صحنه‌های سکسی شدیدا غیرعرفی کم نیستند. مانند آنچه از فیلم برهنه تا ظهر با سرعت نقل می‌شود یا چیزی که در موسرخه می‌بینیم.

ج)   رقص کافه‌ای و غیرکافه‌ای هم جزء جدایی‌ناپذیر محتوای تولیدی سینمای آن سال‌هاست. رقصی که وقتی با لباس‌های بسیار باز همراه می‌شود تحریک‌کنندگی بالایی می‌یابد.

د)   در بسیاری از فیلم‌ها، درجات مختلفی از لوندی و اغواگری جنسی، که در شکل عشوه‌های کلامی، بازی با عضلات صورت، آرایش تند و لباس‌های باز عرضه می‌شوند را مشاهده می‌کنیم. زنانی که چشم و ابرو می‌آیند، لب و لوچه ورمی‌چینند، گردن می‌جنبانند، سینه می‌لرزانند، یکسره چادر باز می‌کنند و حتی در راه رفتن عادی قر کمر می‌آیند. عناصری که چون در محل تلاقی سنت با شیوه‌های جدید زندگی قرار می‌گیرند، درجه تحریک‌کنندگی‌شان بسیار بالا می‌رود. یعنی مینی‌ژوپ نورسیده، زیر چادر که پوششی سنتی‌ست،

اروتیک‌تر است. چادر سر کردن و باز کردن زیر بازارچه، از بی‌حجابی تحریک‌کننده‌تر است. آرایش غلیظ با روسری و چادر، از آرایش غلیظ با تاپ و دامن حساسیت‌برانگیزتر است. ریمل بلند روی چشم زنی که روسری به سر دارد توجه غیرمعمول بیشتری جلب می‌کند. اینگونه محتوا در فیلم جوجه فکلی کاملا به چشم می‌آید. حجم صحنه‌های اغواگرانه فیلم نقص فنی (نصرت‌الله وحدت) هم غیرقابل باور است. یا میزان اغواگری پلانی از فیلم تخت خواب سه نفره (نصرت کریمی) که در آن شعر حمومی آی حمومی، در حمام عمومی زنانه خوانده می‌شود بسیار بالاست.

ه) جنسیت‌زدگی آب توبه‌ای یکی از رایج‌ترین سوژه‌های مورد علاقه بسیاری از فیلمسازان آن دوران است. محتوایی که در آن مردی، علیرغم اطلاع از گذشته زنی که به تن‌فروشی اشتغال داشته، خود را به آب و آتش می‌زند تا با او ازدواج کند. فارغ از ارزش‌گذاری شغل تن‌فروشی یا آثار روانشناسی ترویج چنین ازدواجی، طرح چنین موضوعی در فیلم‌های متعدد در دورانی که روابط خانوادگی هنوز بسیار پابرجاست، افراد به شدت تحت تاثیر خانواده خود هستند، قسمت عمده‌ای از روابط اجتماعی در حیطه فامیل و همشهری تعریف می‌شود و آبروداری و حرف مردم بسیار مهم است هنجارشکنی و بی احتیاطی کامل بوده است. در آن جامعه، حتی اگر مردی راضی به چنین ازدواجی می‌شده فشار خانواده، اطرافیان و دوستان او را از پای در می‌آورده است. مضاف بر اینکه برخی احساسات مربوط به درون آدم‌ها می‌باشند، موضوعیتی روانی دارند و با پیچیدگی‌های انسانی دست به گریبانند. هنوز بعد از گذشت قریب ۶ دهه از زمان آن فیلم‌ها، روانشناسان تاکید به عدم بیان روابط قبلی زوجین دارند. وقتی مردی یا زنی از روابط گذشته همسرش باخبر می‌شود بیش از هر چیز این حس درونش ایجاد می‌گردد که آنچه متعلق به اوست را پیش از این دزدیده‌اند. اگر تولیداتی با این مضمون، انگشت شمار و واقع‌گرا بودند قابل قبول می‌نمود. اما تولید این حجم فیلم برای ترویج این رویکرد، کاملا غیرطبیعی‌ست. فیلم‌هایی مانند طوطی، رقاصه شهر، دشنه، خاطرخواه (امیر شروان)، دکتر و رقاصه (خسرو پرویزی)، فریاد زیر آب (سیروس الوند)، آب نبات چوبی (امان منطقی)، تعصب (تقی مختار)، صبح خاکستر (تقی مختار) و آقای هالو (داریوش مهرجویی) تنها نمونه‌هایی از طرح این موضوع هستند. اشتیاق به تولید این مضمون به قدری بالاست

که سال ۵۳ فیلمی با نام آب توبه (محمدرضا فاضلی) ساخته می‌شود. در این فیلم مردی که از روی تعصب حاضر به همسری خواهرش با دوستش نیست، با اشتیاق به ازدواج با کارگرجنسی روی می‌آورد.

و)   سوژه‌هایی که مردان راضی به ازدواج با زنانی که بکارت خود را از دست داده‌اند نیز زیاد دیده می‌شود. در دهه‌های ۴۰ و ۵۰ که حساسیت عمومی، با خرده فرمایشات فراوان، روی بکارت زن بالاست و خود زنان هم در این مورد کاملا محتاط هستند این حجم تولید محتوای تصویری با پیام بی‌اهمیتی بکارت نوعی بمباران اعتقادی محسوب می‌شود.

ز)   تولید محتوای مبتنی بر هیزی و چشم‌چرانی مردان، بخصوص در فیلم‌های کمدی، هم معمول بوده است. این هیزی در سایر ژانرها هم قابل مشاهده است. مثلا می‌توان به پسر نوجوانی که در فیلم تخت خواب سه نفره در حمام عمومی زنانه هیزی می‌کند یا پسرهای نوجوانی که در فیلم خروس (شاپور قریب) روی پشت‌بام حمام زنانه برای دید زدن جمع شده‌اند اشاره کرد.

ح)   یکی از موضوعات مورد علاقه فیلمسازان آن دوره تجاوز است. قیصر، صادق کرده، بلوچ (مسعود کیمیایی)، هلوی پوست‌کنده (عباس دستمالچی)، یاور (عباس کسایی)، تجاوز (حمید مصداقی) و میعادگاه خشم (سعید مطلبی) تنها نمونه‌هایی از این سوژه هستند. حتی موضوع فیلم خوبی مانند هشتمین روز هفته (حسین رجاییان)، با تجاوز جنسی در خیابان به دختری که دانشجوی پزشکی‌ست گره خورده است.

ط)   اغفال شدن دختران نیز جزو سوژه‌های رایج آن دوران است. همسفر، دفاع از ناموس (محمدکریم رکنی)، شوهر کرایه‌ای (نصرت‌الله وحدت)، بنده خدا (رضا صفایی) و بی‌گناه (مرتضی عقیلی) نمونه‌هایی از این محتوا هستند.

ی)   سینمای آن دوران به خیانت هم با رویکردی نادرست، زیاد می‌پردازد. مثلا در پستچی، امشب دختری می‌میرد و مجازات (مهدی فخیم‌زاده) صحنه‌های سکسی خیانت، نمایش داده می‌شوند. در نفرین اگرچه صحنه سکسی نمی‌بینیم اما انتخاب بازیگر (بهروز وثوقی) و شخصیت‌پردازی کاراکترها، به خیانت جذابیت می‌بخشد و حتی مرگ مرد فاسق در انتهای فیلم، قهرمانانه و عاشقانه به تصویر کشیده می‌شود. در تپلی (رضا میرلوحی) هم خیانت زن شوهردار با اغواگری زیاد تصویر می‌شود. در بسیاری از فیلم‌ها

مردانی که همسر دارند، زنی را دوست دارند یا نامزد دارند در عین حال معشوقه هم دارند. مانند آقای جاهل، معشوقه (رضا صفایی)، تنگنا و فریاد زیر آب.

ک) ترغیب به فریب نامزد دیگران به خیانت را در فیلم ماه عسل، سکانس جنگل، شاهدیم. این فیلم به گونه‌ای ساخته نشده که چنین عملی تقبیح شود بلکه برای آن ایجاد جذابیت شده است.

ل) فریب دیگری و همبستر شدن با نامزد او را عملا در فیلم رضا موتوری می‌بینیم. اینکه رضای رضاموتوری، فرخ را جای خود در تیمارستان جا می‌زند و نقش او را بازی می‌کند و در تختخواب خود او، با نامزدش، همبستر می‌شود در همه جای دنیا و همیشه محتوایی کاملا ضداخلاقی و مضر محسوب می‌شود.

م) سینما در فیلم‌هایی مانند دایره مینا و در امتداد شب (پرویز صیاد) ارتباط غیر عرفی شوگر مامی را نمایش می‌دهد. رابطه زن سن بالای مستقل با جوان خوشتیپ و بیکار، مناسب جامعه در حال گذار نبود. در فیلم خروس هم شاهد علاقه و ارتباط مردی با زن بزرگتر از خود هستیم. اما اینجا چون زن از نظر مالی وابسته به مرد است حالت شوگرمامی پیدا نمی‌کند و حساسیت برانگیز نیست.

ن) داشتن معشوقه مشترک بین دو برادر، در فیلم غزل به نمایش در می‌آید. جایی که برادر کوچکتر می‌پرسد که اگر زن بچه‌دار شود مال کدام یک از آنهاست، میزان مضر بودن و غیرعرفی بودن این محتوا به شدت خودنمایی می‌کند.

س) سینما با شازده احتجاب (بهمن فرمان آرا)، به مقاربت جنسی پسر بچه و زن بزرگسال هم می‌رسد. در این فیلم کودک داستان را لخت مادرزاد در حال مقاربت جنسی با زنی بزرگسال می‌بینیم.

ع) سینما در فیلم شام آخر (شهیار قنبری) به رابطه چهار طرفه هم می‌پردازد که هضمش برای جامعه دشوار بوده است. عصمت (ایرن) از آقا مرتضی (پرویز فنی‌زاده) جدا شده تا با معشوقه خود زندگی کند اما آقا مرتضی، با روح و جسمی علیل، با التماس از عصمت می‌خواهد معشوقه‌اش علی (بهروز به‌نژاد) را به منزل او بیاورد و با هم زندگی کنند. آقا مرتضی بعد از مدتی عاشق طلا (نوری کسرایی) می‌شود، اما طلا عاشق علی (معشوق

عصمت) است و با او می‌رود و همه اینها در حالی اتفاق می‌افتد که عصمت از علی باردار شده است. ساخت مضمونی چنین تیز، تلخ و بی‌رحمانه تاثیر بدی در روحیه عمومی جامعه خواهد داشت. مضاف بر اینکه شخصیت‌پردازی‌ها، دیالوگ‌ها و روال داستان ذاتا حساسیت‌برانگیز طراحی شده‌اند. با این محتوا، از نظر عامه مردم، تفاوت چندانی بین اینکه آقا مرتضی، عصمت را طلاق داده است یا نه وجود ندارد. گویی مردی معشوقه همسرش را به منزل خود آورده و با هم زندگی می‌کنند. ساخت چنین مضامینی نه با اصول روانشناسی، نه با عرف جامعه و نه حتی با برنامه‌های بلندمدت انقلاب سفید همخوانی نداشته است. محتوایی که حتی بعد از گذشت ۶۰ سال در جامعه غربی نیز حساسیت‌برانگیز است.

ف)‌   محتوای تجاوز پسری به نامادری خود، در فیلم مجازات تولید می‌شود. آخر فیلم، در یک پلان کوتاه، معلوم می‌شود پسر (مهدی فخیم‌زاده)، فرزند مرد داستان (بهمن مفید) نیست. در آخرین دیالوگ فیلم هم معلوم می‌شود تجاوز صورت نگرفته و پسر داستان کاری نکرده است. اما با توجه به نوع بیان داستان و حجم محتوای انتقالی به ذهن مخاطب، صحنه‌های مربوط به تعرض کاملا در ذهن بیننده باقی می‌مانند. در واقع با یک دیالوگ یا پلان کوتاه نمی‌توان اثر موضوعی که کشش نیمی از داستان بر محور آن چرخیده را از بین برد. پیش از آن پلان کوتاه و دیالوگ آخر، محتوا کار خود را با ذهن مخاطب کرده‌اند.

ص)‌   سوژه ارتباط مردی با نامادری همسرش را در فیلم امشب دختری می‌میرد می‌بینیم. بیان چنین موضوعی خود غیر اخلاقی‌ست، حال این فیلم پا را فراتر می‌گذارد و صحنه‌های سکسی چنین رابطه‌ای را هم نشان می‌دهد.

ق)‌   سینمای آن دوران به مردانی که از نظر شخصیتی یا جنسی از مردانگی افتاده‌اند هم علاقه دارد. در این زمینه می‌توان فیلم‌های شام آخر، پستچی، تپلی، نقص فنی و نفس‌گیر (محمود کوشان) را نام برد.

ر)‌   خرید و فروش زن را در فیلم فرار از تله شاهدیم.

ش)‌   بخشی از جنسیت‌زدگی فیلم‌ها، کلامی و شفاهی‌ست. مثلا بکار بردن لفظ مال هفتاد هزار تومنی در همسفر، روشن کردن لامپ در ممل آمریکایی و فحش‌های جنسیتی که در فیلم سرخپوست‌ها به وفور استفاده می‌شوند از این دست می‌باشد.

ت) جنسیت‌زدگی و تمایل به تحریک، حتی در نامگذاری فیلم‌ها قابل تشخیص است. محلل، زن باکره (زکریا هاشمی)، تخت خواب سه نفره، زن یک‌شبه، هرجایی (فریدون ژورک)، شوهر کرایه‌ای و هلوی پوست‌کنده عموما اغواگرانه‌اند.

تناقض محتوای جنسی تولید شده با بطن جامعه

۱. اینکه چه تعداد از عوامل تولید اینگونه محتوا، محیط زندگی خودشان شبیه این فیلم‌ها بوده نخستین سوالی‌ست که در مواجهه با این حجم از محتوای جنسی به ذهن خطور می‌کند. بعنوان مثال چند درصد از عوامل تولید، اعم از نویسنده، کارگردان، تهیه‌کننده و بازیگر راضی به قبول ازدواج آب توبه‌ای بوده‌اند که این حجم محتوای تصویری در این راستا تولید می‌شود. مردان تولیدکننده‌ای که تعصب دارند و تصویری از همسرانشان پخش نمی‌شود بی‌وقفه در حال تولید محتوای جنسی برای جامعه هستند. محتوایی که برای خانواده خود مناسب نمی‌دانند را برای خانواده دیگران توزیع می‌کنند. ستاره‌ها و فوق ستارهایی که مینی‌ژوپ را برای جامعه نامناسب می‌دانند یکسره در حال نمایش مینی‌ژوپ در فیلم‌ها هستند. این یعنی با اینکه خود این افراد از تعارض محتوا با جامعه باخبرند اما به عرضه ادامه می‌دهند.[۴] تعارضی اساسی که بالاخره واکنش بخش سنتی جامعه را بر می‌انگیخت.

۲. سینمای آن دوران کاملا مردانه است. نقش اول تمام فیلم‌ها مرد است، سوپراستارها و استارها مرد هستند و محتوای تولیدی هم تماما مردسالارانه است. وقتی خود سینما تا این حد مردمحور است، به راحتی می‌توان به روحیه مردسالار جامعه پی برد. در این شرایط، نمایش آنهمه آزادی غیرعرفی زنان، با ذات خود سینما هم در تناقض بوده است. در واقع در تعارضی آشکار سینمایی که یکسره فرهنگ مردسالارانه خود را به رخ می‌کشد با تولید محتوای جنسی غیرعرفی به تحریک اعتراض‌آمیز مردان جامعه می‌پردازد. از وجهی دیگر، از جذابیت‌های جنسی زنان برای رونق بازار سینما استفاده می‌شود اما بخاطر روحیه مردسالار، شکوفایی بدون جنسیت‌زدگی زنان را برنمی‌تابد.

۳. چه تعداد از تماشاگران فیلم‌ها حاضر بوده‌اند فضای این آثار را وارد حریم

زندگی شخصی خود کنند. همانطور که گفته شد مردان، فرهنگ جاری در این فیلم‌ها را فقط برای بیرون از خانه می‌پسندیده‌اند. تناقض و تضادی بنیادین که نشانگر فاصله سینما از بطن جامعه است.

۴. چند درصد از جامعه زنان آن دوران مینی‌ژوپ‌پوش، رقصنده یا کارگر جنسی بوده‌اند که اکثر کاراکترهای زن سینما از این اقشار هستند. برای این تشخیص نیاز به تحقیق عمیق هم نبوده است. نگاهی سطحی به زندگی اطرافیان، همه چیز را مشخص می‌کرد.

۵. در بررسی زنان آن دوره اتفاقا می‌بینیم بازیگرانی مانند آذر شیوا و پوری بنایی که کمتر دچار جنسیت‌زدگی می‌شوند از احترام بیشتری در جامعه برخوردارند.

۶. نکته ظریف دیگری که نشان می‌دهد بطن جامعه تمایل زیادی به جنسیت‌زدگی نداشته، موفقیت بی‌نظیر فیلم‌های جریان‌سازی‌ست که از این عناصر کمتر استفاده کرده‌اند. پر فروش بودن آثاری مثل گنج قارون، دالاهو، خداحافظ تهران، گوزنها، خداحافظ رفیق، درشکه چی و پنجره که به نسبت اغواگری کمی دارند نشان می‌دهد تقاضای عمومی کاملا متکی بر اروتیسم نبوده است بلکه خود عوامل تولید به این وجه دامن می‌زده‌اند. تداوم استقبال از گوزنها و سوته‌دلان، که صحنه‌های جنسی کمی دارند، بین نسل بعد از انقلاب نیز نشانگر همین تمایل عمومی‌ست. بازی خوب و گریم حرفه‌ای بخشی از علت جذب و حفظ مخاطب توسط این دو فیلم می‌باشند.

تناقض محتوای جنسی تولید شده با مدرنیته

تغییر جدی نقش اجتماعی زنان با زمینه‌هایی مانند گسترش تحصیلات دانشگاهی، تشکیل سپاه دانش و سپاه بهداشت از همان دهه چهل شروع شده بود و رو به گسترش داشت. در واقع جامعه به نیروی کار سالم زنان برای عبور به مدرنیته نیازمند بود. اما محتوای تولیدی سینما کاملا ضد این رویکرد عمل می‌کند. در ادامه به چند زمینه در این مورد اشاره می‌شود.

۱. تولید فراوان محتوایی که در آن اصلی‌ترین محور زندگی، موضوعات جنسی‌ست الگوی بدی برای دختران و پسرانی بود که تازه قدم در راه صنعتی شدن گذاشته بودند. برای جامعه‌ای که در حال قوام بخشیدن به

ساختارهای مدنی و مدرن است آنهمه تمرکز روی مسائل جنسی غیراخلاقی و تزریق هیجان جنسی ضداجتماعی حکم سم را داشت.

۲. در غالب فیلم‌ها عامل درگیری‌ها و اختلافات، زنان داستان هستند. در بعضی از این آثار مانند غزل، شام آخر، زنی به نام شراب (امیر شروان) و تپلی زنان رسما شیطان، عامل شر و فساد معرفی می‌شوند.

۳. در اکثر قریب به اتفاق فیلم‌ها تیپ‌سازی برای زنان در چارچوب شوهرجو، فریب‌خورده، زودباور، احساساتی، اغفال شده و مورد تجاوز قرار گرفته صورت می‌گیرد. در بیشتر فیلم‌ها شاهد الف) دختران متمول، ساده و تشنه محبت. ب) خواننده‌ها و رقصنده‌های کاباره‌ای. ج) کارگران جنسی. د) مادران سنتی. ه) دختران خانگی، که کاملا در فضایی رمانتیک به سر می‌برند، هستیم. این نگاه ضعیفه به زنان، همانگونه که مانع رشد آنها در خود سینما می‌شد، نیروی بالقوه نیمی از جامعه، برای عبور به مدرنیته را نیز تحلیل می‌برد.

۴. در بسیاری از فیلم‌ها شغل خارج از منزل زنان خوانندگی و رقصندگی در کافه است. محتوایی که خانواده‌ها را از پیوستن زنان به بازار کار می‌ترساند و مانع روانی ایجاد می‌کرد. گویی تنها شغل حاصل از مدرنیته برای زنان اشتغال در کافه‌ها بوده است.

۵. عامل دیگری که اثرگذاری محتوای جنسی روی روال مدرنیته را تشدید می‌کند سرعت رشد ارائه چنین محتوایی‌ست. این نمایش‌های اغواگرانه، صحنه‌های سکسی و مضامین غیرعرفی تنها در مدت بسیار کوتاهی جلو می‌روند. اگر ملاک توجه جدی به سینمای ایران را گنج قارون بگیریم، که محتوای جنسی ضدعرفی ندارد، تنها ۴ سال بعد، با شروع موج نو، هنجارشکنی‌های جنسی افزایش چشمگیری می‌یابد. مثلا ۱ سال بعد از شروع موج نو رضا موتوری، ۵ سال بعد موسرخه و ۷ سال بعد نقص فنی ساخته می‌شوند. برای درک این سرعت باید شرایط را از دید خانواده‌های سنتی، که اکثریت جامعه را تشکیل می‌دادند، دید. در واقع سوای تحریک روحانیون و مذهبیون، خود جامعه نیز با آن سرعت، توان پذیرش تغییر رویکردهای جنسی، بخصوص با محتوای ضداجتماعی را نداشته است. تغییری که ابتدا برای جامعه جذابیت کاذب ایجاد می‌کند اما وقتی بافت سنتی، خانواده خود را بصورت جدی در معرض چنین تغییری می‌بیند نگرانی و نارضایتی ریشه‌های قوی‌تری می‌گیرند و واکنش به بار می‌آورند. در واقع ابتدای امر

> اینگونه فیلم‌ها برای جامعه مردانه سرگرمی و تفریحی خارج از محدوده خانواده محسوب می‌شوند و بهانه‌ای برای کنجکاوی و سرک کشیدن به خلوت دیگران هستند. اما وقتی همه‌گیر می‌شوند و فرهنگ جاری در این فیلم‌ها، در دهه پنجاه، گسترش می‌یابد و نفوذش را در سطح خانواده‌ها بسط می‌دهد جامعه را از نتایج بلندمدت چنین مضامینی می‌ترساند. نه تنها جامعه سنتی می‌ترسد که لباس دو تکه و مینی‌ژوپ به خانه و دختران خودش برسد حتی قشر غیرسنتی و تحصیلکرده هم نگران می‌شود که نامزد دیگران را اغفال کردن، عادی و جذاب شدن خیانت، معشوقه مشترک گرفتن به عرف و ارزش در جامعه تبدیل شوند.

نتیجه بلندمدت آن حجم تولید محتوای جنسی ضداجتماعی، عکس‌العمل شدید در برابر اصل مدرنیته بود. گویی جامعه‌ای که در دو دهه تجربه آزادی زنان، بیش از حد افراط و بی‌پروایی دیده بود بعد از انقلاب به شدت خود را جمع می‌کند و به تلافی آن سال‌ها زنان را در چادر مشکی محبوس می‌خواهد. مردانی که احساس می‌کردند اختیار زنان از دست‌شان در رفته و هر چه می‌گذرد بیشتر در می‌رود راضی به انقلاب می‌شوند تا دوباره زنان را به زیر چادر بفرستند. عکس‌العمل شدید جامعه سنتی مردسالار، در برابر تصویر مخدوشی که از آزادی زنان مخابره می‌شد، زمینه را برای اجباری کردن حجاب و همه گیرکردن چادر سیاه، بعد از انقلاب، فراهم می‌کند. در واقع عکس‌العمل شدید در برابر آن بی‌پروایی‌ها واکنش شدید بخش زیادی از جامعه به شکل قبول حجاب بود. با این توضیح به نظر می‌رسد اکثریت بالای جامعه در دهه ۶۰ کاملا راضی به حجاب بوده‌اند[۵]. بعد از آن، دو دهه به همین منوال طی می‌شود تا از اوایل دهه ۸۰ شمسی زنان دوباره در برابر محدودیت‌های اعمال شده عکس‌العمل نشان می‌دهند و خواهان آزادی بیشتر می‌شوند. وقتی این خواسته با مقاومت حکومت روبرو می‌شود، بی‌پروایی در شکلی جدید، زیر حجاب، گسترش می‌یابد و مشکلات اقتصادی مزید بر علت می‌شود تا فساد در سطح جامعه به طور بی‌سابقه‌ای پخش شود.

اعتراض ناشی از تعارضات اجتماعی و اقتصادی

حجم وسیعی از محتوای سینمایی دهه‌های ۴۰ و ۵۰، بخصوص بعد از موج نو، اعتراضی‌ست. اعتراضی که بعد از قیصر گسترش می‌یابد و پارامترهای اصلی ضدمدرنیته را از طریق سینما به جامعه عرضه می‌کند. در واقع گره دراماتیک

بخش قابل توجهی از فیلم‌های اثرگذار آن دوران، اعتراض به تعارضات و نتایج کوتاه مدتی‌ست که مدرنیته به همراه آورده بود. تعارضاتی که از سوی متولیان فرهنگی و تولیدکنندگان سینمایی درک نمی‌شود تا با محتوای تصویری مناسب به حل آنها کمک شود. فیلم‌های متعددی ساخته می‌شوند که با رویکردی تخریبی و نه انتقادی، به همه چیز می‌تازند، آسیب‌ها را بزرگنمایی می‌کنند و به تعارضات دامن می‌زنند. این دسته محتوا، که عموما همراه با سیاه نمایی اغراق شده شرایط اقتصادی‌ست، نظام پهلوی را تا حد امکان ناکارآمد نشان می‌دهد تا مهر تاییدی بشود بر احساسات متناقضی که در مردم شکل گرفته بود. در این فیلم‌ها تنها به مشکلات ناشی از حرکت به سمت مدرنیته پرداخته می‌شود و تغییرات مثبت جامعه، طی آن دو دهه، به تصویر کشیده نمی‌شوند. پهلوی اگرچه در حوزه سیاست یکه‌تازی می‌کرد اما برای فعالیت‌های اقتصادی محدودیتی قائل نبود. وقتی رونق بازار، برای جامعه‌ای که در آغاز جدی شدن فرایند مدرنیته می‌باشد، قابل قبول است، تولید حجم زیادی محتوای تصویری که در پی سیاه‌نمایی اقتصادی هستند نشانگر نزدیک‌بینی مفرط دست‌اندرکاران سینماست. در شرایطی که کارخانه‌های بسیاری راه‌اندازی شده‌اند و در حال گسترش می‌باشند، فلاکت‌بار نشان دادن شرایط، با استفاده از هنرپیشه‌های جذاب و خوش سروزبان، ترویج محسوس و نامحسوس شورش است.

اتفاق دیگری که در آن سال‌ها موجب تاثیرگذاری دوچندان این فیلم‌ها روی مخاطب می‌شود رواج و همه‌گیری نوعی از موسیقی، همزمان با موج نو است. خوانندگان و ترانه‌سرایان معترض کار خود را آغاز می‌کنند و متاثر از همین تناقض‌ها شروع به خلق ترانه‌های اعتراضی می‌کنند و در یک همکاری جمعی منسجم، آثاری اثرگذار بر جای می‌گذارند. این ترانه‌ها وقتی روی فیلم‌های سینمایی می‌نشینند اثری دوچندان روی مخاطب می‌گذارند. اثری که حتی گاهی با محتوای فیلم همخوانی ندارد. مثلا نشستن ترانه کاملا سیاسی جمعه، با صدای فرهاد مهراد، روی فیلمی مانند خداحافظ رفیق که داستانش در مورد سرقت گروهی، نارو زدن دزدان به هم و کشتار آنها توسط یکدیگر است، سوءاستفاده از سینما به نفع سیاست بوده است. استفاده از ترانه جنگل که در مورد واقعه سیاهکل است، با صدای داریوش اقبالی، روی فیلم خورشید در مرداب (محمد صفار) نیز مصداق همین سوءاستفاده است. پیوند فیلمی که موضوع آن قتل ناموسی‌ست با واقعه سیاهکل، بازی کدگذاری شده با احساسات بینندگان می‌باشد. در فیلم رضا

موتوری هم ترانه مرد تنها، به کمک محتوای ضدمدرن آن می‌آید تا از کاراکتری ضداجتماعی قهرمان و اسطوره بسازد.

در هر صورت بخش زیادی از تولیدات اعتراضی، بخصوص مواردی که زیاد دیده می‌شوند روشنفکرانه نیستند چون پرسشگرانه نیستند. بجای ایجاد سوال درون مخاطب، تنش و هیجان کاذب به جامعه تزریق می‌کنند. در واقع بسیاری از محتواها و فیلمسازان ۱- از قبل تکلیف خود را با مدرنیته روشن کرده‌اند و با آن ضدیت دارند. ۲- پرسشگری را نمی‌شناسند و به سطح روشنفکری نمی‌رسند اما بطور وسیع و اثرگذار در حال تولید محتوای شبه روشنفکری برای جامعه هستند. در آثار پر مخاطبی مانند گوزنها هم طرح پرسش در این حد است که آیا فیلم در مورد فلان گروه سیاسی‌ست یا خیر. با اینگونه محتوای تولیدی، مخاطب خودبخود به سمت پاسخ‌های سنتی هدایت می‌شود. معدودی از کارهای خوبی مانند طوطی و اسرار گنج دره جنی (ابراهیم گلستان) هم که پرسشگری دارند با توقیف مواجه می‌شوند. یکی از معدود فیلم‌های خوبی که با پرسشگری به نقد منصفانه و هوشمندانه قدرت می‌پردازد و با طنز ماهیت قدرت‌طلبی را برملا می‌کند سازش (محمد متوسلانی) است. اما اینگونه آثار در بازار شام سینمای آن دوران به اندازه‌ای که باید، دیده نمی‌شوند و مورد توجه قرار نمی‌گیرند. در ادامه پایه‌های مدرنیته را که پیش از این برشمردیم بصورت مجزا مورد بررسی قرار می‌دهیم.

۱.   **سیستم آموزش نوین:** گسترش سیستم آموزش نوین، یکی از اساسی‌ترین پایه‌های مدرنیته است. نخستین حرکت جامعه ایرانی در این زمینه هم با راه‌اندازی دارالفنون صورت می‌گیرد. توسعه این نوع آموزش در زمان پهلوی اول و دوم با تاسیس دانشگاه‌های بسیار و مدارس فراوان دنبال می‌شود. ضمن اینکه دو اصل از اصول انقلاب سفید، یعنی سپاه دانش و تحصیلات رایگان هم مستقیما تقویت سیستم آموزش نوین را مد نظر داشتند. این سیستم آموزشی، همیشه و بصورت ذاتی رقیب سیستم آموزش سنتی که در اختیار روحانیون قرار دارد بوده است. در این شرایط، هر محتوایی که بصورت مستقیم یا غیرمستقیم به تحقیر و تخریب آموزش نوین می‌پرداخت رقیب آنرا تقویت می‌کرد. به بیانی با اینکه اینگونه فیلم‌ها سیستم آموزش سنتی و حوزوی را تقدیس نمی‌کردند اما همین که رقیب آنرا تخطئه

می‌کردند به اهلیت بیش از پیش روحانیون بعنوان متولیان آموزش سنتی کمک می‌کردند.

محتوای ضد سیستم آموزش نوین را در بسیاری از فیلم‌های آن زمان شاهدیم. مثلا در گوزنها، بخصوص در دیالوگی که قدرت به سید می‌گوید "تو خوندی ما نخوندیم و ..."، فردی معتاد که در پی معتاد کردن بچه مدرسه‌ای‌هاست همتراز کسی قرار می‌گیرد که تحصیلات آکادمیک دارد. فیلمی ضد آموزش نوین که در نهایت، با نحوه کشته شدن سید و قدرت، داشتن و نداشتن تحصیلات را علی‌السویه نشان می‌دهد. آخر داستان هم با کشته شدن سید، بدون انگیزه‌های سیاسی، او برتر از قدرت به مخاطب قبولانده می‌شود. در فیلم علی کنکوری (مسعود اسدالهی) شخصیت‌پردازی علی (مسعود اسدالهی) و در نهایت رها کردن کنکور و ازدواج او، به بی‌اهمیتی آموزش نوین صحه می‌گذارد و بی‌ارزشی تحصیلات عالیه را به رخ می‌کشد. نافرجام ماندن تلاش پدر علی (کرم رضایی) برای درس خواندن او، به آن شکلی که در فیلم شاهدیم، پیش‌بینی شکست مدرنیته با حقانیت بخشی به این شکست است.

در رضا موتوری شخصیتی‌پردازی مضحک فرخ (بهروز وثوقی)، برتری کامل رضا (بهروز وثوقی) به او و در نهایت تسلط رضا به نامزد فرخ ایجاد جذابیت برای درس نخواندن است. پیام پنهان چنین محتوایی این است که اگر به تحصیلات بپردازی چنان احمق خواهی شد که یک دزد به راحتی می‌تواند نامزدت را تصاحب کند. قطعا هیچ کس دوست ندارد در چنین موقعیتی قرار بگیرد و این محتوا تخریب کامل یکی از راهبردهای اصلی مدرنیته، یعنی تحصیلات آکادمیک می‌باشد. در واقع کیمیایی در این فیلم با خلق کاراکتری احمقانه از یک تحصیلکرده فرنگ رفته، تحصیلات دانشگاهی را در برابر بی‌سوادی تحقیر می‌کند. حتی حماقت و گولی فرنگیس (فریبا خاتمی) در نشناختن نامزدش هم تاییدی‌ست بر برتری ارزش‌های طبقه اجتماعی رضا. فیلم تا جایی پیش می‌رود که رضا را همبستر با نامزد فرخ می‌کند. یعنی رضای پشت هم انداز، که به رفقای دزد خود هم نارو زده، به راحتی با احمق کردن فرنگیس و نامزدش با او رابطه جنسی برقرار می‌کند. این همخوابگی استیلای بیسوادی و دزدی را بر روشنفکری و تحصیلات، حتی از نوع خشک و عصا قورت داده‌اش، به رسمیت می‌شناسد. در همذات‌پنداری، همه دلشان می‌خواهد رضا باشند و اینگونه، آموزش عالی ریشخند می‌شود. البته کارگردان برای توجیه این محتوا، رنگ و بوی سانتامانتالیسم غیر واقعی به فیلم

زده و عشقی ناگهانی بین رضا و فرنگیس خلق کرده که در باور بیننده نمی‌نشیند. حتی فیلم خوش‌ساخت و خوبی مانند رگبار نیز بخاطر اینکه آقای حکمتی (پرویز فنی‌زاده) را از نظر شخصیتی بی‌عرضه در ازدواج نشان می‌دهد تضعیف سیستم آموزش نوین محسوب می‌شود. معلمی که توان شخصیتی لازم برای ازدواج با شخص مورد نظر خود را ندارد الگوی مناسبی برای تشویق نسل جدید برای روی آوردن به آموزش نوین نیست. اگر چه این فیلم از آفت‌های سینمای آن دوران به دور است اما شخصیت‌پردازی آقای حکمتی مناسب جامعه در حال گذار نیست. اصلی‌ترین گره‌ای که برای عدم موفقیت آقای حکمتی به داستان می‌افتد رودربایستی دختر قصه با قصاب محله است. بدین ترتیب آقای حکمتی را در برابر قصاب محله شکست می‌دهد. در حالی که دختر داستان پیش از آن برای رفتن از آن محله ابراز تمایل کرده بود، قاعدتا حکم انتقالی آقای حکمتی می‌توانست بعنوان فرصتی برای او در نظر گرفته شود. در هر صورت اگر شخصیت آقای حکمتی منفعل پرورش نمی‌یافت و گره داستان به نحوی باز می‌شد که به نفع سیستم آموزش مدرن باشد داستان در راستای مدرنیته قرار می‌گرفت. در فیلم آدمک هم شاهد پزشکی تعلیم دیده هستیم که به پوچی پیوند می‌خورد. یا در فیلم دکتر و رقاصه، سیستم آموزش نوین با ازدواجی آب توبه‌ای تخریب می‌شود. در این زمینه بعنوان یک نمونه مثبت می‌توان به فیلم کلاغ (بهرام بیضایی) اشاره کرد که گارگردان با نمایش عشق و علاقه زن داستان به معلمی برای کودکان ناشنوا، به سیستم آموزش نوین خدمت می‌کند.

۲.   **سازمان‌های نوین:** یکی از مهمترین دستاوردهای مدرنیته درست شدن ساختار سازمانی جامعه، با طراحی باکس‌های مدیریتی جدید، در سطح کلان مملکتی‌ست. در واقع یکی از نتایج اصلی قانون اساسی مشروطه توزیع قدرت در جامعه و تشکیل همین سازمان‌ها بود. تا پیش از آن، بخصوص در دوران قاجاریه، بسیاری از ساختارهای اجتماعی بر اساس احکام فقهی شکل گرفته بودند و روحانیون بصورت عرفی و شرعی وظایف متعددی را بعهده داشتند. مثلا حکم جهاد می‌دادند، امر قضا با آنها بود، اوقاف را بعنوان یکی از پایه‌های اقتصادی کشور در اختیار داشتند و وظیفه سنتی ولی فقیه ضبط و ربط اموال بی‌صاحب و رسیدگی به مهجورین و ایتام بود.(۶) با شکل‌گیری سازمان‌های نوینی مانند ارتش، دادگستری، اوقاف، ژاندارمری و پلیس نفوذ روحانیون در

جامعه رو به ضعف نهاده بود. اینجا هم مانند سیستم آموزش نوین، سینما بدون اینکه به رقابت تاریخی بین سنت و مدرنیته توجه کند، با تخریب مستقیم و غیرمستقیم سازمان‌های جدید به خدمت روحانیون در می‌آید. هجو و تضعیف وسیع نهادهای نوینی مانند تیمارستان، یتیم‌خانه، دادگستری و پلیس که در فیلم‌ها شاهدیم خدمت به روحانیون بود. بسیاری از محتواهای تولیدی آن دوره پلیس و ژاندارمری را بعنوان مسئول برقراری نظم و امنیت نوین، در برابر نظم قبیله‌ای و سنتی بی‌خاصیت نشان می‌دهند. در بسیاری از فیلم‌ها، متهمین و مجرمین به دست پلیس نمی‌افتند تا محاکمه شوند بلکه در نبرد میدانی کشته می‌شوند. کشته‌شدنی همراه با قهرمان‌پروری، که نوعی برتری به این کاراکترها در برابر پلیس می‌دهد و به پیروزی آنها در برابر قانون قابل تفسیر است. در گوزن‌ها هم نحوه کشته شدن سید و قدرت نوعی پیروزی قهرمانانه در برابر پلیس برای آنها رقم می‌زند. در رضا موتوری اینکه پلیس نمی‌تواند رضا را بگیرد و او می‌خواهد خودمعرف تسلیم شود برتری رضا در برابر پلیس قلمداد می‌شود. یعنی نه تنها پلیس بی‌خاصیت می‌شود بلکه بی‌اثرتر از امیال اشخاص القا می‌گردد. البته در این بخش فیلم‌هایی مانند غلام ژاندارم (امان منطقی)، سرگروهبان (سعید مطلبی) و اخم نکن سرکار (امیر شروان) ساخته می‌شوند که در پی ارائه تصویری مقتدر از ژاندارمری هستند. اما چون در موقعیت‌ها و بازی‌ها غلو می‌شود اثر واقع‌گرایانه‌ای روی مخاطب نمی‌گذارند.

در فیلم مغول‌ها پرویز کیمیاوی گسترش تلویزیون را مساوی با حمله مغول نشان می‌دهد. در حالی که یکی از نمادهای اصلی مدرنیته، رسانه‌های نوین، با کارکرد سرگرمی‌سازی و اطلاع‌رسانی هستند. این تقابل وقتی بیشتر به چشم می‌آید که مکان فیلم زاهدان است و انتخاب لباس و لوکیشن‌ها کاملا سنتی می‌باشند. جایی که کاراکترهای فیلم، آنتن تلویزیون به دوش، در صحرا حرکت می‌کنند انطباق حمله مغول با مدرنیسم است. یا پلان نمادینی که عده‌ای تلویزیون را روی شانه‌های خود حمل می‌کنند کنایه‌ای‌ست به عزت پوچ مظاهر مدرنیته. تعریف آسید علی میرزا از تلویزیون که "یه جعبه‌ایه نقش آقا رو داره." دقیقا هشداری مذهبی به نهاد روحانیت و جامعه است که این وسیله جدید جای مذهب را خواهد گرفت. بخصوص اینکه در فیلم شاهد صلوات فرستادن هنرپیشه‌ها هم هستیم. با توجه به اینکه تلویزیون در ابتدا جزو تحریمی‌های روحانیون بود، کیمیاوی در این فیلم دقیقا در راستای استراتژی نهاد روحانیت گام برداشته است.

تیمارستان و پرورشگاه هم نهادهایی مدرن برای نگهداری از مجانین و کودکان بی‌سرپرست هستند. تا پیش از اینها زعامت مهجورین و ایتام با نهاد روحانیت بود. اینکه در رضاموتوری مدیریت تیمارستان تا آن حد ناکارآمد نشان داده می‌شود که افراد می‌توانند به راحتی در آن گیر بیافتند یا جابجا شوند مبارزه مستقیم با یکی از سازمان‌های حاصل از مدرنیته است. برخی فیلم‌ها مانند هرجایی و رقیب (اسماعیل پورسعید) هم موجودیت پرورشگاه را زیر سوال می‌برند. کودکی گم می‌شود و کسی در خیابان او را می‌یابد و بزرگ می‌کند، بدون اینکه او را به یتیم‌خانه بسپارد. گویی برای اینگونه کودکان در جامعه متولی وجود نداشته است. در فیلم آدمک هم بیمارستان به مخفی کردن بیماری به خاطر سوءاستفاده مالی از بیمار متهم می‌شود. سناریوی صادق کرده به گونه‌ای‌ست که گویی تجاور، بخاطر ظهور طبقه اجتماعی راننده کامیون در سیستم حمل و نقل نوین رخ داده است. در این فیلم ژاندارمری نیز بسیار ضعیف و بی‌جان تصویر می‌شود. در تنگنا سالن بیلیارد بعنوان یکی از تفریحات مدرن، عامل و محرک قتل معرفی می‌گردد.

در این بخش به فیلم گاو هم می‌توان پرداخت. با اینکه عنوان می‌شود گاو وابستگی به نفت را نقد کرده اما در اصل الینه شدن در ابزار تولید را مطرح کرده است. فیلمی با تمی اقتصادی که مش‌حسن (عزت‌الله انتظامی) را الینه در ابزار تولید خودش نشان می‌دهد. طرح چنین موضوعی برای جامعه‌ای که هنوز صنعتی نشده و تازه از فئودالیته گذشته، زودهنگام بوده است. گاو زمانی ساخته می‌شود که جامعه ایرانی در ابتدای مسیر جدی مدرنیته، با الینه شدن در ابزار تولید فاصله بسیار دارد و چنین سوژه‌ای مسئله اصلی جامعه نیست. چارلی چاپلین هم در عصرجدید به الیناسیون ناشی از کار می‌تازد اما او زمانی اینکار را می‌کند که جامعه غربی، در کارگرایی، غرق شده بود و نیاز به انسانگرایی داشت. در هر صورت غلامحسین ساعدی، که فیلم از مجموعه داستان عزاداران بیل او گرفته شده، گرایشات توده‌ای و سازمان چریک‌های فدایی خلق داشته و نگاهش با روند صنعتی شدن جامعه و اقتصاد آزاد در تضاد بوده است. در واقع ریشه داستان گاو از نگاهی شدیدا چپگرا می‌آید که با چشم‌انداز تعریف شده برای جامعه، در تضاد کامل است. این فیلم یکی از مواردی ست که سینما، خودآگاه یا ناخودآگاه، تحت تاثیر مستقیم مخالفان رژیم پهلوی به تولید محتوا می‌پردازد.

در انتهای این بخش باید اضافه کرد نمی‌توان منکر مشکلات سازمان‌های دوران پهلوی شد اما بخشی از این معضلات به دلیل تغییر ساختار جامعه بود و با

گذشت زمان و رشد همگانی، مصونیت ایجاد می‌شد. در این شرایط سینما، با دامن زدن به کم‌طاقتی مردم، بجای کمک به حل این معضلات توصیه‌اش بازگشت به مناسبات سنتی‌ست. اتفاقا ساخته شدن فیلم دایره مینا نشان می‌دهد سینما تا کجا می‌توانست در خدمت پایه‌گذاری سازمان‌های نوین باشد. انتقاد صریح این فیلم به عدم وجود سازمان انتقال خون در جامعه است. بازخورد تولید چنین محتوایی، تشکیل سازمان انتقال خون است که به مدرنیته کمک می‌کند و ساختاری جدید و مفید در جامعه به وجود می‌آورد. کیارستمی هم در گزارش به سازمان‌های نوین در قالب رشوه و تورم می‌تازد اما چون بدون ایجاد هیجان کاذب به این موضوع می‌پردازد، محتوایش ضدمدرنیته نمی‌شود. با این حال فیلم‌های معدودی از این دست که در جهت نقد درست و تثبیت مدرنیته هستند یا از سوی حکومت وقت با چالش مواجه می‌شوند یا در حجم انبوه محتوای ضدمدرنیته گم می‌شوند.

۳. **فقرستایی و ضدکارآفرینی:** بعد از هر نظام فئودالیته‌ای، لازمه حرکت جامعه، بسط و گسترش ارزش‌های کارآفرینی‌ست. جامعه‌ای که قدم در راه صنعتی شدن گذاشته، بدون تردید، نیاز به تشویق کارآفرینی دارد. در صورتی که در آن دوران تناقض محتوای تولیدی در سینما با فرهنگ کارآفرینی، مانع از نهادینه شدن اشتغال‌زایی‌ست. در این زمینه سه گونه محتوا را می‌توان برشمرد.

الف) محتوای تصویری زیادی در مذمت مکنت و ستایش فقر تولید می‌شود. فیلم‌هایی که در آنها آدم‌های فقیر سالم و خیر و صادق‌اند و شرارت‌ها همه از آن سرمایه‌داران است. فقرا انسان‌هایی اخلاق‌مدار و متمولین همه بدطینت و بدنیت هستند. حتی فیلم همه‌پسند و سرنوشت‌سازی مانند گنج قارون، با وجود خدمت بسیاری که به سینمای ایران کرده، به تقدیس فقر پرداخته است. پیام فیلم بت (ایرج قادری)، جایی که تاسیس کارخانه و یتیم‌خانه‌های شهر را به زنی قاچاقچی و فاسد نسبت می‌دهد، همتراز دیدن کارآفرینی با فساد سطح بالاست. فیلم رضا موتوری هم دلایل برتری رضا را زرنگی‌هایی می‌داند که به دلیل فقر و بی‌سرپرستی در او ریشه دوانده‌اند. فیلم‌هایی مانند فریاد عشق (حسین قاسمی‌وند)، راننده اجباری (ناصر محمدی)، دفاع از ناموس هم تنها نمونه‌های دیگری از تولید اینگونه محتوا هستند.

در واقع نظام پهلوی از یک سو برای صنعتی شدن جامعه، کارآفرینان را حمایت می‌نماید و برنامه‌های بلندمدت مفیدی را در همراهی با آنها مدنظر دارد. از سوی دیگر سینما تصویری کاملا هوسران، بی‌رحم و فاسد از طبقه کارآفرین نمایش می‌دهد. در این زمینه به سه نکته بایستی توجه کرد. ۱- چون ارزشمندی فقر نتیجه سیستم ارزشی و آموزشی نهاد روحانیت می‌باشد این فیلم‌ها دقیقا در راستای تقویت استراتژی‌های تاریخی نهاد روحانیت قدم برمی‌دارند. ۲- در مذمت ثروت و فقرستایی می‌توان مجددا به عصر جدید چاپلین، بعنوان فیلمی که به طبقه کارآفرین می‌تازد اشاره کرد. چارلی چاپلین وقتی در انتقاد به مدرنیته و کارگرایی در سال ۱۹۳۶ این فیلم را می‌سازد که حدود ۴۰ سال از به کار گرفتن نظریه‌های تیلور[۷] در کارخانه‌های آمریکا گذشته است. یعنی او زمانی این انتقاد را بصورت هنرمندانه مطرح می‌کند که جامعه از مراحل اولیه علمی شدن تولید کالا عبور کرده و نیاز به اصلاح دارد. همزمان با انتقاد او، هنری فایول[۸] نیز در دانشگاه بر کارگرایی می‌تازد و نیاز جامعه به انسانگرایی را مطرح می‌کند. نقدی که باعث می‌شود قوانین تعدیل شوند و مثلا ساعات کار کارگران به هشت ساعت در روز و ۵ روز در هفته محدود شود. اما جامعه ایرانی دهه ۴۰ هنوز قدم درخوری در این راه برنداشته و تازه اول کار است که آن حجم از محتوای سینمایی، در تخطئه کارآفرینی عرضه می‌شود. در همان دوران کوروساوا، بعنوان فیلمسازی از قویترین اقتصاد آسیا، فیلم‌هایی مانند زیستن یا بهشت و دوزخ را می‌سازد که در پی تحلیل و تدوین ارزش‌هایی هستند که به در اوج ماندن این کشور کمک می‌کنند. ۳- یکی از نتایج گذار به مدرنیته شکل‌گیری طبقه متوسطی ست که از بهبود زندگی فقرا حاصل می‌شود. در آن دوران محتوای اثرگذار زیادی با موضوعیت طبقه متوسطی که بخاطر رونق اقتصادی از فقر گذشته، تهیه نمی‌شود. حتی در موج نو هم تنها به چند مورد مانند آرامش در حضور دیگران، گزارش، رگبار و هشتمین روز هفته می‌توان اشاره کرد.

ب) الگوی پرتکرار دیگر در تولید محتوا، دختر ثروتمندی ست که عاشق پسری فقیر می‌شود. محتوایی که با ارزش آفرینی اقتصادی در جامعه‌ای که برای صنعتی شدن خیز برداشته در تضاد است. آثاری که رویای رسیدن به ثروت بادآورده از طریق ازدواج را در بسیاری نهادینه می‌کنند. این فیلم‌ها مبنای شایستگی را نه بر ارزش‌آفرینی بلکه روی توانایی و پرورش ویژگی‌های به اصطلاح دختربازی می‌گذارند. نتیجه چنین رویکردی بسط تمنای یافتن

زوجی بالاشهری و پولدار بین جوانان جنوب شهری‌ست. جوانان فقیری که به جای مواجهه با واقعیات زندگی و تقویت شایستگی‌های خود، با رویاپردازی، در پی ثروت بادآورده می‌روند. فیلم‌هایی مانند بت‌شکن (شاپور قریب)، ماهی‌ها در خاک می‌میرند (امیر مجاهد و فرزان دلجو)، یاران (فرزان دلجو)، همسفر، ترکمن (امیر شروان)، راننده اجباری و پنجره (جلال مقدم) تنها نمونه‌هایی از این محتوا هستند.

ه) قصه تکراری دیگر گم شدن و بعد پیدا شدن والدین متمول است. تقویت رویاپردازی بر این مبنا که در چشم بر هم زدنی ثروتی افسانه‌ای نصیب فرد شود. الگویی که افراد را از تشخیص جایی که حالا هستند، آنجایی که می‌خواهند باشند و قدم‌هایی که باید بردارند باز می‌دارد. دالاهو (سیامک یاسمی)، گنج قارون، باباخالدار (مسعود اسدالهی)، دنیای پُر امید (احمد شیرازی)، جهان پهلوان (اسماعیل ریاحی) و چرخ و فلک (صابر رهبر) نمونه‌هایی از این محتوا هستند.

۴- **مرگ‌ستایی:** مرگ، بخصوص بعد از سال ۴۸ به طرز فزاینده‌ای وارد محتوای تولیدی فیلم‌ها می‌شود و آثار تولیدی، هر یک به نحوی، با مرگ قهرمان داستان، ضد قهرمان داستان یا کسی از اطرافیان آنها پیوند می‌خورند. در واقع بسیاری اوقات گره دراماتیک فیلم‌ها با مرگ باز می‌شود. سناریست گره‌ای به داستان می‌اندازد و آنرا جلو می‌برد اما چون قدرت تخیل لازم برای باز کردن آنرا ندارد، با کشتن یکی از کاراکترها، تمام گره‌ها را باز می‌کند. برخی اوقات هم برای دادن وجهی اسطوره‌ای به قهرمان داستان او را در انتهای فیلم می‌کشند. در هر صورت نمایش آنهمه مرگ در فیلم‌های مختلف به نوعی تقدیس مرگ، مرگ‌پرستی و راحت گذشتن از جان تشویق می‌کرد. همانگونه که کار، کار می‌آورد و پول، پول می‌آورد، نمایش آنهمه مرگ هم لاجرم مرگ در پی داشت. بخصوص که در همان دوران، از سوی برخی مبارزان با حکومت پهلوی، به استقبال مرگ رفتن در قالب شهادت طلبی، تقدیس می‌شد. تقدیسی که با عادی‌سازی مرگ، جوانمرگی را عادی نشان می‌داد. در واقع اکثریت فیلم‌هایی که به تعارضات ناشی از مدرنیته می‌پردازند بجز اینکه در محتوا به مدرنیته می‌تازند، راه حل رفع تعارضات را نیز در مرگ می‌جویند. راه حلی که به الگوی ذهنی شکل گرفته درون مبارزان با حکومت پهلوی کمک شایانی می‌کند. آنهمه مرگ‌اندیشی برای جامعه‌ای که در مسیر

صنعتی شدن به نیروی انسانی خود نیاز داشت حکم سم را داشته است. بجز مرگ، گره خوردن حجم زیادی از محتوای سینمایی با زندان هم اثری منفی بر جامعه داشته است. فیلم‌هایی که در آنها زندان رفتن نوعی ارزش محسوب می‌شده است. گذر اکبر (محمدعلی زرندی)، پاکباخته (رضا میرلوحی)، دشنه، بت، فرار از تله (جلال مقدم)، کافر (فریدون گله)، مجازات، غریبه (شاپور قریب)، مطرب (اسماعیل نوری‌علا)، مصطفی لره (محمدرضا فاضلی و عباس تیموری)، پاک‌باخته (رضا میرلوحی)، سارق (محمدکریم رکنی) و کندو نمونه‌ای از فیلم‌هایی هستند که با زندان گره خورده‌اند

۵- **شهری/ روستایی:** بخش قابل توجهی از محتوای تصویری تولیدی به تقابل روستایی با شهری می‌پردازند. در شخصیت‌پردازی برای اینگونه فیلم‌ها، در مواجه روستایی با شهری، شهرنشینان یا حقه‌باز، پشت هم‌انداز و سوءاستفاده‌چی هستند یا احمق و گول و خودباخته فرض می‌شوند. شهرنشینان سیاه و روستاییان سفید هستند. در صورتی که روستاییان هم، با توجه به سطح نیازهای خود، دارای ضعف‌های اخلاقی و رفتاری مخصوص به خود هستند. بسیاری از صاحب منصبان بعد از انقلاب، روستاییانی هستند که با به قدرت رسیدن، ترکیبی از ضعف‌های اخلاقی را به واضح‌ترین وجه ممکن نمایش داده‌اند. محتوایی که بعد از انقلاب اثر خود را در شکل قدرت گرفتن برخی روستاییان، بدون داشتن قابلیت‌های لازم، نشان می‌دهد و تمایل به گریز از نظم مدرن را در ارکان مختلف حکومت افزایش می‌دهد. در هر صورت تولید اینگونه محتوا چند نتیجه در جامعه داشته است. ۱- غفلت در خلق کاراکترهای خاکستری، نمایش واقعیت را منحرف می‌کند و روستازادگی ارزش ذاتی می‌یابد. ۲- موجب افزایش اختلاف بین طبقات مختلف جامعه مانند شهری‌ها، روستاییان مهاجر و غیرمهاجر می‌شود. دورانی که بسیاری از مردم کماکان ارتباط نزدیکی با روستاهای خود داشتند اینگونه محتوا اختلافات را افزایش می‌داد. ۳- به تقابل سنت و مدرنیته دامن می‌زد.

اگرچه مدرنیته لزوما به معنی افزایش شهرنشینی نیست و منکر مشکلات مهاجرت بی‌قاعده هم نمی‌توان شد اما نحوه برخورد سینما با این پدیده به قدری افراطی‌ست که اثرات بدی روی جامعه می‌گذارد. همزمان با اجرای برنامه‌های

انقلاب سفید و اصلاحات ارضی توسط پهلوی، که موجب افزایش حضور فعال نیروی انسانی در شهرها می‌شود، در سینما محتوای فراوانی تولید می‌شود که به مذمت شهرنشینی می‌پردازند. محتوایی که عملا تخطئه و ضدیت با اصولی از انقلاب سفید است که با شریک کردن کارگران، در سهام کارخانه‌ها، آنها را برای پیوستن به روند صنعتی شدن تشویق می‌کرد. بزرگ‌نمایی صفات منفی شهرنشینان، نمایش فقر، بیکاری و فساد جنسی در شهرها بدترین محتوای ممکن برای ایجاد تقاضای منفی برای مهاجرت و تشویق به مهاجرت معکوس بین روستاییان بوده است. در اینگونه محتوا برای ممانعت از مهاجرت، به تخریب نتایج انقلاب سفید روی آورده می‌شود. از سوی دیگر گسترش شهرنشینی به معنی رشد سریع طبقه متوسطی‌ست که عموما مستقل و تحصیلکرده هستند و اعتقادات مذهبی ضعیف‌تری دارند. با این رویکرد، تضعیف شهرنشینی به معنی محکوم کردن طبقه متوسط آینده بود. تضعیف طبقه متوسط هم در نهایت به تقویت نهاد روحانیت منجر می‌شود.

اینگونه محتوا را در طیف مختلفی از فیلم‌ها شاهدیم. مثلا در آقای هالو مهرجویی پیوند سنت و مدرنیته را در شکل عزیمت فردی روستایی به شهر، برای ازدواج با دختری شهری، نمایش می‌دهد. اما آقای هالو عاشق یک کارگر جنسی می‌شود. فیلمی که در آن شهرنشینی مستقیما مورد حمله قرار می‌گیرد. انتخاب نام فیلم و کتک‌کاری آقای هالو با مرد شهری که خود را مالک کارگر جنسی می‌داند هم، اوج اختلاف‌افکنی بین شهری و روستایی‌ست. بازگشت آخر فیلم آقای هالو به شهرستان تشویق نمادین جامعه برای رجعت به سنت است. این پایان‌بندی اگر چه با پایان فیلم‌های آب توبه‌ای تفاوت دارد اما پیام ظریف‌تری مبنی بر ارزشمندی سنت در آن کدگذاری شده است. در تپلی، که بدون توجه به شرایط کشور از موش‌ها و آدم‌های جان اشتاینبک اقتباس شده، کارآفرینی با فساد همسر صاحب کارخانه گره می‌خورد. حتی فیلم آرامش در حضور دیگران هم، که دلیل گرفتاری‌ها و فساد دختران، شهرنشینی آنها القا می‌شود، از منظر این پیام، تفاوت چندانی با فیلمفارسی‌هایی مانند در شهر خبری نیست (مهدی فخیم‌زاده) ندارد. فقط اینجا چون پیام هنرمندانه‌تر کدگذاری شده و ایجاد هیجان و تنش نمی‌کند محتوا واقع‌گرایانه است. فیلم پنجره، محتوای دیگری‌ست که در آن جوانی شهرستانی با شخصیتی کاملا سفید در دام دسیسه زنی تهرانی می‌افتد و در نهایت از سوی فامیل و آشنای خود، که ساکن تهران هستند، طرد می‌گردد.

نمونه‌های قابل ذکر دیگر در تولید اینگونه محتوا فیلم‌های صمد، دفاع از ناموس، آقای لر به شهر می‌رود (امیر شروان)، بلوچ و ترکمن هستند.

۶. **تحریک به اقدام چریکی و انفرادی:** الگوی رایج دیگری که در سینمای پیش از انقلاب بسیار شاهدیم مبارزه تک‌نفره و چریکی با شرایط محیطی‌ست. ترویج نوعی تک روی که با ذات مدرنیته و الگوهای مدیریتی مناسب برای اداره جامعه صنعتی در تضاد می‌باشد. محتوایی که ممکن است بدون توجه به شرایط کشور از درک ناقص فلسفه ایندیویژوالیسم آمده باشد یا تحت تاثیر محتوای نوشتاری و تصویری مغرب زمین، مانند فیلم در بارانداز (الیا کازان)، تولید شده باشد. در اینگونه محتوا وقتی اقدام تک نفره با بازگشت به سنت گره می‌خورد فیلم کاملا ضدمدرنیته می‌شود. در تمام این فیلم‌ها، از قیصر گرفته تا تنگسیر (امیر نادری) و بت، شخص ابتدا تصمیم می‌گیرد به تنهایی اقدام کند بعد با تکیه بر مولفه‌های سنتی پیروز می‌شود. در واقع راه نجات، اقدام انفرادی با تکیه بر سنت ترسیم می‌شود. در صورتی که جامعه در گذار نیاز داشت راه مقابله با تعارضات را بصورت جمعی در تقویت ارزش‌های مدرن جستجو نماید. در اینگونه فیلم‌ها دلایل شورش متفاوتند اما پیام یکسان است. قیصر در قبال تجاوز به خواهرش، صادق کرده در قبال تجاوز به همسرش، رضاموتوری در قبال تعارضات درونی خود و فیلم‌های ارباب رعیتی به بهانه توجیه اصلاحات ارضی شورش تک نفره را ترویج می‌کردند. پیام پنهان اینگونه محتوا، ارزشمندی عدم اطمینان به سیستمی‌ست که در راه مدرنیته گام برداشته بود. در تمام این فیلم‌ها هم شخصیت‌پردازی به گونه‌ای‌ست که طغیان‌کننده شمایل قهرمان به خود می‌گیرد. مثلا شخصیت صادق کرده، بعنوان یک قاتل زنجیره‌ای، چنان جذاب طراحی می‌شود که همه با او همذات پنداری می‌کنند و تمایل می‌یابند شبیه او شوند. برای درک بهتر این موضوع در ادامه به یکی از رایج‌ترین محتواهای تولیدی آن دوران، که در ارتباط با نظام ارباب رعیتی‌ست می‌پردازیم.

بعد از انقلاب سفید سینما برای نشان دادن مشکلات و نواقص فئودالیته شروع به تولید محتوای تصویری می‌کند. اینگونه فیلم‌ها، تا جایی که مربوط به نشان دادن ظلم ارباب‌هاست به خوبی پیش می‌روند اما وقتی به ارائه راه حل می‌رسند مزایای اصلاحات ارضی را بیان نمی‌کنند بلکه کاراکترها در برابر ظلم ظالم بصورت

چریک‌های تنها به مبارزه می‌پردازند و پیروز می‌شوند. این فیلم‌ها انگیزه‌ای از مبارزات تک نفره و چریکی به جامعه تزریق می‌کردند. همین‌جاست که محتوا با الگوهای مدرن، که در آن افراد بایستی بعنوان عضوی از یک سیستم در یک زنجیره به انجام وظایف خود بپردازند در تضاد کامل است. البته که بعد از انقلاب سفید نیاز به محتوایی که محاسن اصلاحات ارضی را بیان کند و مضرات نظام فئودالی را نشان دهد وجود داشت. اما آنچه توسط سینماگران تولید می‌شود کارکردی معکوس می‌یابد و اقدامات چریکی را تشویق می‌نماید. وقتی رعیت را به شکل مبارز تک نفره به جنگ ارباب می‌فرستی خودبخود مردم را تحریک به انقلاب در برابر نظام حاکم می‌کنی.

حجم وسیع تولید اینگونه محتوا خود نشانگر این است که موضوع اصلی این فیلم‌ها نظام فئودالیته‌ای که سال ۴۲ از بین رفته بود نبوده است. در واقع از یک جایی به بعد محتوای ارباب رعیتی از کارکرد فیلمفارسی خود، مانند فیلم‌های موسرخه و هیولا (سیامک یاسمی)، چرخش ظریفی می‌کند و در آثاری مانند خاک، پستچی و باغ سنگی به ضد پهلوی، ضد غربی و ضدمدرنیته تبدیل می‌شود و نزدیک به انقلاب هدفمندتر هم می‌شود. مثلا در فیلم میراث (عبدالله غیابی) انتخاب لباس و بکارگیری موسیقی رشد کرده است اما کماکان ۱- مبارزه با خان تک‌نفره و چریکی اتفاق می‌افتد ۲- مبارز، خانواده خود را به امامزاده می‌سپارد که متولیان آن به صورت سنتی روحانیون بوده‌اند. برداشت از این محتوا، مبارزه با شاه به همراه پناه بردن به روحانیون است. فیلم سفر سنگ (مسعود کیمیایی)، که یکسال پیش از انقلاب ساخته می‌شود، به اقدام جمعی روی می‌آورد و یک منجی مذهبی بیرونی را به عنوان محور مبارزه به فیلم اضافه می‌کند.

۷.   **غرب‌ستیزی:** بخشی از مقابله با مدرنیته را بایستی در گره‌ای که آثار با غرب‌ستیزی می‌خورند مورد توجه قرار داد. در واقع این دو وجه در هم اثر مستقیمی داشته‌اند و غرب‌ستیزی بهانه‌ای می‌شود برای تولید محتوای ضدمدرنیته. تولید حجم زیادی محتوا، که در آنها، افراد غربی یا از غرب برگشته کاملا فاسد شخصیت‌پردازی می‌شوند چپ‌گرایی ظریفی‌ست که نتیجه‌اش را حتی بعد از انقلاب هم می‌توان دید. این غرب‌ستیزی مستقیم و غیرمستقیم در فیلم‌های مختلف ظهور می‌کند. در جوجه فکلی و کیفر محتوا به جنگ با مظاهر افراطی غربی در شکل هیپیسم می‌رود. در رضا

موتوری غرب رفته‌ها اخته شخصیتی و بی‌بو و خاصیت نشان داده می‌شوند. در فیلم دفاع از ناموس شخصیت منفی و متجاوز از غرب بازگشته است. در فیلم خاک زن ارباب فرنگی می‌باشد. در ممل آمریکایی، علت گرفتاری‌های ممل، غرب‌دوستی او عنوان می‌شود. در زیرپوست شب، زن غربی کاملا واداده و بی‌اراده در برابر تمنای جنسی جوانی آس و پاس ایرانی نمایش داده می‌شود. فیلم گلنسا در پاریس (رضا صفایی)، زن ایرانی را در مواجهه با غرب، خودباخته و مبتذل نشان می‌دهد.

در پستچی برادرزاده تازه از غرب برگشته سرمایه‌دار فیلم، ابتدا لخت با پارتنر غربی خود در پلانی قایم باشک بازی می‌کنند و بعد شاهد صحنه‌های مغازله آن دو هستیم. بعد از آن برادرزاده سرمایه‌دار با همسر پستچی سر و سری پیدا می‌کند. پیام پنهان چنین محتوایی این است که ۱- فرهنگ غربی فاسد است ۲- بی‌پروایی جنسی، که در سینما و متعاقب آن جامعه در حال گسترش است، ناشی از فرهنگ غربی‌ست. در واقع تقدم و تاخر این دو سکانس نیز به ورود فرهنگ از غرب و بعد گسترش روابط بی‌ضابطه جنسی طعنه می‌زند. فیلم اوکی مستر (پرویز کیمیاوی) هم از غرب‌ستیزترین محتواهای تولیدی آن دوران است. در حالی که موضوعیت استعمار از طریق نفت، بعد از ملی شدن آن، کم رنگ شده و محمدرضاشاه با کشورهای غربی بر سر بالا نگه داشتن قیمت نفت درگیر است و بعنوان رئیس اوپک از این بالا بودن حمایت می‌کند، ساختن فیلمی که در آن، محوریت استعمار نفتی‌ست غرب‌ستیزی آشکار است. در هر صورت محتواهایی از این دست زمینه را برای غرب‌ستیزی بعد از انقلاب و پذیرش اشغال سفارت آمریکا فراهم می‌کنند. بسته شدن سفارت آمریکا را می‌توان به کشته شدن زن ارباب در فیلم خاک یا رویگردانی ممل از رفتن به آمریکا تعبیر کرد. فیلم‌های دیگری که در این زمینه می‌توان نام برد مرد شرقی زن فرنگی (شاپور قریب)، عروس فرنگی (نصرت‌الله وحدت)، قربون زن ایرونی (رضا صفایی)، یک اصفهانی در نیویورک (شاءالله ناظریان) و مهدی مشکی و شلوارک (نظام فاطمی) داغ می‌باشند.

۸.   **تحریک و تنش‌زایی:** بجز بخشی از آثار منتسب به موج نو مثل فیلم‌های رهنما و بیضایی ایجاد هیجان کاذب، جنسی و غیرجنسی، بخش جدایی‌ناپذیر بسیاری از تولیدات سینمایی آن دوران است. گویی ایجاد

هیجان در مخاطب، حتی برای ساده‌ترین روابط و مسائل اجتماعی، رسالت فیلمسازان است. در واقع یکی دیگر از وجوه مشترک اکثریت فیلم‌های آن دوره ایجاد تنش، هیجان، فریاد و خشم همراه با هیاهو، سر و صدا و شلوغی است. نمایش آنهمه نعره، درد، زخم، خون و مرگ برای نشان دادن معضلات اجتماعی، در تعداد زیادی فیلم، ثمری جز تحریک رفتاری مردم به ناآرامی نداشته است. این فیلم‌ها به خشم رو به رشد ناشی از تغییرات مدرنیته، در طبقات مختلف جامعه، دامن می‌زدند.

بازی بی‌رحمانه‌ای که در فیلم‌هایی مانند پدر که ناخلف افتد (محمد کریم رکنی)، یاران و علف‌های هرز با نشان دادن مرگ دختر بچه بخاطر فقر با احساسات مخاطب می‌شود، عملا تحریک به شورش است. بخشی از این فیلم‌های اعتراضی مانند ماهی‌ها در خاک می‌میرند، شب غریبان (فرزان دلجو)، یاران و فریاد زیر آب با غلتیدن در ورطه عشق‌های خیابانی گونه جدیدی از سیاه‌نمایی و تنش منفی را عرضه می‌کنند. کاراکترهای علافی که نمی‌خواهند تن به نظم مدرنیته در قالب کار مفید بدهند و الگویی از شیرینی بطالت به جامعه عرضه می‌کنند. این فیلم‌ها، نسبت به اخلاف خود، شیک‌ترند اما الگوی ارائه شده در آنها نه واکنش، ورزیدگی و جنم علی خوش‌دست و رضا موتوری را دارد نه مرام و معرفت پاشنه طلا و علی بی‌غم را. این تیپ اجتماعی با سانتامانتالیسم ضعیف، سرخورده، واداده و بی‌انگیزه نه تنها اکثریت جامعه را نمایندگی نمی‌کرد بلکه به تضعیف چرخ دنده‌های رشد جامعه دامن می‌زد. الگویی که بیکاری، بی‌عاری و بی‌فایده بودن عزت نفس او را خراب کرده، به وسواس دچار نموده، برای راحت کردن خود به زمین و زمان ناسزا می‌گوید و بدون اینکه قدم مثبتی بردارد غر می‌زند.

حتی نحوه نام‌گذاری فیلم‌ها در ایجاد هیجان و تنش موثر و کارساز بوده‌اند. نامگذاری فیلم بر اساس نقش اول معترض داستان مثل قیصر، رشید، رضاموتوری و صادق کرده باعث افزایش تاثیر ویژگی‌های این کاراکترها روی مخاطب می‌شده‌اند. نام‌هایی مانند دشنه، تنگنا، مسلخ (پرویز صیاد)، کافر، گرگ بیزار (مازیار پرتو)، کیفر، مزد خونین (ناصر رفعت)، بوسه بر لبهای خونین (خاچیکیان) و ساعت فاجعه (رایموند هواکیمیان) که خودبخود با خشونتی پنهان و بار تحریک‌کننده منفی دارند و روی روحیه مخاطب اثر می‌گذارند نیز کم نیستند.

۹. **درگیری فیزیکی:** یکی از وجوه مشترک اغلب فیلم‌های دهه ۴۰ و

۵۰ درگیری فیزیکی‌ست. نوع این درگیری‌ها با توجه به هنرپیشه اصلی مرد داستان، متفاوت بوده است. به این زد و خوردها بعد از سال ۴۸ اشکال جدیدی مانند درگیری خیابانی در فیلم صبح روز چهارم هم اضافه می‌شود. محتوایی که عملا تشویق به دعوای فیزیکی می‌کند و بعدها در جریان درگیری‌های انقلاب و بعد از آن هم خود را نشان می‌دهد.

قیصر عطف مقابله با مدرنیته

همانگونه که پیش از این گفته شد دهه ۴۰ از پیچیدگی‌های خاصی برخوردار است. جامعه از سنگینی دهه ۳۰ عبور کرده و انقلاب سفید باعث آغاز تحولات عمیقی شده است. نسلی نو از هنرمندان از راه رسیده که از کودتا و آسیب‌های جدی‌اش مصون مانده و جسورانه‌تر خلق می‌کند. در کنار تمام اتفاقات آن سالها، موضوع دیگری که در پذیرش شخصیت‌های جدید سینمایی، با ویژگی‌هایی که قیصر نماد و پیشرو آن است، اثرگذار بوده، پخش شایعه در مورد مرگ قهرمانان واقعی مردم است. شایعاتی که جامعه را برای پذیرش قهرمانی سینمایی آماده می‌کند. تختی ۳۷ ساله که بین مردم کوچه و بازار نماد افتادگی و پهلوانی بود و از محبوبیت قابل توجهی برخوردار بود در سال ۴۶ در هتل آتلانتیک خودکشی می‌کند. صمد بهرنگی ۳۰ ساله، که معلمی ساده بود اما با قلم تند و تیزش، به عملگرایی توصیه می‌کرد در سال ۴۷ در رود ارس غرق می‌شود. جلال آل‌احمد ۴۶ ساله که کتاب غربزدگی‌اش تا آن زمان چند بار تجدید چاپ شده بود و حرفش خریدار داشت در سال ۴۸ از دنیا می‌رود. این افراد، در فاصله کوتاهی از هم، کمی قبل از ساخت قیصر، فوت می‌کنند و همه جوانمرگ می‌شوند و ابزاری می‌شوند برای شایعه‌سازی به منظور تخریب متولی مدرنیته که حکومت پهلوی بود. تصور پخش چنین شایعاتی بین مردم، تشنگی جامعه برای خلق شخصیتی سینمایی که نیاز آنها را به شیوه‌ای سنتی مرتفع نماید نشان می‌دهد.

از سوی دیگر در دنیا هم چند سالی از انقلاب کوبا گذشته است و در آمریکای لاتین شاهد مبارزات چریکی هستیم. کاسترو و چه‌گوارا تب فعالیت‌های چریکی را در جهان سوم همه‌گیر کرده‌اند و عملگرایی مسلحانه را سرلوحه کارهای خود قرار داده‌اند. این فعالیت‌های چریکی، مورد تایید آن دسته از روشنفکران غربی، که نفوذ زیادی بر روند روشنفکری جهان سوم داشته‌اند هم بوده است. به طور مثال سارتر کتاب جنگ شکر خود را بر همین مبنا می‌نویسد. در این شرایط سناریوی

قیصر که سلاح قهرمانش بومی شده و چاقوی ضامن‌دار اوست خلق می‌شود. جامعه نیز به دنبال قهرمانی‌ست که با تاسی به وی، در برابر فشارهای ناشی از جدی شدن مدرنیته عکس‌العملی نشان دهد و به عادات قبلی خود بازگردد. خلق شخصیت قیصر باعث می‌شود جامعه این عکس‌العمل را در خودمداری، بی‌قانونی، سلاح بومی به دست گرفتن و از زندگی خود گذشتن ببیند. در واقع قیصر از آن روی مهم است که نقطه شروع نفوذ جدی سینما در سست کردن ارزش‌های نورسیده مدرنیته درون جامعه است. این فیلم با اثر حسی مقتدری که دارد، قدرت سینما را کم کم برای مخالفان پهلوی آشکار می‌نماید و اهمیت خود را بر جامعه تحمیل می‌کند. کیمیایی با خلق این کاراکتر توتمی سینمایی از سنت می‌سازد که در خون جامعه جریان پیدا می‌کند و مناسبات مدرنیته را در خود حل می‌کند. علی‌رغم دیالوگ قیصر به خان‌دایی که "سه دفعه که آفتاب بیافته لب اون دیفار و سه دفعه که اذون مغرب رو بگن همه یادشون می‌ره ما کی بودیم و واسه چی مردیم" با راهی که انتخاب می‌کند، چنان مدلی از مقابله با مدرنیته خلق می‌نماید که برای چند نسل الگوی رفتاری جامعه می‌شود.

فیلم از پلانی که قیصر وارد قهوه‌خانه می‌شود، شروع به اعتبار بخشی به مناسبات سنتی می‌کند. از آن به بعد این مناسبات هستند که داستان را پیش می‌برند. بر اساس همین مناسبات همه حس می‌کنند بوی دردسر و به قول خود قیصر "هچل" می‌آید. در عین حال که با فاصله با او برخورد می‌کنند اما وظایف سنتی خود را انجام می‌دهند و نقش ردیابی متهمان را به عهده می‌گیرند. یکی از آدم‌های زیر بازارچه، در قالب سناریوی کوتاهی که چیده، با کنایه و تاکید روی یک نام و اینکه حالا کجاست، قیصر را به سوی انتقام شخصی هل می‌دهد. مونولوگی که بهمن مفید در پلان قهوه خانه می‌گوید چنان جذاب چیده شده که مهر تاییدی می‌شود بر آگاهی‌رسانی به شیوه سنتی. بعد از آن هم می‌بینیم در طول فیلم آدم‌ها، نشانی مجرمان را با گوشه و کنایه به قهرمان خود می‌دهند. دیالوگ‌هایی مانند "فردا ساعت نه تو سلاخ‌خونه قرار داریم" همه در خدمت اعتباربخشی به انتقام شخصی می‌باشند. در قبال این آگاهی‌دهندگی، جامعه نیز بر حسب سنت، انتظاراتی از قیصر دارد. همه منتظرند که چه پیش می‌آید و همه او را بدان سمت می‌فرستند. وقتی کار قیصر تمام می‌شود، مناسبات سنتی تکمیل شده است و التهاب می‌خوابد. گویی تا قصه هر سه برادر به انجام نرسد صدای آژیر آمبولانس اول فیلم در گوش بیننده زوزه می‌کشد و با پایان کار این صدا قطع می‌شود.

مجموع شرایطی که چیده شده‌اند تا بیننده در محق بودن قیصر برای بازگشت به مناسبات سنتی و انتقام‌گیری شخصی تردید نکند. فریاد فرمون که "قیصر کجایی که دآشتو کشتن" نهیب سنت است که از اعماق وجود او نفیرکشان فضا را پر می‌کند. قیصر از درون فرمون زاییده می‌شود. در واقع کیمیایی قیصر را از درون فرمون بیرون می‌کشد تا به تبعیت از شرایط روز جامعه، به زنده نگه‌داشتن سنت‌های ضداجتماعی مشروعیت ببخشد. کیمیایی می‌داند تیپ اجتماعی فرمون کارکرد مرجعیت خود را از دست داده است پس مناسبات سنتی را در قالب قیصر به جامعه عرضه می‌کند. فرمون را می‌کشد تا با بسته‌بندی مدرن قیصر، مفاهیم ضدمدرنیته را به خورد جامعه بدهد. فرمون باید برود تا سنت در شکل قیصر مجال و رخصت ادامه حضور پیدا کند .

محورهای ضدمدرنیته قیصر

۱.   **ضدیت با سازمان‌های مدرن و قانون‌ستیزی:** همانطور که گفته شد مهمترین دستاورد انقلاب مشروطه غلبه قانون و بعد از آن خرد شدن قدرت در قالب سازمان‌های مدرنی‌ست که در جامعه شکل می‌گیرند. یکی از مهمترین این سازمان‌ها پلیس، بعنوان برقرارکننده نظم عمومی می‌باشد. می‌توان گفت اصلی‌ترین نقش قیصر، در مدیوم سینما، به چالش کشیدن و کم اثر کردن نتایج قانون اساسی مشروطه‌ای‌ست که دهه‌ها برای آن زحمت کشیده شده بود. در واقع قیصر از آن روی در سینمای ایران بسیار مهم است که در مقابله با قانون، بعنوان مهمترین دستاورد مشروطه و پلیس، بعنوان مجری قانون موثرترین نقطه عطف می‌باشد. فیلمی که به تنهایی جذابیت زیادی برای بی‌نظمی ایجاد می‌کند و ساختارهایی مانند دادگستری و پلیس را بی‌خاصیت می‌نماید و نظم در حال شکل‌گیری را به چالش می‌کشد. اینکه هنر از مسیر قانون می‌گذرد یا نمی‌گذرد کاملا بستگی به شرایط جامعه دارد. جامعه ایرانی در دهه های ۴۰ و ۵۰ درگیر شدیدترین جنگ درونی خود بوده است. همانگونه که حتی در آزادترین کشورها به هنگام جنگ اجازه تولید محصولات هنری که به شکست خودشان منجر شود داده نمی‌شود و خود هنرمندان هم دست به چنین کاری نمی‌زنند، در آن دو دهه هم چنین مراقبتی از جامعه ایرانی باید صورت می‌گرفت.

مقابله با نظم‌دهنده نوین جامعه در این فیلم بسیار زیرکانه انجام شده است. اینکه

پرستار نامه فاطی را بجای پلیس به مادر او می‌دهد و بعد مادر و خان‌دایی هم نامه را به پلیس نمی‌دهند همگی نشانگر زیرکی خالق پیام برای موجه جلوه دادن انتقام قیصر است. این مسئله وقتی بیشتر به چشم می‌آید که برادران آب‌منگل، با مشاغل و وضعیت اجتماعی که دارند، قلدرهای محله نیستند که پلیس با مجیزگویی همدست آنها باشد. اینکه کیمیایی پلیس را از ماجرای قتل فاطی و فرمون حذف می‌کند و او را به هنگام مرگ اولین آب‌منگل، که نماد خصم است، وارد فیلم می‌کند ضدپلیس‌ترین محتوای تولیدی با ظریف‌ترین کدگذاری می‌باشد. یعنی یکی از اصلی‌ترین پایه‌های مدرنیته را ذاتا در کنار شر و فسادی دون‌پایه می‌نشاند. در اولین حضور هم، کارگردان تلاش کرده، با گفتن این دیالوگ از سوی پلیس که "باز هم محله را آرام می‌کنم، دیگه دوره این حرف‌ها گذشته" به این سازمان جنبه‌ای شعار گونه ببخشد.

دومین حضور پلیس در قبرستان به هنگام دفن مادر قیصر است که با فرار ساده او از دست آنها عملا ابتر نشان داده می‌شود. در سومین حضور هم پلیس به محوطه راه آهن دیر می‌رسد و درگیری با قتل به پایان رسیده است. کارگردان با حذف، شعاری، ابتر و پرتاخیر نشان دادن پلیس این پیام پنهان را مخابره می‌کند که این مناسبات سنتی‌ست که محله را آرام می‌کند نه پلیس و قانون. در ادامه به چند نکته باید توجه کرد

الف) تجاوز قصه‌ای همیشگی‌ست و پیش از آن هم همیشه در جامعه وجود داشته است و اغلب به شیوه سنتی، یعنی همان کاری که قیصر می‌کند، با آن برخورد می‌شده است. با جدی شدن مدرنیته و قوام سازمان‌هایی مثل پلیس بنا بر این بوده که بعد از آن چنین اتفاقاتی از طریق قانون حل و فصل شوند. با خلق کاراکتر قیصر، پیش از آنکه پلیس، با توجه به تحولات عظیم بعد از انقلاب سفید، قوام لازم را بیابد و خود را پیدا کند جامعه تشویق به عمل به شیوه‌های سنتی و بی‌قانونی می‌شود. از همین روست که عمل قیصر را تقویت مناسبات سنتی در برابر مدرنیته می‌دانیم.

ب) اینکه پلیس خودش هم درگیر همین سنت‌ها بوده مجوز لازم به فیلمساز نمی‌دهد که برای مناسبات ضداجتماعی تبلیغ کند و با زیرکی یکی از مهمترین پایه‌های نورسیده مدرنیته را از صحنه حذف نماید.[۹]

ج) در این فیلم ما ناظر فساد پلیس نیستیم و قیصر در برابر بد اجرا شدن قانون نیست که قد علم می‌کند. دلیل او حتی ناامیدی از پلیس هم نیست چون در

دیالوگی به مادرش می‌گوید "دولت اونا رو پیدا می‌کنه درسته، سزاشونم می‌ده درسته، اما می‌دونی چی می‌شه ... اه توو چی می‌دونی ننه." این یعنی قیصر، از روی عادت گذشته و به دلایل سنتی‌ست که دست به قتل می‌زند. یعنی به سزا رسیدن مجرمان هم او را راضی نمی‌کند بلکه اینکار بایستی شخصا توسط او انجام شود.

د) جایی که قیصر بجای دادگستری بعنوان یک نهاد مدرن شکایت خود را به مکانی مذهبی می‌برد تقویت نهاد روحانیت بعنوان متولی سنتی اماکن مذهبی‌ست.

ه) عباس شباویز، تهیه‌کننده قیصر، مستقیما اشاره می‌کند که او با خواندن سناریوی قیصر به وجود مسائل سنتی در آن پی می‌برد. این یعنی تهیه‌کننده دقیقا می‌دانسته که چه می‌کند.[۱۰]

و) شباویز، اذعان می‌کند پیش از ساخت فیلم، سناریوی آنرا به علی شریعتی می‌دهد تا بخواند.[۱۱] با شناختی که از شریعتی داریم قطعا او اصلاحات و پیشنهاداتی روی سناریو داشته است.[۱۲] این یعنی فیلمنامه قیصر قبل از ساخت، توسط تئوریسین انقلاب تصحیح و تایید شده و در خدمت انقلاب قرار گرفته است. خود این مسئله مشخص می‌کند قیصر تا کجا در خدمت انقلابیون بوده است.

۲. **سیستم آموزش نوین:** تجاوز وقتی صورت می‌گیرد که فاطی برای درس خواندن، به منزل دوستش رفته است. با توجه به بافت جامعه و اینکه در دهه ۴۰ تحصیلات نوین به اندازه کافی همه‌گیر نشده بود، پیام پنهان چنین مضمونی این است که اگر دختری از خانواده برای درس خواندن اقدام کند مورد تجاوز قرار می‌گیرد. تصور حس و حال مخاطبی که می‌بینند دختری هنگام درس خواندن مورد توجه و تجاوز قرار گرفته، مشخص می‌کند چنین پیام کدگذاری شده‌ای چه اثری روی تحصیلات نوین داشته است.

۳. **جنسیت‌زدگی:** وجه جنسیت‌زده قیصر با تجاوز به فاطی شروع می‌شود و با خیانت معشوقه آخرین آب‌منگل خاتمه می‌یابد. در واقع یکی از وجوه پیروزی قیصر بر برادران آب‌منگل، در همبستر شدن او با معشوقه منصور نمایش داده می‌شود. قیصر پیش از آنکه با کشتن برادر سوم پیروزی خود را کامل کند با این همخوابگی بر آنها چیره می‌شود و به برتری‌اش مهر تایید زده می‌شود. مضاف بر اینکه یکی از پرطرفدارترین رقص‌های کافه‌ای نیز در این فیلم گنجانده شده است.

۴. **مرگ‌ستایی:** قیصر را شاید بتوان آغاز مرگ‌اندیشی وسیع در سینمای ایران دانست. بجز خان‌دایی که سن بالایی دارد و مرگش قریب‌الوقوع می‌نماید، اگر فرض بگیریم که قیصر هم می‌میرد، ۷ مرگ در این فیلم رقم می‌خورد که هیچ یک عادی نیستند. حتی مرگ مادر داستان هم ناشی از دق است. مرگ تمام کاراکترهای اصلی فیلم در لوکیشن‌های مختلف عملا خشونتی در حد فیلم‌های ترسناک را رقم می‌زند که زیر تم حماسی فیلم پنهان شده است. در یک سو در انتخاب حمام، سلاخ‌خانه و راه‌آهن متروکه برای مرگ برادران آب‌منگل، خشونتی عمیق نهفته است و در سوی دیگر مرگ قیصر، فرمون، فاطی و ننه قهرمانانه ترسیم می‌شوند و تقدیس می‌گردند.

۵. **تحریک به اقدام چریکی و انفرادی:** قیصر از وقتی که بازمی‌گردد در عمل تنهاست. این تنهایی و اقدام علیه ۳ نفر، بدون کمک گرفتن از دیگران، نوعی اقدام چریکی‌ست که محتوا را کاملا در خدمت انقلابیون قرار می‌دهد. جایی که شریعتی، بعنوان تئوریسین اصلی انقلاب، در اکران خصوصی از دیدن آن به وجد می‌آید و آنرا فیلمی "نر" و "پُرتحرک" خطاب می‌کند اهمیت این خدمت بیش از هر جایی نمایان می‌شود.[۱۳]

۶. **ضد ارزش آفرینی اقتصادی:** پیش از خودکشی فاطی، قیصر و فرمون هر دو در همراهی با مدرنیته سر به کار شده‌اند. قیصر به آبادان رفته و کار می‌کند و فرمون هم سرش به کاسبی‌ست. اما چون جامعه در ابتدای راه مدرنیته است، اوضاع کماکان شکننده می‌باشد. این شکنندگی را خان‌دایی بهتر از هر کس درک می‌کند. تلاش او برای جلوگیری از چاقوکشی فرمون و بازگشت قیصر به آبادان، کوشش فردی دنیا دیده است که مزایای فاصله گرفتن از درگیری‌های سنتی را می‌داند. او که قبلا اینگونه مناسبات را زندگی کرده می‌داند در تداوم آن، جامعه، که نمایندگی‌اش با قیصر است به ورطه نابودی کشیده خواهد شد. اما چون مدرنیته قوام نیافته، قیصر نورسیده، با اتفاقی که در زندگی‌اش می‌افتد مثل فنر به سنت بر می‌گردد و کاراکترش چنان جذاب طراحی می‌شود که جامعه را نیز بازمی‌گرداند. کاراکتری که اگر به گونه دیگری پردازش می‌شد و مثلا وکیلی زبردست خلق می‌شد به روند مدرن شدن جامعه کمک می‌کرد. در هر صورت با روندی که داستان پیش می‌رود و اعتباری که فیلم در عدم بازگشت به آبادان، به قیصر می‌دهد عملا فعالیت مفید اقتصادی تحت‌الشعاع قرار می‌گیرد.

۷. **درگیری فیزیکی:** قیصر فیلمی پر از درگیری‌ست. این درگیری‌ها از صحنه زد و خورد و قتل فرمون شروع می‌شود و تا پلان آخر ادامه می‌یابد. حتی مونولوگی که بهمن مفید در قهوه‌خانه بیان می‌کند درگیری را در ذهن بیننده بازسازی می‌کند.

۸. **هیجان کاذب:** سناریوی قیصر موضوعی اجتماعی‌ست که بر مبنای انتقام شخصی طراحی شده است. اما ساختار، موسیقی، تیتراژ و حتی آژیر آمبولانسی که در فیلم شاهد زوزه کشیدن آن هستیم به آن تم حماسی می‌دهند. وقتی به انتقام شخصی تم حماسی داده می‌شود و موضوعات اجتماعی را حماسی می‌کنی، محتوای تولیدی به شدت سودار می‌شود. مثلا وقتی در تیتراژ از خالکوبی تصاویر شاهنامه استفاده می‌شود با عمیق‌ترین احساسات مخاطب ایرانی بازی شده است. با اینکار، که گویی قیصر هم ردیف سیاوش و رستم قرار گرفته، از شاهنامه برای مقابله با مدرنیته استفاده ابزاری شده است. در صورتی که رستم فردی نظامی‌ست که در پی حراست از کشور و حین انجام وظیفه قانونی سهراب را می‌کشد. وقتی آن محتوا را به انتقام شخصی گره می‌زنی کدگذاری پیچیده و نادرستی صورت گرفته که به راحتی مخاطب را بازی می‌دهد. این کدگذاری به گونه‌ای‌ست که گویی ضدیت با مدرنیته، از طریق نادیده گرفتن قانون، مساوی با دفاع از تمامیت ارضی کشور، که رستم در پی آن بوده است. پیام پنهان چنین محتوایی این است که اگر می‌خواهی کشورت از بین نرود راهش انتقام شخصی و مقابله با قانون‌گرایی، بعنوان یکی از مظاهر نوین مدرنیته است. پهلوانان شاهنامه، که در چارچوب تمکین بزرگ‌ترین سرداران ایرانی به قانون و برای دفاع از کشور خلق شده‌اند، به خدمت فیلمی علیه قانون در می‌آیند. این حماسی‌سازی وقتی که از ضرب و زنگ زورخانه در موسیقی فیلم استفاده می‌شود دو چندان می‌گردد. در هر صورت موجی که این فیلم ایجاد می‌کند پیام ضدمدرنیته آنرا پوشش می‌دهد و ناخودآگاه به خورد جامعه می‌دهد.

تفاوت نوع نگاه به موضوعات اسطوره‌ای را در مقایسه بین قیصر با فیلم سیاوش در تخت‌جمشید به خوبی می‌توان دید. سیاوش در تخت‌جمشید می‌توانست فیلمی حماسی باشد اما فریدون رهنما به آن وجهی فلسفی و عرفانی داده است. یعنی از وجه حماسی موضوعی که ذاتا حماسی‌ست صرف نظر کرده تا محتوایی عمیق‌تر

خلق کند. در صورتی که کیمیایی به موضوعی شخصی و انتقامی فردی وجهی حماسی می‌دهد تا از قهرمان ضدقانون خود اسطوره بسازد. در نهایت هم کیمیایی با نوع شخصیت‌پردازی و لبخندی که در آخرین پلان بر لب قیصر می‌نشاند عمل اسطوره دست‌ساز خود را تایید می‌کند.

با اینکه فیلمساز نمی‌تواند کنترلی روی تبعات فرهنگی و اجتماعی فیلم‌اش داشته باشد اما وقتی سینماگری در سینما، بجای پرسشگری حکم صادر می‌کند مسئولیت پیام، بخصوص در بحران‌های تاریخی را بایستی به عهده بگیرد. یکی از دلایل عدم موفقیت کیمیایی برای تولید فیلم‌های اثرگذار بعد از انقلاب، از بین رفتن موضوعیت محوری فیلم‌های اوست. یعنی بعد از انقلاب، وقتی خود حکومت اصرار به بازگشت به سنت دارد، آثار یک فیلمساز مشتاق به سنت‌ها، در انبوه محتوای تولیدی حکومتی، گُم می‌شود. مضاف بر اینکه بخشی از شرایط بعد از انقلاب نتیجه اثرگذاری سینمایی‌ست که کیمیایی آنرا به جامعه معرفی کرد. این یعنی ایده‌های او به اندازه کافی تولید و به مصرف عمومی رسیده‌اند.

کیمیایی بعد از قیصر هم به تولید محتوای ضدمدرنیته، در اشکال مختلف، ادامه می‌دهد. این تاختن در بلوچ، بعنوان نماد سنت در برابر کاراکترهای زیادی که محصول مدرنیته معرفی می‌شوند، به اوج می‌رسد. از همان دیالوگ اول فیلم که متجاوزان را شهری می‌خواند ارسال پیام ضدمدرنیته آغاز می‌شود. بعد از آن هم با زندانی شدن بی‌گناه بلوچ و ناکارآمد نشان دادن سیستم دادگستری، این پیام‌رسانی ادامه می‌یابد. از میانه فیلم که بلوچ در فضای شهری حضور می‌یابد این تاختن رو به تکامل می‌گذارد. جایی که او بخاطر مبلغ ناچیزی جریمه، مجبور می‌شود به خدمت زنی هوسران درآید، پیامی کدگذاری شده، مبنی بر بد بودن قانون به مخاطب ارسال می‌گردد. گویی قانونی که از زمان مشروطه آنهمه تلاش برای نهادینه شدنش صورت گرفته، باعث فساد و به اسارت درآمدن انسان‌های آزاده می‌شود. در ادامه، وقتی زن هوسران و قمارباز در تخت‌خواب و هنگام عمل جنسی به بلوچ توصیه قانونمندی می‌کند، قانون‌گرایی را با فساد درمی‌آمیزد. پیام پنهان در فاحشه شدن همسر بلوچ، فساد مدرنیته است. پشت سه چرخه نشستن و لباس سنتی پوشیدن بلوچ هم نمادهایی از بازگشت به گذشته هستند. در آخرین پلان وقتی بلوچ به آباد کردن محله خود می‌اندیشد فیلم در پی تشویق روستاییان به عدم مهاجرت یا مهاجرت معکوس است. اما با اتفاق‌هایی که در طول فیلم برای بلوچ و همسرش افتاده، به قدری بر مدرنیته تاخته شده که این

پیام شعاری، اصلا به چشم نمی‌آید.

بعد از قیصر بخش اثرگذاری از سینمای ایران تبدیل به ابزاری می‌شود برای انتقال پیام کسانی که با حکومت پهلوی مشکل داشتند، درکی از شرایط گذار به مدرنیته نداشتند، دلبسته به سنت‌ها بودند یا منافعشان در سنتی ماندن جامعه تحقق می‌یافت. سینما از فلسفه هنر برای سرگرمی فاصله می‌گیرد و تبدیل می‌شود به هنر برای مخالفت با پهلوی، از طریق نشان دادن و بزرگنمایی تناقضات اجتماعی ناشی از گذار به مدرنیته.

تداوم اثر

جامعه ایرانی نیاز داشت از محتوای تولیدی در سینمای پیش از انقلاب عبور کند. اما قطع یکباره روال حرکتی آن سینما، مانع از این عبور شده است. رواج دستگاه ویدیو، بلافاصله بعد از انقلاب و از همان اوایل دهه شصت، که به دست به دست شدن فیلم‌های گذشته منجر می‌شد، نشان‌دهنده نیاز جامعه به دیدن حرکت سینما به سمت بلوغ است. یعنی ناخودآگاه، جامعه در گذشته حرکت می‌کند تا شاید راهی برای دیدن آن سینما در مسیر بلوغ بیابد. بریده شدن سیر حرکت سینما، ارتباط عاطفی مردم با تداوم حضور قهرمانان پرده نقره‌ای را می‌برد و باعث می‌شود جامعه، آن خط سیر را گم کند و در جستجوی آن به گذشته پناه ببرد. همین پیوندجویی به گذشته، نشان می‌دهد اگر انقلاب رخ نمی‌داد همان سینمایی که تا به این حد مورد انتقاد است، بعنوان یک کلان محصول، از دوران پر تنش نوجوانی گذر می‌کرد و به بلوغی شایسته می‌رسید. در واقع جمهوری اسلامی با قطع قهری ارتباط با گذشته، خودبخود باعث معروفیت و محبوبیت بیش از حد سینمایی شد که اگر می‌ماند تقاضای خود جامعه آنرا اصلاح می‌کرد. قطعا اگر روال حرکت سینمای ایران با آن شدت قطع نمی‌شد و سوپراستارها در اوج جوانی و مقبولیت گم نمی‌شدند و مردم پیری و میانسالی آنها را هم می‌دیدند، تا این حد ولع برای تماشای جوانی آنها وجود نداشت. سینمای ایران در مرحله بلوغ پیش می‌رفت، دست‌اندرکاران میزان اثرگذاری آنرا درک می‌کردند و مخاطبان خودبخود تقاضا را اصلاح می‌کردند.

در این فرایند مهمترین نکته تداوم اثرگذاری سینمای پیش از انقلاب و متاثر شدن نسل‌های بعد از انقلاب از آن است. به لحاظ اثر ارتباطی، فیلمی که در ذهن بیننده تداوم یابد و بر نگرش، رفتار و گفتار او اثر بگذارد اثر مهمی‌ست.

بسیاری از فیلم‌های پیش از انقلاب روی رفتار و نگرش نسل بعد از انقلاب هم اثرگذاشته‌اند و منجر به خاطره‌سازی جمعی شده‌اند. علاقه به سینمای قبل از انقلاب بجز اینکه نشان‌دهنده پیوندجویی مردم با گذشته است نشانگر تداوم تاثیر آن محتوا، در سنتی ماندن جامعه نیز می‌باشد. از این روی می‌توان گفت فیلم‌های ضدمدرنیته پیش از انقلاب، کماکان تاثیر منفی خود را روی جامعه حفظ کرده‌اند. اینکه هنوز کاراکترهایی مانند رضا موتوری و فیلم‌هایی مانند قیصر، طوقی و گوزنها، بخصوص برای طبقه متوسط و رو به پایین جامعه ایرانی، جذاب هستند نشانگر تداوم اثرگذاری ضدمدرنیته این آثار می‌باشد. از آنجا که جمهوری اسلامی حکومتی گذشته گراست، که به سنت مشروعیت می‌دهد، پیام بخش زیادی از این فیلم‌ها، در بسیاری زمینه‌ها، به ادامه حیات آن کمک می‌کند.

فصل پنجم

نقش عوامل تولید فیلم‌ها

پیش از این گفته شد که اولین نقطه عطف دوره رشد سینمای ایران در دهه ۴۰ شمسی اتفاق می‌افتد. دوره‌ای که در آن رونق و رواج سینما، بعنوان تفریحی مدرن، برای مردم جذابیت و کشش بالایی ایجاد می‌کند و نشانه‌ای از ظهور عصری نوین می‌شود. رونقی که بخصوص بعد از موفقیت قابل توجه گنج قارون و فروش بالای آن، باعث سرازیر شدن منابع مالی درخور به سوی عوامل مختلف سینمای ایران می‌گردد. گیشه برای تهیه‌کنندگان پررونق می‌شود و هنرپیشه‌های طراز اول قیمت خود را بالا می‌برند و بعضا شریک در کار می‌شوند. عوامل فنی هم که حالا مسلط‌تر شده‌اند از موقعیت‌های مالی خوبی برخوردار می‌گردند. این افزایش قدرت مالی، به معنی افزایش تعداد محصولات تولیدی، توجه بیشتر جامعه به سینما و رقابت شدیدتر است. مضاف بر اینکه نهادهای دولتی مانند وزارت فرهنگ و هنر، سازمان تلویزیون ملی ایران و کانون پرورش فکری کودکان و نوجوانان هم به تامین مالی برخی فیلم‌ها روی می‌آورند و به سینما کمک می‌کنند. بازاری شکل می‌گیرد که در آن تقاضا از عرضه پیشی گرفته و هر چه تولید می‌شود مصرف می‌شود. از همین‌روست که تنها در سال ۱۳۵۰ شمسی ناصر ملک‌مطیعی در ۱۰ فیلم، فردین در ۸ فیلم و بیک ایمانوردی در ۱۱ فیلم حضور می‌یابند. این اعداد و ارقام، فارغ از تاثیر کمیت بر کیفیت، تقاضای بالا برای فیلم‌های سینمایی ایرانی را نشان می‌دهند. از سوی دیگر وضعیت مناسب مالی، که بخشی از آن ناشی از بهبود کلی اوضاع اقتصادی کشور است، باعث افزایش امنیت شغلی عوامل تولید می‌شود و نیازهای جدید و سطح بالاتری مانند مهم بودن و کسب احترام سر برمی‌آورند. رشد نیاز تا حد خودشکوفایی، در عوامل هنری سینما مانند هنرپیشه‌ها و کارگردانان، کاملا قابل تشخیص است.

نقش عوامل تولید در سینمای پیش از انقلاب

نقش عوامل تولید فیلم‌های سینمایی پیش از انقلاب را از جنبه‌های گوناگونی می‌توان بررسی نمود. این عوامل به دو دسته اصلی فنی و غیرفنی قابل تقسیم می‌باشند. بر همین اساس میزان اثرگذاری آنها در موفقیت یک فیلم سینمایی، بطور نسبی، متفاوت است. بین عوامل، به لحاظ بازاری، مهم‌ترین و اثرگذارترین مهره تهیه‌کننده است. تهیه‌کننده ممکن است خود سرمایه‌گذار باشد یا تنها به مدیریت کلی و بخصوص مالی تولید مبادرت نماید. جایی که تهیه‌کننده، سرمایه تهیه فیلم را تامین می‌کند بیشترین قدرت را می‌یابد و با انتخاب سوژه و کارگردان

بر روال تهیه و سرنوشت فیلم اثر ثاقبی می‌گذارد. بعد از تهیه‌کننده، کارگردانان و هنرپیشه‌ها هستند که بیش از همه بر موفقیت فیلم اثر مستقیم می‌گذارند. کارگردانان و هنرپیشه‌ها معمولا وقتی از حدی فراتر می‌روند به تهیه‌کنندگی هم رو می‌آورند. در کنار این موارد، سایر عوامل، بخصوص فیلمبردار نیز بر سرنوشت فیلم اثر ویژه خود را دارند.

زنجیره توزیع در سینمای آن دوره از سه حلقه اصلی تهیه‌کننده، سینمادار و بیننده تشکیل می‌شود. در مورد بینندگان، که مردم عادی کوچه و بازار هستند، در فصول مختلف توضیح داده شده است. دو حلقه دیگر زنجیره توزیع نیز در آن دوران معمولا یکی هستند. در واقع بسیاری از تهیه‌کنندگان و حتی بازیگران خود صاحب سینما بوده‌اند. بعنوان مثال برادارا‌ن اخوان بجز مالکیت سینماهای زنجیره‌ای، استودیو مولن‌رژ را هم داشتند. سینما فرهنگ فعلی تهران در سال ۱۳۴۸ با نام "سیلورسیتی" توسط مهدی میثاقیه، تهیه‌کننده معروف تاسیس می‌شود و بعد به "بهروز وثوقی" واگذار می‌گردد.[۱] سینما بهمن کنونی نیز پیش از انقلاب با نام کاپری از آن مهدی میثاقیه بوده است.[۲] یا سینما جمهوری تهران با نام نیاگارا متعلق به محمدعلی فردین بوده است.[۳] به همین دلیل در ادامه فصل، ابتدا به تهیه‌کنندگان می‌پردازیم و بعد به نقش بازیگران خواهیم پرداخت.

تهیه‌کنندگان

تهیه‌کننده بعنوان صاحب و مالک اثر، که معمولا با تصمیمات و انتخاب‌های خود بر سرنوشت فیلم اثر مستقیم دارد، مهمترین مهره در چرخه تولید است. مجموعه تصمیمات تهیه‌کنندگان برای ساخت فیلم‌ها بر سرنوشت کلی طبقه کالایی سینما اثر می‌گذارد. طبقه کالایی سینما هم، بعنوان یکی از مهمترین محصولات فرهنگی، بر سرنوشت کشورها اثر مستقیم دارد. از سوی دیگر، تصمیمات و انتخاب‌های تهیه‌کنندگان، ارتباط مستقیمی با نیازهای درونی آنها دارد. با این اوصاف سرنوشت فرهنگی جوامع می‌تواند ارتباط مستقیمی با نوع و سطح نیاز درونی تهیه‌کنندگان سینما داشته باشد. این مهم در دهه‌های ۴۰ و ۵۰ که سینمای ایران مهمترین و اثرگذارترین خوراک فرهنگی جامعه را تامین می‌کرد از اهمیت ویژه‌ای برخوردار بود. این یعنی بخشی از تاثیر سینما در وقوع انقلاب، مستقیما با نیازهای درونی تهیه‌کنندگان آن زمان ارتباط داشته است. تهیه‌کنندگانی که بعضا هنرپیشه و کارگردان هم بوده‌اند.

در اولین نگاه، نیازی که تهیه‌کنندگان را ترغیب به تولید حجم زیادی محتوای تصویری می‌کند پولسازی‌ست. اما همانطور که گفته شد، با رونق سینما بعد از گنج قارون، نیازهای سطح بالاتری مانند دیده شدن و مهم بودن نیز درون عوامل سینما جا خوش می‌کنند. با اوج‌گیری این نیاز بسیاری اوقات حتی موفقیت در گیشه و پرفروش شدن فیلم، در قالب رقابت شغلی برای موفق‌تر جلوه کردن قابل تفسیر است. بجز این، با شکوفایی سینمای داخلی، توجه و علاقه سرمایه‌دارانی که هیچ زمینه هنری، حتی به لحاظ تجاری نداشتند و اثرات و مختصات آنرا نمی‌شناختند به جادوی آن جلب می‌شود. توجهی که دو دلیل دارد. ۱- سهم بردن از منافع اقتصادی بازاری که رونق گرفته بود. ۲- جایگاه یافتن، نفوذ پیدا کردن و ویترین اجتماعی ساختن برای خود از طریق این هنر.

لازمه رفع این نیازها از طریق سینما هم پر سروصدا شدن فیلم‌هاست. نیازی که باعث می‌شود برخی تهیه‌کنندگان از هیچ کوششی برای ایجاد هیاهو فروگذار نباشند و بجز خاندان سلطنتی، هیچ خط قرمزی را رعایت نکنند. رقابت برای دیده شدن، در تمام زمینه‌هایی که در فصل قبل عنوان شد به اوج می‌رسد و تعادل جامعه‌ای که هنوز ارزش‌هایش کاملا سنتی‌ست را بر هم می‌زند. این دسته از تهیه‌کنندگان، در عین حال که ظاهرا ضدپهلوی نیستند و نفوذ و روابط سطح بالایی دارند، با انتخاب‌های خود، به تزلزل حکومتی که قوام و دوام خود را مدیون آن بودند دامن می‌زنند. نوعی تناقض درونی و بیرونی بین کسانی که از مواهب سیستم بهره‌مندند اما به همان سیستم می‌تازند و متاثر از هیجانات مسری، بدون توجه به شرایط جامعه، تضادها را گسترش می‌دهند. شاهد نوعی هم چشمی بین اهالی سینما هستیم که بدون توجه به عاقبت کار، آتش زیر خاکستر را شعله‌ورتر می‌کنند. رقابت بین تهیه‌کنندگان و تلاش‌شان برای اینکه تولیداتشان بیش از رقبا سر و صدا کند یعنی فیلم هر چه تحریک‌کننده‌تر، اروتیک‌تر، اعتراضی‌تر، سیاه‌تر و هنجارشکن‌تر بهتر. در واقع هنجارشکنی می‌شود هنجار سینما. از همین روست که فیلم‌ها، در تمام زمینه‌ها، دچار غلو مشهود می‌شوند. وقتی سینما تنها به خدمت نام افراد در می‌آید کورس ساختن فیلم‌های هنجارشکن، بدون توجه به اثرگذاری محتوا، پر رونق می‌شود و تولیدات سینمایی به خدمت هیجانات و احساساتی در می‌آید که نتیجه‌ای جز ایجاد تغییرات بنیادین در جامعه ندارند.

در این میانه فقدان ساز و کارهای کنترلی از دو جهت کاملا قابل تشخیص است. ۱- عدم وجود سیاستگذاری درست و کلان فرهنگی همراستا با مدرنیته

یا عدم وجود ضمانت اجرایی برای سیاست‌های چیده شده که در فصل بعد به آن خواهیم پرداخت. ۲- عدم بلوغ اجتماعی و رسانه‌ای خود تولیدکنندگان محصولات سینمایی که ملاک آن خبرگی اهل فن است. محصولات تولیدی نشان می‌دهند هنوز خرد جمعی لازم برای تشخیص محتوای مفید، بین عوامل تولید، به وجود نیامده بود. تجارت هنر ظرافت‌هایی دارد که عدم رعایت آنها اولین ضربه را به خود هنر می‌زند و بعد تمام جامعه آسیب می‌بیند. در آن دوران، بلوغ تشخیص این ظرافت‌ها را که یا از آموزش رسمی بدست می‌آید یا تجربه بلندمدت، شاهد نیستیم. اندک‌شماری هم که دارای دیدگاه‌های واقع‌گرایانه هستند نظراتشان در هیاهوی بازار گم می‌شود. به همین دلیل غالب انتخاب‌های تهیه‌کنندگان در تعادل با جامعه نیستند و سینمای جامعه‌ای که در حال صنعتی شدن است، بجای بسط و نقد درست ارزش‌های مبتنی بر مدنیت، در گیرودار همچشمی، رفتارهایی را ترویج می‌کند که ضد مدنیت هستند.

در واقع تهیه‌کنندگان به لایه‌های عمیق و بلندمدت نیاز مخاطبان بی‌توجهی می‌کنند. نیازشناسی و تقاضاشناسی آنها، بعنوان رهبران بازار، قوی اما سطحی‌ست. با نزدیک‌بینی به خوبی در می‌یافتند حالا چگونه فیلمی پرفروش خواهد بود و به دیده شدن آنها کمک خواهد کرد، اما به نیازها و عکس‌العمل‌های بلندمدت جامعه بی‌توجه بودند. مثلا در می‌یافتند حالا صحنه‌های اروتیک رفع‌کننده بخشی از نیاز بازار است اما تشخیص نمی‌دادند حفظ و تسلط بر خانواده نیازی عمیق‌تر در جامعه می‌باشد. لازمه حفظ بلندمدت بازار، مدیریت تقاضای مشتری به گونه‌ای‌ست که نیازهای عمیق او برآورده شود. با این اوصاف، از جانب سینما، بیشترین ضربه را به روال مدرنیته کسانی زدند که صرفا بر اساس دغدغه‌های شخصی و به منظور رفع نیازهای غیرحرفه‌ای به این حرفه روی آورده بودند. البته که اهداف و انگیزه‌های شخصی قوی، لازمه موفقیت فردی در هر سیستمی‌ست، اما اگر این اهداف بر منافع کلی و همه جانبه سیستم غالب شوند در نهایت خود فرد حذف خواهد شد. به بیانی هر کسی که در مجموعه‌ای به کار مشغول است قطعا اهداف شخصی مانند درآمد، رشد و کسب وجهه اجتماعی دارد. اما اگر فردی برای رسیدن به هر کدام از این موارد نیازهای کلان سیستم را نادیده بگیرد و به آنها ضربه بزند فساد در اقسام خود همه‌گیر می‌شود و خود شخص هم ضربه می‌خورد. در آن دوره هم، اهداف فردی و برداشت‌های شخصی به منافع درازمدت و کلی جامعه چیره می‌شوند و بلبشویی از رقابت، بر سر منیت، سینما را متاثر می‌کند و ضمن حذف

تهیه‌کنندگان، به جامعه هم ضربه می‌زند.

مرجعیت بازیگران

گروه‌های مرجع[۴] معمولا افراد مشهوری هستند که از آنها الگوبرداری می‌شود و بر دیدگاه‌های مردم اثر می‌گذارند. دیدگاه‌های مردم هم منجر به گرایشات آنها می‌شود و بعد این گرایشات، الگوهای رفتار عمومی را شکل می‌دهند. وقتی دیدگاه‌ها، در پیروی از گروه‌های مرجع، جهت‌گیری مشخصی می‌یابند، خودبخود منجر به الگوی رفتاری عمومی می‌شوند. مثلا دنیای مدرن سال‌هاست به این نتیجه رسیده برای تقویت بنیه‌های اقتصادی، بایستی کارآفرینان را بعنوان قهرمانان جامعه مورد توجه قرار بدهد. چرا که مرجع شدن کسی مانند استیو جابز، خالق اپل، کارآفرینی را برای جامعه مدرج می‌کند. با این توضیح یکی از مهمترین ابزارها برای ایجاد تغییرات اجتماعی، اقتصادی و فرهنگی گروه‌های مرجع هستند.

در جامعه ایرانی، در طول تاریخ، گروه‌های مرجع مختلفی مانند حاکمان، روحانیون و پهلوانان حضور داشته‌اند. به عصر حاضر که می‌رسیم گروه‌های جدیدی مانند روشنفکران، هنرمندان و ورزشکاران نیز به گروه مرجع جامعه اضافه می‌شوند. بین عوامل تولید فیلم، چون بازیگران نوک پیکان فروش محصولات سینمایی و تضمین‌کننده مصرف محتوای تولیدشده هستند، اصلی‌ترین گروه مرجع در سینما می‌باشند. گروهی که مردم از رفتارهای روزمره و سینمایی آنها تاثیر می‌گیرند و از روش و منش آنها پیروی می‌کنند. با توجه به رشدی که سینما در دهه ۴۰ و ۵۰ تجربه می‌کند، جایگاه اجتماعی هنرپیشه‌ها ارتقاء می‌یابد، به قدرت مرجعیت آنها اضافه می‌شود، الگوهای رفتاری جدید و سبک زندگی نوینی را در معرض دید و انتخاب مردم قرار می‌دهد. اگر نویسندگان را خالقان پیام و تهیه‌کنندگان را انتخاب‌کنندگان پیامی که باید به جامعه مخابره شود بدانیم، نقش هنرپیشه‌ها بعنوان نافلان پیام بسیار مهم است.

با این اوصاف یکی از مهمترین ابزارهای تشویق مردم برای پایبندی به ارزش‌های مدرنیته، استفاده از ظرفیت مرجعیت اجتماعی هنرپیشه‌ها بود. گروه مرجعی که می‌توانست در خدمت حرکت جامعه به سمت مدرنیته باشد اما با بهره‌برداری بد، به یکی از برنده‌ترین ابزارهای ضدمدرنیت تبدیل می‌شود. گروهی که هر یک به نوعی، کم و زیاد، به خدمت ترویج محتوای سینمایی ضدمدرنیته در می‌آیند تا

پای جامعه در سنت بماند. ستاره‌های فیلم‌های جاهلی الگویی برای تایید برتری سبک زندگی سنتی می‌شوند. زنان ستاره به حساسیت‌های جنسی جامعه دامن می‌زنند و بهانه کافی برای فرار از فشار ناشی از حرکت به سمت مدرنیته را به جامعه مردسالار می‌دهند. ستاره‌های فیلم‌های اعتراضی هم بصورت مستقیم، الگوی طغیان در برابر زیرساخت‌های مدرنیته می‌شوند.

با این وجود این مرجعیت از جنبه‌های دیگری نیز روی مناسبات اجتماعی اثر می‌گذارد. روحانیون، در جوامع مختلف، همیشه جزو مهمترین گروه‌های مرجع بوده‌اند. مرجعیتی که به روحانیون شیعه در ایران هم اجازه می‌دهد احکام فقهی را به مردم عرضه کنند. مهمترین مکانیسمی که این عرضه را امکان‌پذیر می‌کند نیز رابطه مرجع تقلید با مقلد مذهبی‌ست. در واقع روحانیون از طریق تعریف رابطه خود با جامعه، با مکانیسم مرجع تقلید، مردم را به تقلید بی‌سوال از روش‌ها، منش‌ها و توصیه‌های خود عادت داده‌اند. وقتی مردم شروع می‌کنند به تقلید از گروه‌های مرجع جدیدی مانند هنرپیشه‌ها، این مکانیسم تاریخی به خطر می‌افتد و روحانیون را به عکس‌العمل وامی‌دارد. تضعیف مکانیسمی که دقیقا بعد از انقلاب سفید، که تمام اصول نوزده‌گانه‌اش تضعیف‌کننده نهاد روحانیت بود، رخ می‌دهد. یعنی همزمان با شروع پیاده‌سازی اصول انقلاب سفید، گروه مرجع جدیدی ظهور می‌کند که مکانیسم مرجعیت روحانیون را هم به خطر انداخته است. شرایطی که باعث خشم پنهان و آشکار نهاد روحانیت می‌شود و عزم آنها را بیش از پیش برای درهم کوبیدن مدرنیته جزم می‌کند. تولیدکنندگان محتوای سینمایی هم، بدون توجه به این جدل پنهان، با استفاده بد از قدرت مرجعیت بازیگران، مستقیم و غیرمستقیم به خدمت اهداف روحانیون در می‌آیند. در هر صورت به منظور تشخیص نسبت اصلی روحانیون با سایر گروه‌های مرجع می‌توان به مواضع پیش و پس از انقلاب آنها توجه کرد. روحانیون، تا پیش از انقلاب، نسبت به هر گونه مرجعیتی بجز روحانیت شیعه هشدار می‌دهند، فریاد می‌زنند و تحریک عمومی می‌نمایند. به بعد از انقلاب که می‌رسیم ۳ استراتژی زیر را پی می‌گیرند:

۱-   نخستین اقدام حذف ستاره‌ها و فوق ستاره‌های سینمای پیش از انقلاب، با شیوه‌های مختلفی مانند ممنوع‌الکاری، بازجویی، ارعاب و صدور احکام قضایی‌ست. در عین حال حذف فیزیکی و تهدید هنرمندان خارج از کشور نیز در دستور کار قرار می‌گیرد.(۵) این استراتژی در سال‌های اخیر کمی

تغییر کرده است. هنرمندان قدیمی خارج از کشور که قدرت مرجعیت بالایی ندارند بعضا اجازه بازگشت می‌یابند. اما افرادی مانند داریوش اقبالی و بهروز وثوقی که کماکان از مرجعیت زیادی برخوردارند امکان حضور در کشور را نمی‌یابند.

۲- اقدام دیگری که همراه با حذف گروه‌های مرجع قبل از انقلاب صورت گرفت، نفی هرگونه مرجعیت نوظهور سینمایی بود. دهه اول بعد از انقلاب قهرمان‌سازی سینمایی منکوب می‌شود و بیشتر روی اسم کارگردانانی مثل حاتمی‌کیا، مخملباف و ملاقلی‌پور مانور داده می‌شود. اواخر جنگ، سال ۶۷، که رغبت و اشتیاق برای حضور در جبهه کاهش یافته بود، برای اولین بار، در فیلم افق (رسول ملاقلی‌پور)، یک قهرمان جنگی عرضه می‌شود. شخصیت‌پردازی، انتخاب بازیگر نقش اصلی (اولین کار سینمایی جهانبخش سلطانی با فیزیک بدنی خوب)، طراحی لباس (غواصی چسبان)، زاویه دوربین و خطوط فرضی (به خصوص سکانس شب حمله)، ریتم کار، موزیک متن و حتی اسم فیلم همه در خدمت بزرگنمایی قهرمانی بودند که ارائه می‌شد. این محدود کردن مرجعیت، در مورد زنان، سختگیرانه‌تر صورت می‌گیرد. نخستین تصویر کلوزآپی که از یک زن گرفته می‌شود مربوط به فیلم عروس (بهروز افخمی) در سال ۱۳۶۹ یعنی ۱۲ سال بعد از انقلاب است.

۳- آخرین گام در این راه استفاده از قدرت مرجعیت هنرمندان نوظهور بوده است. پدیده‌ای که از آن بعنوان سلبریتی‌های حکومتی یاد می‌شود.

گروه مرجع زنان بازیگر پیش از انقلاب

همانطور که در فصل قبل توضیح داده شد شرایط و انتظارات سینمای پیش از انقلاب اجازه نمی‌دهد زنان به راحتی به تقویت وجوه تکنیکی هنر خود بپردازند. شاهد دایره‌ای بسته از توقعات هستیم که آنان را در چارچوبی عموما جنسیت‌زده محدود می‌کند. این بدان معناست که مرجعیت گروه زنان بازیگر، با مسائل جنسی گره خورده بود. بعنوان یک نمونه آماری کوچک، فرزانه تاییدی، بعنوان بازیگری با استعداد، از ۷ فیلمی که پیش از انقلاب بازی کرده، در چهار مورد فریادزیرآب، جهنم بعلاوه من، صلات ظهر و واسطه‌ها زن معروفه است، در یک فیلم، هشتمین روز هفته، مورد تجاوز قرار می‌گیرد و در فیلم خاک هم بر سر او

بین دو مرد دعواست. در واقع سینمای پیش از انقلاب، قبل از آنکه بطور کامل از تیپسازی برای زنان عبور کند و به شخصیتپردازی برسد انقلاب میشود. چون بخش عمدهای از مرجعیت یافتن بازیگر نیز حاصل شخصیتپردازی در نقشهای مختلف است، تاثیر زنان بیشتر در چارچوب همان کلیشههای جنسی محدود میماند.

بین بازیگران زن تنها گوگوش است که از فرصت و استعداد کافی برای شخصیتپردازی نقشها برخوردار میشود و خوانندگی نیز به کمک او میآید تا برای چند سال به مرجعیت دست یابد. دلایل موفقیت او در بازیگری عبارتند از ۱- استعداد ذاتی بالایی در بازی دارد. ۲- به دلیل سابقه حضور طولانی مدت پدرش در صحنه نمایش و بخصوص حرکات آکروباتیک، از همان خردسالی، تحت آموزش قرار گرفته است.(۶) ۳- خیلی زود و به اعتبار سخن خودش از ۳ سالگی روی صحنه نمایش ظاهر میشود.(۷) ۴- اولین فیلم سینمایی خود را در ۹ سالگی بازی میکند. در واقع به لحاظ سنی سیر تکامل پرورش هنر بازیگری در او مرحله به مرحله طی میشود. از ۹ تا ۱۵ سالگی در ۷ فیلم بازی میکند. از ۱۵ تا ۲۰ سالگی در ۱۱ فیلم ظاهر میشود. از ۲۰ تا ۲۸ سالگی، که انقلاب میشود هم در ۱۰ فیلم نقش آفرینی میکند. همانطور که میبینیم ذخیره احساسی مناسب برای بروز در صحنههای متفاوت، بخاطر تجربه بازی در دورههای مختلف سنی، برای او بیشتر از دیگران فراهم بوده است. ۵- با اینکه همزمان با پوری بنایی، آذر شیوا و فروزان بازیگری را شروع میکند اما به لحاظ سنی حداقل ۱۰ سال کوچکتر از آنهاست. موضوعی که باعث میشود هنگام آغاز موج نوی سینما ایران، در ۱۹ سالگی، در سن شروع بازیگری جدی قرار بگیرد.

بعد از این ۴ بازیگر مطرح سینما، نسل جدیدی از بازیگران زن به سینمای ایران راه پیدا میکنند که به خاطر انقلاب فرصت زیادی برای بلوغ حرفهای نمییابند. شهره آغداشلو، مری آپیک، فرزانه تاییدی، پروانه معصومی، آتش خیر، آرام، فرشته جنابی، شهناز تهرانی، مستانه مهاجری، زری خوشکام، شورانگیز طباطبایی، آیلین ویگن، ملوسک و سپیده همه بعد از سال ۵۰ شروع بکار کردهاند، یعنی در بهترین حالت تنها ۷ سال فرصت رشد داشتهاند. مثلا مری آپیک، که اولین جایزه بینالمللی هنرپیشه زن سینمای ایران را به ارمغان آورده، تنها در ۴ فیلم داش آکل، اسرار گنج دره جنی، مظفر (مسعود ظلی) و بنبست فرصت بازی

پیدا می‌کند و در ۲۴ سالگی از سینما حذف می‌شود. شهره آغلاشلو، که بعدها برای فیلم خانه‌ای از شن و مه (دریم ورکز) نامزد اسکار می‌شود، تنها فرصت بازی در سه فیلم شطرنج باد (محمدرضا اصلانی)، گزارش و سوته‌دلان را می‌یابد. فرزانه تاییدی هم بعنوان یک استعداد نوظهور مجال کافی برای بروز توانایی‌های خود نمی‌یابد. بازی خوب او در سکانس حمام فیلم هشتمین روز هفته، که در پی زدودن آثار تجاوز از خود است، به یاد ماندنی‌ست. بازی سوسن تسلیمی در چریکه تارا (بهرام بیضایی) نیز نوید ظهور استعدادی بالا در بین زنان می‌داد.

گروه مرجع مردان بازیگر پیش از انقلاب

نماد و نمود مرجعیت رفتاری مردانه در سینمای ایران، که در چشم و دل مردم می‌نشینند، هنرپیشه‌های مرد فوق ستاره می‌باشند. در بین این فوق ستاره‌ها ابتدا ناصر ملک مطیعی، به محض از سرگیری ساخت فیلم در دهه ۲۰، در سال ۲۸، پا به عرصه می‌گذارد و حدودا ۱۰ سال پیش از فردین که اتفاقا هم سن و سال هستند، روی صحنه ظاهر می‌شود. آغاز حضور بهروز وثوقی هم با کمی فاصله از فردین اتفاق می‌افتد اما او ۱۰ سال بعد از حضور فردین، که بخاطر پیشینه ورزشی از ابتدا ستاره بود و ۸ سال بعد از اولین حضور خود در سینما، فوق ستاره می‌شود. بدین ترتیب سینمای پیش از انقلاب هر ده سال، یک فوق ستاره مرد به جامعه معرفی کرده است. ستاره‌های که خود نشانی از نحوه الگوسازی در دوره‌های مختلف، از طریق گروه مرجع سینما، برای جامعه است.

الف) ملک مطیعی فوق ستاره‌ای‌ست که با تیپ‌های جاهلی، بزن بهادر و جوانمرد شناخته می‌شود. برای ارائه الگوی شخصیت‌های کلاه مخملی و جاهلی فرم صورت، گره پیشانی، فرم لب‌های جمع شده و بدن درشت و ورزشکاری او عالی‌ست.[8]
ب) فردین فوق ستاره‌ای‌ست که با فعالیت‌های مختلفی که بعنوان بازیگر، کارگردان، تهیه‌کننده و رئیس اتحادیه تهیه‌کنندگان می‌کند، به نوعی محوریت در سینمای ایران می‌رسد. شخصیتی که به همان اندازه که از سینما اعتبار می‌گیرد به آن اعتبار می‌دهد. برای ارائه مرجعیت جوانمردان نسخه جدید، سابقه ورزشی، چشم و ابروی ایرانی، توانایی رقص و ورزیدگی بدنی فردین بی‌نظیر است. در واقع سنگینی ناشی از سال‌ها کشتی گرفتن، که در بدنش نشسته، حالتی از وقار و افتادگی به فیزیک او می‌دهد و شمایلی اسطوره‌ای برایش می‌سازد. فوق

ستاره‌ای که از دل ورزش پهلوانی بیرون آمده و جوانمردی موجود در کاراکترهای ملک مطیعی را ظریف‌تر، شیک‌تر، شیرین‌تر و روزپسندتر عرضه می‌کند و برعکس چهره جدی او لبخند بر لب دارد و خودمانی‌ست. برای تشخیص تفاوت تیپ جوانمردی کاراکترهای فردین با ملک مطیعی می‌توان به فیلم باباشمل رجوع کرد که در آن حتی ظاهر ملک مطیعی، با سیبیل پهنی که نیمی از صورتش را پوشانده، از فردینی که ظاهری امروزی‌تر و لطیف‌تر دارد متمایز است.

ج) وثوقی فوق ستاره بعدی‌ست که در بیشتر نقش‌هایش، وجه پهلوانی و جوانمردی از بین رفته و در عوض اعتراض اجتماعی پر رنگ شده است. چهره و اندام او، در عین اینکه از فردین و ملک مطیعی ظریف‌تر است، اما ورزیده و چابک می‌باشد. برای عرضه یک الگوی شخصیتی تهاجمی، کنش‌مندی بالای فیزیکی، حالت بدنی متمایل به جلو و توانایی تکنیکی حرفه‌ای او کاملا مناسب است.

به لحاظ مرجعیت و اثرگذاری، تا زمانی که فوق ستاره‌ها ملک مطیعی و فردین هستند، الگویی از تسلیم در برابر تقدیر را شاهدیم اما ناامیدی هم به جامعه تزریق نمی‌شود. نوعی سرخوشی، تقدیرگرایی و آرامش که مستقیما روی کسانی که انقلاب کردند اثر نداشته است. وثوقی این قاعده را می‌شکند، ریتم فیلم‌ها را تندتر می‌کند و محور مرجعیت را روی تعارضات اجتماعی می‌برد. به دلیل اثرگذاری مستقیم نقش‌های وثوقی روی انقلاب، متعاقبا به او بصورت ویژه خواهیم پرداخت.

بین سایر بازیگران، برخی اصلا مرجعیت اجتماعی بالا نمی‌یابند و بعضی هم مرجعیت‌شان روی دیدگاه‌های مردم نیست. مثلا بیک ایمانوردی بیشتر روی رفتارهای مردم اثر دارد. ایرج قادری به لحاظ توانایی هنری و تکنیکی محدود است. منوچهر وثوق شیک‌تر از آن است که به مرجعیت بالا برسد. بهمن مفید و یدالله شیراندامی در نقش‌های جاهلی جا افتاده‌اند و کلیشه شده‌اند. در این بین تنها سعید راد است که بخاطر بازی در چند فیلم موج نو به مرجعیت نزدیک می‌شود اما با وقوع انقلاب از سینما حذف می‌گردد. برای بازیگرانی مانند پرویز فنی‌زاده و عزت‌الله انتظامی که توانایی تکنیکی بسیار بالایی دارند هم اساسا امکان فوق ستاره شدن و مرجعیت فراهم نیست. در دهه ۵۰ بازیگرانی مانند سعید کنگرانی، فرزان دلجو و داریوش اقبالی ظهور می‌کنند که به لحاظ اثرگذاری روی انقلاب قابل توجه می‌باشند. مثلا داریوش اساسا خواننده است، اما تاثیر همان دو فیلمی که بازی کرده، بخصوص فریاد زیر آب، بالا بوده است. ستاره‌های جدیدی که سینمای‌شان با نگاهی بسیار تلخ به محیط، عاقبتی جز مرگ و نیستی برای هم

نسلان خود تصویر نمی‌کند. مرجعیتی که چیزی جز سیاه‌نمایی غلو شده ارمغانی ندارد. سینمایی که اثرش در ذهن مخاطب جوان تداوم می‌یابد و در همذات پنداری این حس را ایجاد می‌کند که با ادامه وضع موجود مرگی تلخ به سراغش خواهد آمد. شرایط اجتماعی و اقتصادی سیامک در شب غریبان (فرزان دلجو) یا عزت در فریاد زیر آب چنان سیاه است که بر روحیه جامعه اثر می‌گذارند.

قوت‌هایی که ضعف شدند

در آن دوران ظهور برخی نقاط قوت عملا تبدیل به ضعف سینما می‌شود. یعنی هر چه سینما رشد تکنیکی بیشتری می‌یابد، چون محتوای مناسبی تدارک دیده نشده، این قوت‌ها به ضعف سیستم تبدیل می‌شوند. در اینجا به شکوفایی دو استعداد هنری، بهروز وثوقی و پرویز صیاد می‌پردازیم.

الف) بهروز وثوقی

بعضی آدم‌ها، چنان در حرفه‌شان خوب عمل می‌کنند که حضور و اثرشان بر تاریخ زمینه‌ای که کار کرده‌اند، تحمیل می‌شود. گاهی حتی نقش‌شان از حیطه حرفه‌شان فراتر می‌رود و بر کل جامعه اثر می‌گذارد. حضور وثوقی در سینمای ایران اینگونه است. بازیگری وثوقی سیری صعودی دارد و حرکتش برای تبدیل شدن به فوق ستاره، از پله‌های اولیه هنر آغاز می‌شود و در مسیر، با تلاش و سعی و خطا، به بلوغ تکنیکی می‌رسد. حرکت حرفه‌ای او تا سال ۵۷ پله‌ای و صعودی‌ست. ابتدا کار گویندگی و دوبلوری می‌کند، از سال ۴۰ تا ۴۸ تبدیل به هنرپیشه‌ای شناخته شده در سطح کشور می‌شود، بعد از ۴۸ به جوان اول سینمای آن سال‌ها تبدیل می‌گردد. در آغاز مرحله بعد، که تبدیل شدن به چهره‌ای فراملی‌ست، گم می‌شود. هنرمند معمولا ابتدا با مخاطبی محدود ارتباط برقرار می‌کند، بعد در سطح جامعه خود مطرح می شود و در نهایت می‌تواند به چهره‌ای در کلاس جهانی تبدیل شود. در مورد وثوقی، همانطور که قبلا در مورد کلیت سینمای ایران هم ذکر شد، تنها گام‌های نخست برای رسیدن به جایگاهی جهانی برداشته می‌شود. او که سال ۴۹ در فیلم قهرمانان، با کارگردان و بازیگران غربی در داخل ایران همکاری داشته، سال ۵۷ در فیلم کاروانها، در کنار آنتونی‌کویین به نقش‌آفرینی می‌پردازد. روالی که اگر به واسطه انقلاب متوقف نمی‌شد، شاید حالا بعنوان هنرپیشه‌ای شناخته شده از ایران در سطح جهان شناخته شده بود. از نظر مباحث مدیریت

استراتژیک، فردی موفق است که قوت‌های درونی خود و فرصت‌های محیطی را بشناسد و با استفاده از قوت‌ها، فرصت‌ها را در جهت شکوفایی استعدادهای خود بکار گیرد. شکوفایی بهروز وثوقی، برآیندی از انطباق فرصت‌های محیطی بر قوت‌های درونی اوست. از سوی دیگر وثوقی از معدود کسانی‌ست که هم در فیلمفارسی هم موج نو حضوری جدی داشته است.

ویژگی‌های تکنیکی: از بازی‌های وثوقی اینگونه بر می‌آید که در ایفای نقش، تمرکز بالایی دارد و گویی در لحظه، هیچ چیز دیگری برایش در دنیا وجود ندارد. با تمرکزی که عادت ثانویه او شده، تمام قوای ذهنی و روحی خود را به سمت موضوع و نقش هدایت می‌کند و این حالت روانی را تا زمان مورد نیاز حفظ می‌کند. دارای حافظه احساسی بسیار قوی‌ست و نسبت به تمام مظاهر زندگی حساس می‌باشد. همیشه و به اندازه کافی مایه و ابزار برای خلق شخصیت‌های مورد نظر در چنته احساسی خود دارد و به موقع از آنها بهره می‌برد. مشخصا او از نظر حسی، وقایع اطراف خود را با دقت و جزئیات ثبت می‌کند تا بعد به مقتضای شخصیت قصه از آنها سود ببرد. وثوقی بدون تردید مشاهده‌گری قهار از حرکات و رفتار انسانی نیز هست. قدرت خوبی در دیدن دقیق رفتار آدم‌ها دارد و نسبت به حرکات انسان‌های اطرافش حساس است. تفاوت رفتارها را خیلی خوب می‌بیند و بعد این توانایی را به عنوان بازیگر دارد که جزئیات را به رفتار خود تبدیل نموده و به تماشاگر بقبولاند. در کنار این، به خوبی می‌داند چگونه اعضای بدنش را کنترل نماید و کی و چگونه از آنها استفاده کند. گویی با تمرین یاد گرفته اختیار تک تک عضلاتش را در دست بگیرد و احساسات مختلفی که با مشاهده ذخیره کرده را به عضلات بدنش منتقل نماید. توانایی راه رفتن، نشستن و حرف زدن به اشکال مختلف را هم در نقش‌های گوناگون او می‌توانیم ببینیم. نمونه عالی از توانایی در بازی با عضلات صورت را در فیلم خاک، صحنه‌ای که در خاک دفن شده می‌بینیم. وثوقی حتی در نقش‌های مشابه هم متفاوت ظاهر می‌شود. برای مثال می‌توان به تفاوت خنده‌های او در سه فیلم ممل‌آمریکایی، همسفر و ماه عسل، که به لحاظ محتوایی به هم نزدیک می‌باشند، اشاره کرد. بطور کلی فیزیک بدنی، حرکت عضلات مختلف بدن و ارتعاش عضلات صورت او در فیلم‌های مختلف کاملا متفاوت است. به تناوب برای هر نقش، راه رفتن، خندیدن، گریه کردن، ابراز خشم، نفرت و بسیاری از واکنش‌های طبیعی خود را تغییر می‌دهد.

در وجهی دیگر ریتم که به معنی تغییرات منظم و قابل سنجش عناصر یک هنر است و در بازیگری یکی از ارکان اصلی می‌باشد را می‌شناسد. ضرباهنگ مورد نظر کارگردان را به خوبی در می‌یابد و بازی خود را متناسب با آن پیش می‌برد. در این مسیر به قدری خوب عمل می‌کند که از قیصر به بعد، ریتم بدن خود را به ریتم کل فیلم تحمیل می‌کند. در واقع در قیصر، ریتم تب‌دار و ملتهب و منسجم بدن وثوقی‌ست که در کوچه‌های شهر، داستان را به پیش می‌راند. در گوزنها ریتم کُند و کشدار و پر رخوت بدن اوست که به فیلم معنا می‌بخشد. در کندو خستگی ناشی از دعواهای مکرر در ریتم بدن او به خوبی نمایان است. وثوقی در تلفیق حس هم استادانه عمل می‌کند. مثلا خشم، نفرت و استیصال را در فیلم خاک به خوبی تلفیق می‌کند. یا در سکانس حمام فیلم قیصر ترس و تصمیم را در هم می‌آمیزد. در شخصیت‌سازی هم، که پایان وجوه مشترک آدم‌هاست، استادانه عمل می‌کند و از شخصیت فردی گول تا پهلوانی سنتی و معتادی از دست‌رفته را به خوبی پرورش می‌دهد.

از آنجا که یکی از درخشان‌ترین نمره‌های وثوقی در گوزنها رقم می‌خورد اینجا بعنوان نمونه به آن می‌پردازیم. خمیرمایه اصلی شخصیت‌پردازی سید در گوزنها الینه شدن و بعد خود را یافتن است. در واقع وثوقی در این نقش به از خود بیگانگی نمودی عینی می‌بخشد. اعتیاد ملموس‌ترین، عینی‌ترین و فیزیکی‌ترین نوع از خود بیگانگی‌ست و حرکت از آن به سمت شخصیت اصلی خود، نه تنها تلاشی روانی بلکه تغییری جسمی را طلب می‌کند. بزرگترین خصیصه افراد معتاد کرختی و خمودگی آنهاست. وثوقی برای اینکه نقش را باورپذیر کند در عین حال که اعتدال را رعایت می‌کند هیچگاه این کرختی را از خود جدا نمی‌کند. مثلا در صحنه مشت زدن به دیوار، که نمایش تلاش فردی معتاد برای یادآوری اصل خود است هم، با رخوت عمل می‌کند. بازی او هنگام اولین مواجهه سید با دوست قدیمی خود، که از دیدن او در آن وضع تعجب کرده، شرم ناشی از اعتیاد و شوق ناشی از دیدن دوستی قدیمی را همزمان دارد. رفتار ترحم‌برانگیزی که در مواجهه با همکار نامزدش، برای اینکه در ازای نیمی از حقوقش اجازه دهد جلوی نامزدش سیلی به گوشش بزند و حالت تصنعی بعد از آن، نه چیزی کم دارد نه اضافه. در واقع بدون هیچ حرکت اضافی حس مورد نظر را دقیق درون خود خلق می‌کند و به نمایش می‌گذارد.

کنش‌مندی: در یک تقسیم‌بندی زمانی، دوران بازیگری او در سینمای ایران، به

قبل از سال ۴۸ و بعد از آن قابل تفکیک است. هر دوره‌ای نیز ویژگی‌های خود را داراست. بخشی از کارنامه او که بر انقلاب اثر مستقیم دارد مربوط به بعد از سال ۴۸ و بازی در قیصر است. نقش قیصری که برای او جایزه جشنواره سپاس به ارمغان آورده، نقطه شروع اثرگذاری شدید سینما بر سیاست است. در واقع نمایان شدن استعداد وثوقی برای کنش‌مندی به نفع سنت در قیصر، سبب می‌شود در آثاری مانند رضا موتوری، بلوچ، کندو و گوزنها که هر یک به نوعی خلاف جهت مدرنیته هستند از او استفاده شود. فیلم‌هایی که تناقضات ناشی از عبور جامعه به مدرنیته را به نفع سنت بازتاب داده‌اند. ضمن اینکه چون تمام کارکترهای او، از سید معتاد گوزنها تا مجید گول سوته‌دلان، در پی استیلا به محیط اطراف خود هستند نوعی الگوی تسلط خواهی هم به جامعه عرضه کرده است.
اما این نقطه قوت و توانایی وثوقی در کنش‌مندی نسبت به محرک بیرونی و استیلاخواهی در نقش‌های معترض، تبدیل به یکی از بزرگترین ضعف‌های سینمای آن سال‌ها می‌شود. در واقع بازی‌های تکنیکی وثوقی باعث می‌شوند نقطه ضعف محتوایی و پیامی این فیلم‌ها پنهان بماند و نادیده گرفته شود. این بازی‌های خوب باعث می‌شوند مخاطب، هم پیام‌های ضدمدرنیت هم محتواهای غیراخلاقی را در لفافه و بسته‌بندی جذاب دریافت کند و متوجه مخرب بودن آنها نشود. به نظر می‌رسد سیستم امنیتی کشور و خود دربار هم مقهور بازی‌های خوب او می‌شوند و نادیده می‌گیرند این محتواها، تا کجا می‌توانند در مسیر مدرنیته مانع‌تراشی کنند. این بازی‌ها نه تنها باعث پنهان ماندن لایه‌های مخرب فیلم‌ها می‌شود بلکه برای آنها جذابیت هم ایجاد می‌کند. جذابیتی که سبب می‌شود بیننده بدون مقاومت، پیام و محتوای سناریوهای ضعیف را بپذیرد و درونی کند. اتفاقا کاراکترهای ضعیف اینگونه فیلم‌ها، با بازی قوی او، تبدیل به الگوی رفتاری بسیاری از جوانان می‌شوند، روی مردم اثر تصاعدی می‌گذارند و پایه‌های اجتماع را متزلزل می‌نمایند. توانایی تکنیکی و محبوبیت او ناخودآگاه، به خدمت موضوعات ضد پیشرفت در می‌آیند و آنها را پوشش می‌دهد. با اینحال بازی در این نقش‌ها، اگرچه برای وثوقی مسئولیت اجتماعی دارد اما چیزی از ارزش‌های تکنیکی او کم نمی‌کند. چون بازیگر تنها ناقل پیام است نه خالق آن. بازی‌های بی‌نظیر او در فیلم‌هایی مانند سوته‌دلان و داش‌آکل که وجهی عاشقانه دارند یا سازش که تمی کمیک دارد به خوبی نشان می‌دهند او در عرصه‌های غیراعتراضی نیز تواناست. اگر تصمیم‌گیران سینما از توانایی‌های او به درستی

استفاده می‌کردند این هنر تا این حد به خدمت فروش ایده انقلاب در نمی‌آمد. با این تفاسیر وثوقی استعدادی‌ست که جلوتر از زمان خود حرکت می‌کند و بلوغ بازیگری او از بلوغ فیلمسازی آن دوران چندگام جلوتر است. عدم توازنی که در نهایت به زیان سینما تمام می‌شود. قطعا اگر استعداد او ظهور نمی‌کرد یا حداقل دیرتر ظاهر می‌شد سینما به مسیر دیگری می‌رفت. هر کس دیگری بجز وثوقی نقش‌هایی او در فیلم‌های قیصر، رضاموتوری، بلوچ، تنگسیر و گوزن‌ها را بازی می‌کرد اثرگذاری محتوا در تشویق به تشویش کمتر بود.

ب) پرویز صیاد

استعداد دیگری که از او به درستی استفاده نمی‌شود پرویز صیاد است. در ادامه، به دلیل محبوبیت کاراکتر صمد و قدرت نمایی صیاد در این محتوا، به آن می‌پردازیم. در فیلم‌های صمد بصورت مستقیم شاهد تقابل سنت و مدرنیته در قالب دو تیپ روستایی و شهری هستیم. تقابلی که هر گونه برتری صمد، وزنه را به سمت سنت سنگین‌تر می‌کند. از آنجایی که محتوای فیلم‌های صمد به گونه‌ای طراحی شده‌اند که در نهایت برنده نهایی تقابل‌ها صمد است، کلیت فیلم‌های صمد به نفع سنت می‌باشد. بجز این، شخصیت‌پردازی جذاب صمد، تمایل مردم برای شبیه به او شدن را افزایش می‌دهد. موضوعی که مجددا وزنه را به نفع سنت سنگین‌تر می‌کند.

با اینحال یک نکته اساسی و قابل تامل، محور تمام آثار صمد می‌باشد. همانگونه که در بخش آثار اعتراضی گفته شد در فیلم‌های شهری/ روستایی آن زمان، روستاییان عموما آدم‌هایی ایده‌آل، پاک، صادق و خالص هستند و شهری‌ها اکثرا نماد شر و حقه‌بازی می‌باشند. اما صیاد در شخصیت‌پردازی صمد، زرنگی‌های طبقه اجتماعی روستایی را نیز نمایش می‌دهد. یعنی در عین نشان دادن زبلی‌های روستاییان، که یکی از نمادهای اصلی سنت هستند، به مدرنیته می‌تازد. در هم آمیختن طنزآمیز این دو وجه یعنی صیاد از یک طرف نشان می‌دهد اگر سنت در شمایل فردی روستایی به جامعه مسلط شود چه اثراتی بر محیط خواهد داشت. از طرف دیگر به برخی مظاهر مدرنیته می‌تازد و صمد را برتر از آنها به بیننده می‌قبولاند. از یک سو به بیننده نشان می‌دهد چگونه فردی به ظاهر ساده لوح می‌تواند، بدون اینکه متهم شود، بر اساس منافع شخصی خود عالمی را سرکار بگذارد. از سوی دیگر، با ایجاد جذابیت برای صمد، مخاطب را با او در

تخریب مدرنیته همراه و تشویق می‌کند. همین قوت درآمیختن مفاهیم متضاد به شکل طنز است که تبدیل به بزرگترین ضعف این آثار می‌شود. چرا که با شخصیت‌پردازی طناز صمد، جامعه نه تنها رفتار و روحیه او را تهدید نمی‌بیند بلکه با علاقه‌مندی از او اثر هم می‌گیرد. مضاف بر اینکه چون کدگذاری تخریب مظاهر مدرنیته در این آثار، ساده‌تر از شخصیت صمد صورت گرفته، جامعه بیشتر، در مقابله با مدرنیته با او هم داستان می‌شود. اینکه تکه کلام‌های او تا دهه‌ها بین مردم زمزمه می‌شوند خود نشانگر تمایل برای شبیه شدن به صمدی‌ست که سنت را نمایندگی می‌کند. در واقع تداوم علاقه به کاراکتر صمد نشان می‌دهد، تلاشی که این فیلم‌ها قبل از انقلاب برای تثبیت سنت در جامعه انجام داده‌اند موثر بوده و کماکان، بعد از گذشت چند دهه، مردم را در همان حال و هوا نگه داشته‌اند. صیاد که تقابل سنت و مدرنیته را با محوریت برتری روستانشین ظاهرا ساده‌لوح، بر شهرنشین ظاهرا زبل، به نمایش می‌گذارد از تخریب سایر وجوه مدرنیته نیز غافل نیست. بجز این محور، که در تمام فیلم‌ها مشترک است، تاختن به تحصیلات مدرن، ناکارآمد نشان دادن انقلاب سفید و بی‌خاصیت نشان دادن ژاندارمری، همان پیامی را مخابره می‌کنند که فیلم‌های اعتراضی ارسال می‌کردند. با این تفاوت که اینجا چون در قالب طنز بیان می‌شود اثرش ظریف‌تر و بلندمدت‌تر است. مثلا شخصیت باقرزاده نماد روستاییانی‌ست که در عبور از سنت به مدرنیت دچار اختلال رفتاری شده‌اند. در عین حال که در این شخصیت‌پردازی رگه‌هایی از حقیقت وجود دارد اما نباید نادیده گرفت تحقیر این تیپ اجتماعی یعنی تحقیر بخش زیادی از جامعه که بعد از اصلاحات ارضی، تحت تاثیر شهرها، در تلاش بودند خود را با شرایط جدید وفق دهند. یا وقتی انگشت صمد به تنهایی بر تمام نیروی رسمی حافظ نظم برتری دارد، پیام پنهان، قدرتمندی سنت است. اینکه کاراکتر سرکار استوار، بعنوان نماینده ژاندارمری و دولت، چاق، سنگین و بی‌فایده طراحی شده، ایده ناکارآمدی ساختارهای مدرن و نوینی که بعد از رضاشاه گسترش یافته بودند را بسط می‌دهد. با اینحال صیاد این پیام‌ها را چنان طنازانه منتقل می‌کند که مخاطب بدون آنکه بفهمد، ناخودآگاه، تحت تاثیر قرار می‌گیرد. همین‌جاست که می‌توان گفت توانایی طنازی پرویز صیاد تبدیل به بزرگترین ضعف فیلم‌های صمد می‌شود تا پیام پنهان در آنها، بدون آنکه بتوان ایرادی گرفت، منتقل شود.

ممکن است عنوان شود آنچه در محتوای فیلم‌های صمد بیان شده، انتقاد از

شرایط جامعه بوده است. اما حالا و از این فاصله زمانی که نگاه می‌کنیم به دو دلیل این نقدهای گزنده در قالب طنز به زیان جامعه بوده‌اند. ۱- بخش عمده‌ای از مردم سواد معمولی درخوری نداشتند و سواد تصویری از آن هم پایین‌تر بوده است. با توجه به سابقه‌ای که از روال سینما در فصل اول ذکر شد قدرت صیاد در ارسال پیام با کدهای پیچیده به راحتی جامعه را به خطا افکنده است. مثلا ممکن است عنوان شود این نقدها در جهت اصلاح سیستم پلیس و سوادآموزی بوده‌اند. اما برداشت مردم، با توجه به بافت جامعه، نفی سپاه دانش بعنوان یکی از اصول انقلاب سفید و پلیس بعنوان یکی از نمادهای مدرنیته بوده باشد. یعنی محتوای تولیدی در فیلم "صمد به مدرسه می‌رود" منجر به هجو سوادآموزی، در واقعیت جامعه شده باشد. ۲- جامعه‌ای که تازه انقلاب سفید کرده و سپاه دانش راه انداخته به نقدی چنین تند و تیز و ظریف، با نمایش برتری سنت، نیاز نداشت. اگر محتوای تولیدی توسط صیاد، با همین ظرافت، همراستا با افزایش اشتیاق به نهادینه کردن پایه‌های مدرنیته بود استعداد او فرصت محسوب می‌شد نه تهدید. او در مصاحبه‌ای دو موضوع را مطرح می‌کند که اینجا، نقل به مضمون، به بررسی آنها می‌پردازیم.[۹]

۱. صیاد می‌گوید فیلم‌های هنری آن روزگار اثرگذاری کمی داشتند و این موضوع را بعنوان نقطه ضعف آنها و نقطه قوت صمد بیان می‌کند. در واقع او تداوم توجه به صمد را دلیل بر درستی آن می‌داند. اما نباید فراموش کرد فیلم‌های صمد در تقابل ظریفی که با مدرنیته نو پا داشتند بسیار بیشتر از مثلا آثار شهیدثالث در بروز انقلاب نقش داشته‌اند. شرایط فعلی جامعه ایرانی حاصل زمینه‌هایی مانند سینمای پر رونق قبل از انقلاب است نه سینمایی که به آن توجه نشده است. اتفاقا بروز انقلاب نشان می‌دهد فیلم‌های واقع‌گرا و روشنفکرانه باید با حمایت، به روال اصلی فیلم‌سازی تبدیل می‌شدند نه آنچه عرضه شده است. در مورد خود صیاد، اگر زمینه برای فعالیت او در فیلم‌های هنری، بیشتر فراهم می‌شد و او در آن بخش به تولید می‌پرداخت، مجالی برای ساخت صمدی که زیرپوستی به هجو مدرنیته می‌پردازد باقی نمی‌ماند. مثلا اگر فرصت بیشتری داشت تا فیلم‌هایی مانند بن‌بست بسازد یا در آثاری مثل طبیعت بی‌جان و حسن کچل بیشتر بازی کند خدمت بیشتری به مدرنیته کرده بود. فیلم بن‌بست، اگرچه ضد پهلوی‌ست و سیستم امنیت کشور را نقد می‌کند اما ضدمدرنیته نیست. یعنی هیچ یک از شاخص‌های

مدرنیته را به چالش نمی‌کشد بلکه متولی مدرنیته را تضعیف می‌نماید. در این فیلم پلیس مخفی به نقد کشیده شده است اما پلیس عادی نه بی‌عرضه تصویر می‌شود نه حذف می‌گردد. فیلمی که در آن عشق و سادگی در برابر سیاست شکست می‌خورد و بازیچه می‌شود. تنها ایراد این فیلم زمان ساخت آن است. اگر جامعه به ثبات بعد از مدرنیته رسیده بود این مضمون مطابق نیاز یک جامعه مدرن بود. اما در حالی که متولی مدرنیته با گروه‌های مختلف ضد مدرنیته درگیر است چنین محتوایی زودهنگام بوده است.

۲. صیاد عنوان می‌کند که کاراکتر صمد، با توجه به بازخورد دریافتی از مردم گسترش یافت. اینجا چند سوال در قالب مدیریت تقاضا مطرح می‌شود. ۱- آیا بایستی به این نیاز پاسخ داده می‌شد؟ اینکه آیا در شرایط بحرانی باید به هر نیازی که در جامعه وجود دارد پاسخ مثبت داد یا خیر بستگی کامل به برنامه‌های بلندمدت جامعه دارد. همانگونه که گفته شد محتوای این فیلم‌ها همراستا با مدرنیته نبودند. ۲- برداشت عمومی از شوخی‌های صمد چه بوده است؟ با توجه به آنچه گفته شد برداشت عمومی برتری مناسبات سنتی بوده است. یعنی تقاضای شکل گرفته برای فیلم‌های صمد به دلیل نیاز مردم به ماندن در سنت ابراز شده است. ۳- این محتوا چه نیازی از مردم را مرتفع می‌کرد؟ نیاز مردم به هجو نظم نوینی که به واسطه انقلاب سفید در جامعه در حال شکل‌گیری بود و آنها را تحت فشار قرار داده بود، در قالب طنز، برآورده می‌کرد. به بحث مدیریت نیاز و تقاضای مردم در فصل بعد خواهیم پرداخت.

اثر سایرین بر عوامل سینما

سینما، خودآگاه یا ناخودآگاه، مستقیم یا غیرمستقیم تحت تاثیر تفکرات مخالفان پهلوی قرار می‌گیرد و به کمک روشنفکرانی می‌رود که غالب فعالیت‌ها و دیدگاه‌هایشان در غرب‌ستیزی، بازگشت به سنت، تعریف جدید از دین، تقدیس مرگ و مبارزه و مخالفت با اقتصاد آزاد خلاصه می‌شد. تاثیر این جو را در سه جهت می‌توان مشاهده کرد.

۱- بسیاری از منتقدان و صاحب‌نظرانی که با حمایت قلمی، بازار قیصر را گرم می‌کنند و آنرا به جریان غالب سینمای ایران تبدیل می‌نمایند تحت

تاثیر جو حاکم، به منظور تضعیف حکومت پهلوی، چنین می‌کنند. یعنی این افراد مشکلی که با متولی مدرنیته داشته‌اند را به پایه‌های مدرنیته بسط می‌دهند. مثلا حمایت ابراهیم گلستان که سابقه عضویت در حزب توده داشته و خود فیلمسازی واقع‌گراست، تشویق به تولید محتوایی‌ست که هم واقع‌گرایی را در سینما منحرف می‌کند هم پایه‌های مدرنیته را می‌لرزاند. روشنفکرانی که به واسطه سیاست‌های پهلوی از مزایای موجود بهره می‌برند و از نظر اقتصادی در وضعیت مناسبی قرار دارند، بر همان سیستمی که رفاه برایشان فراهم کرده می‌تازند. بین تمام منتقدین سرشناس تنها هوشنگ طاهری، هوشنگ کاووسی و هژیر داریوش، که هر سه تحصیلکرده سینما و هنر در اروپا بودند به قیصر می‌تازند.

۲-   سینما از ادبیاتی تاثیر می‌گیرد که بزرگان آن گرایشات توده‌ای یا ضدپهلوی داشته‌اند. فیلم خاک کیمیایی اقتباسی‌ست از آوسنه بابا سبحان محمود دولت‌آبادی. تنگسیرِ صادق چوبک را امیر نادری فیلم می‌کند. بهمن فرمان‌آرا از شازده احتجاب هوشنگ گلشیری فیلم می‌سازد. ابراهیم گلستان نیز اسرار گنج دره‌ی جنی را در هر دو شکل فیلم و داستان عرضه می‌نماید. بن‌مایه داستان آرامش در حضور دیگران، دایره مینا و گاو هم هر سه از غلامحسین ساعدی هستند. اولی را تقوایی و دو مورد بعدی را مهرجویی می‌سازد. در این مورد مشخصا می‌بینیم که سه فیلم اثرگذار موج نو، با اقتباس از آثار ساعدی و با همکاری خود او، که با گرایشات توده‌ای، خواه‌ناخواه تفکراتش به آثار نوشتاری‌اش نشت کرده است ساخته شده‌اند. بجز اینها قطعا فیلم‌سازان، در موارد زیادی از متون جاری، مانند آثار جلال آل‌احمد و شریعتی هم تاثیر گرفته بودند. بعنوان مثال بخشی از تولید محتوای غرب‌ستیز، نتیجه گفتمان بازگشت به خویشتنی‌ست که شریعتی مطرح می‌کند. جلال آل‌احمد هم در کتب غرب‌زدگی و در خدمت و خیانت روشنفکران، ریشه غرب‌ستیزی را در جامعه عمیق می‌کند. این اثرگذاری در مواقعی مانند آنچه در مورد نسبت فیلم قیصر با شریعتی گفته شد مستقیم هم بوده است.

۳-   عدم تمایل سینماگران به نمایش پیشرفت‌های ناشی از انقلاب سفید هم احتمالا بخاطر جو حاکم بر جامعه بوده است. بعنوان مثال شهید ثالث در برابر تقاضای اداره فرهنگ و هنر برای بیان پیشرفت‌ها مقاومت می‌کند و تمایلی نشان نمی‌دهد.(۱۰)

فصل ششم

مدیریت کلان و خرد در سینما

تمام تلاش تئوریسین‌های کلاسیک مدیریت دنیا، مانند فردریک تیلور، امکان‌پذیر کردن تولید انبوه با استفاده از مباحثی مانند تقسیم کار، تفویض اختیار، زمانبندی و زمان‌سنجی بوده است. تلاشی که اثراتش به سینما هم می‌رسد و در مواردی مانند تهیه کلاکت، تقسیم کار سر صحنه، رج‌زدن و زمان‌بندی پلان‌ها و سکانس‌ها خود را نشان می‌دهد. با رشد سینمای ایران در دهه ۴۰ و افزایش درآمدها، این تولید انبوه در بازار ایران امکان‌پذیر می‌شود و حجم زیادی محتوای تصویری تولید می‌گردد. اما استراتژی تولید انبوه، در زمینه‌های هنری، همیشه تیغی دو لبه است. از یک سو فرصت‌های زیادی برای شکوفایی استعدادهای نهانی به وجود می‌آورد و از سوی دیگر امکان خطا و تولید محصولات مضر را بالا می‌برد. تولیدات مضری که با توجه به اثرگذاری بالای هنر بر مردم، ممکن است تعادل جامعه را بر هم زند. ضمن اینکه تاریخ هنر نشان داده چه بسا هنرمندی مانند امیلی برونته بتواند تنها با تولید محصولی مانند بلندی‌های بادگیر، نام خود را در تاریخ ادبیات جاودانه کند. در عالم سینما هم اورسن ولز بخاطر اولین فیلمش، همشهری کین، که در ۲۵ سالگی ساخته جاودانه شده است.

آنچه ذکر شد حکایت از پیچیدگی بالای قواعد خلق محصول هنری دارد و تفاوت تولید در این زمینه را با سایر کالاها نمایان می‌کند. نوعی پیچیدگی که امکان تولید محصولاتی با تاثیر شدیدا منفی یا مثبت را بالا می‌برد. در این شرایط از یک سو با توجه به تغییرات محیطی زیاد، شلوغی دنیای مدرن و انبوه رسانه‌ها نمی‌توان بدون برنامه‌ریزی و مدیریت به تولید پرداخت و از سوی دیگر اگر کارها کاملا طبق قواعد علم مدیریت چیدمان شوند ممکن است خلاقیت هنری آسیب ببیند. تناقضاتی که باعث افزایش اهمیت مدیریت سینما به سبک اقتضایی می‌شوند. یعنی هم طبقه کالایی سینما هم تک محصولات تولیدی بایستی با در نظر گرفتن ملاحظات مختلف محیطی مدیریت شوند.

مدیریت کلان

با توجه به آنچه در فصل سوم در ارتباط با سینما، مدرنیت و روحانیت عنوان شد، وقوع جنگی تمام عیار بین سنت و مدرنیت، بعد از انقلاب سفید، به وضوح قابل پیش‌بینی بود. انقلاب سفید بعنوان یکی از مهمترین تغییرات تاریخی کشور بزرگترین چرخش اجتماعی، اقتصادی، فرهنگی و سیاسی جامعه را در پی داشت. از سوی دیگر، در ادبیات مدیریت، مقاومت در برابر تغییر همزاد دگرش است. در

غلبه بر اینگونه مقاومت‌ها سه مرحله اصلی وجود دارد. ۱- ترک مواضع فعلی یا خروج از انجماد. ۲- حرکت به سمت رفتار جدید که در آن وضعیت مطلوب ترسیم می‌شود. ۳- تثبیت رفتار جدید که مدرنیته ایرانی اصلا به این مرحله نرسید. نتیجه تلاش برای طی کردن موفقیت‌آمیز هر سه مرحله فوق بستگی کامل به برآیند نیروهای فردی و سازمانی متضاد موجود در میدان عمل دارد. با وجود دو نیروی متضاد سنت و مدرنیت، در آن برهه، وظیفه تئوریسین‌ها و مجریان عبور جامعه از مرحله گذار، شناسایی، تحلیل و ارائه راهکار برای غلبه بر نیروهای مقاوم موجود در میدان عمل بود. برای این منظور این افراد سه وظیفه اصلی داشتند. ۱- گردآوری پیوسته اطلاعات از کل سیستم و شناسایی موانع نظری و اجرایی. ۲- تدارک برنامه‌های عملیاتی و بعد اقدامات عملی برای بهبود وضعیت کلی سیستم. ۳- مدیریت کلی برنامه‌های چیده شده که در سطح خرد شامل مدیریت پروژه در قالب ابزارها، روش‌ها و دستورالعمل‌هایی‌ست که افراد را برای موفقیت آماده و تجهیز می‌نماید. آنچه حالا و از این فاصله زمانی می‌بینیم، متولی پیاده‌سازی مدرنیته در جامعه، حداقل در سینما، نه تنها در شناسایی و تلاش برای غلبه بر مقاومت‌ها کوتاهی کرده بلکه با حجم وسیع تولیدات ضدمدرنیته به این مقاومت‌ها دامن هم زده شده است.

مدیریت تقاضا در سینما

تولید فیلم سینمایی گونه‌ای از ارائه خدمات است. تهیه‌کننده، بعنوان فروشنده خدمات، محتوایی را از طریق تصاویر و صداها به مشتری خود می‌فروشد و در ازای آن پولی در قالب بلیط سینما دریافت می‌کند. این محتوای خدماتی، در ژانرهای مختلف، محصولات متفاوتی می‌فروشد. مثلا مشتری در ازای مبلغی که پرداخت می‌کند در ژانر کمدی خنده و شادی، در ژانر اکشن هیجان ناشی از درگیری و در ژانر اجتماعی بلوغ عاطفی دریافت می‌کند. با این توضیح، تولید کالای سینمایی، مانند عرضه هر محصول دیگری، طبق قواعد علم اقتصاد و دانش بازاریابی قابل تفسیر و تحلیل است. بازاریابی برای هر ایده و محصولی سه حلقه اصلی نیاز، خواسته و تقاضا را شامل می‌شود. بروز نیاز ناشی از ریشه دواندن احساس محرومیت از چیزی، درون فرد است. خواسته شکل بومی شده نیاز است. بعد از ریشه دواندن احساس نیاز این ویژگی‌های، فرهنگی، اجتماعی، و تاریخی هستند که تعیین می‌کنند مطلوب‌ترین شکل برآورده شدن آن نیاز

چیست. بعد از خواسته نوبت به تقاضا می‌رسد. تقاضا وقتی مطرح می‌شود که امکان پرداخت هزینه کالا وجود داشته باشد. ایرانی وقتی گرسنه می‌شود هوس چلوکباب می‌کند. گرسنگی، نیاز ناشی از احساس محرومیت سیستم عصبی از غذاست. هوس چلوکباب، برآمده از فرهنگ بومی ایرانی‌ست. اگر شخص توانایی پرداخت هزینه چلوکباب را داشته باشد تقاضا شکل می‌گیرد و در صورت حضور عرضه‌کننده، بازار به وجود می‌آید. هر یک از سه حلقه فوق اگر ناقص بمانند یا به درستی مدیریت نشوند بازار ابتر می‌ماند. دهه‌های ۴۰ و ۵۰ دورانی‌ست که به دلیل رونق اقتصادی قابل قبول کشور، بجز شکوفایی اقتصادی سینما، تمام جامعه شهرنشین هم در موقعیت مالی خوبی قرار می‌گیرند. این یعنی تعداد کسانی که توانایی مالی برای عبور از مرحله نیاز به دیدن فیلم سینمایی و رسیدن به تقاضا را دارند افزایش یافته است. در این شرایط، سینما، که با استفاده از قواعد تولید انبوه امکان عرضه تعداد زیادی فیلم را یافته، با نوسان تقاضا مواجه می‌شود. در ادامه به بررسی مختصر انواع تقاضا در سینمای ایران می‌پردازیم.

در تقاضای منفی، قسمت بزرگی از بازار و مشتریان نسبت به محصول بی‌میل‌اند و از آن اجتناب می‌کنند. دهه ۲۰ با توجه به جابجایی قدرت و جنگ جهانی دوم این نوع تقاضا برای سینما در جامعه جاری‌ست. در تقاضای صفر، ممکن است مشتریان از وجود محصولی بی‌خبر باشند یا علاقه‌ای به آن نداشته باشند. منظور نوعی بی‌تفاوتی و بی‌خبری عمومی از تولیدات سینمایی‌ست. اواخر دهه ۲۰ و اوایل دهه ۳۰ شاهد چنین تقاضایی هستیم. در تقاضای پنهان یا نهفته، نیاز به نوع خاصی از کالا زیاد است اما محصولات موجود در بازار قادر به رفع آن نیستند. این نوع نیاز در بازار سینمای ایران مربوط به قبل از گنج قارون است. در واقع تقاضا برای یک فوق ستاره ایرانی، از نوع فردین، فراهم بود اما تا پیش از آن به جامعه معرفی نشده بود. در تقاضای رو به پایین مصرف‌کنندگان محصول را کمتر از گذشته خریداری می‌کنند یا اصلاً نمی‌خرند. این شرایط در دهه پنجاه برای فیلم‌های کافه‌ای پیش آمد. در تقاضای بیش از حد، مقدار تقاضا، بیش از تعداد محصولات عرضه شده است. شامل مقاطعی‌ست که مشتریان به دفعات به تماشای فیلم‌ها می‌رفته‌اند. این نوع تقاضا حداقل بعد از عرضه گنج قارون و قیصر در بازار ایران شکل می‌گیرد. در تقاضای ناسالم، مشتریان، ممکن است جذب محصولاتی شوند که نتایج ناخوشایند فردی و اجتماعی در پی داشته باشند. آنچه پیش از انقلاب در عرضه محصولات سینمایی رخ می‌دهد همین عدم مدیریت

تقاضای ناسالم است. بجز تمام دلایلی که برای این عدم مدیریت ذکر می‌شوند دو دلیلی دیگر هم می‌توان در نظر گرفت.

۱. شاید این غفلت از آن‌روست که تا پیش از آن هیچ کجای دنیا، تجربه اثرگذاری سینما، در درون یک سیستم حکومتی، تا حدی که به یکی از قویترین ابزارهای سیاسی برای سرنگونی همان حکومت تبدیل شود وجود نداشته است. سینما در خدمت دیکتاتورهایی مانند استالین و هیتلر بوده است. مثلا فیلم ایوان مخوف (آیزنشتاین) در خدمت استالین است و هیتلر هم با فیلم یهودی ابدی (فریتز هیپلر) از این ابزار استفاده کرده است. اما این افراد، از سینما، وقتی در راس حکومت بوده‌اند برای تثبیت موقعیت خود بهره برده‌اند. فیلم‌های ایرانی قبل از انقلاب و بخصوص بعد از سال ۴۸ در درون نظام و توسط فرزندان همان نظام اما علیه نظام عمل می‌کنند.

۲. پهلوی دوم عرصه فعالیت‌های اقتصادی را باز گذاشته بود و تقریبا در هیچ زمینه‌ای شاهد محدودیت فعالیت اقتصادی نیستیم. این قاعده حتی در مورد مخالفان شناخته شده پهلوی نیز صادق بوده است. برای نمونه، بیژن جزنی، که سابقه عضویت فعال در حزب توده داشته و از پایه‌گذاران سازمان چریک‌های فدایی خلق است در دهه ۳۰، به همراه شرکا، شرکت تبلیغاتی پرسپولیس را راه‌اندازی می‌کند و در دهه ۴۰ آنرا در قالب تبلی فیلم گسترش می‌دهد.[(1)] یعنی سیستم پهلوی با اینکه حزب توده را دشمن درجه یک خود می‌داند و از خطر گروه‌های چریکی باخبر است اما اجازه فعالیت وسیع اقتصادی، حتی در زمینه‌های فرهنگی را به آنها می‌دهد.

لزوم مدیریت تقاضای سینما در آن دوره

این اعتقاد که هنر موظف نیست تابع سیاست‌های مدرن‌سازی جامعه باشد بلکه باید منتقد آفت‌های آن باشد کاملا اقتضایی می‌باشد. اقتضایی که از بلوغ خود اصحاب هنر، تربیت تصویری مخاطب و مرحله تاریخی جامعه شکل می‌گیرد. همانگونه که شاهدیم قریب به اتفاق فیلم‌های پیش از انقلاب منتقد آفت‌های مدرنیته نیستند چون پرسشگر نیستند. این فیلم‌ها مستقیم و غیرمستقیم یا مدرنیته را تخریب می‌کنند یا سنت را ترویج می‌نمایند. در این شرایط حکومت پهلوی، بعنوان عرضه‌کننده کالای مدرنیته، موظف بود تقاضای سینما را به سه دلیل مدیریت کند.

۱- مهمترین دلیل برای لزوم این مدیریت، درگیری سخت‌ترین جنگ پنهان و آشکاری‌ست که بین سنت و مدرنیته در لایه‌های مختلف جامعه شکل گرفته بود. در واقع سیستم پهلوی برای بازاریابی درست کالایی که به جامعه عرضه کرده بود، بایستی کشور را بر اساس اصول مدیریت بحران هدایت می‌کرد. یا نباید کالای جدیدی به بازار عرضه می‌کرد یا وقتی کرد بایستی تمام تلاش خود را برای غلبه بر رقیب دیرینه، که سنت بود، بکار می‌گرفت. غفلتی که نه تنها کالای مدرنیته را بی‌مشتری می‌کند بلکه عرضه‌کننده را نیز از بازار حذف می‌نماید. اینکه تولید محصولات سینمایی آن دوران بر اساس قاعده عرضه و تقاضا بوده‌اند هم مسئولیت پهلوی را برای مدیریت تقاضا، منتفی نمی‌نماید. چون مواجهه جامعه در گذار، با انواع تقاضا، اجتناب‌ناپذیر است و بایستی راه تعامل درست با آنها را پیش گرفت. ضمن اینکه، همانطور که پیش از این هم اشاره شد، خود متولیان سینما به تقاضا برای بسیاری از محصولات تصویری، مثل محتوای جنسی، دامن می‌زدند. در هر صورت این جزو اصول اصلی عرضه محصول به بازار است که گاهی تعدیل و کاهش تقاضا ضروری‌ست.

۲- به دلیل جوان بودن این هنر، برای تهیه‌کنندگی، بعنوان یک تجارت، تجمع تجارب صنفی حاصل نشده بود و تولیدکنندگان، به خرد جمعی برای تشخیص و تمیز آثار مناسب و نامناسب نرسیده بودند. این تهیه‌کنندگان، چنان درگیر رقابت‌های شغلی و مسائل مالی بودند که با وجود تجارب دنیا، تلاشی برای درک خطرات و اثرات سینما نمی‌کنند. تهیه‌کننده‌ای که فیلم‌های ماندگار تاریخ سینما را ندیده باشد، کتاب نخوانده باشد و تنها به واسطه منابع مالی، در جایگاه خط‌دهنده اثرگذارترین هنر معاصر قرار گرفته باشد، ممکن است فاجعه‌آفرین شود. با این اوصاف، وقتی کلان محصولی به جامعه عرضه می‌شود، که آثار بومی آن ناشناخته است، مدیریت تقاضا توسط حکومت اجتناب‌ناپذیر می‌نماید.

۳- به دلیل همان جوان بودن هنر و صنعت سینما، مخاطبان فیلم‌ها و مردم عادی هم هنوز تربیت تصویری نشده بودند و به بلوغ و پختگی بایسته، در این زمینه، نرسیده بودند. به همین دلیل شدیدا تحت تاثیر آن قرار می‌گیرند. تداوم کار و سوپراستار ماندن ملک مطیعی، با یک کاراکتر کلیشه‌ای، برای سه دهه نشان می‌دهد که سینما نتوانسته بود رشد کافی را

برای بیننده ایجاد نماید. اگر تقاضا مدیریت می‌شد، پس از مدتی، خودبخود سطح سلیقه و نیاز مخاطبان بالا می‌رفت و آسیب‌پذیری کمتر می‌شد. بعنوان مثال کسی که آثار خوب کلاسیک دنیا را تماشا کرده باشد به سختی می‌تواند فیلم‌هایی که از ساختار و محتوای قابل قبول برخوردار نیستند را تحمل کند. این یعنی اگر به اندازه کافی محتوای مناسب تولید می‌شد و به خورند جامعه می‌رفت پس از مدتی سلیقه بینندگان ارتقا می‌یافت و در همراهی با آن، خود سینما هم رشد مجدد می‌کرد.

عملکرد پهلوی در مدیریت تقاضا

مدیریت تقاضا در محصولات هنری، ضمن اینکه اشکال گوناگونی دارد، از ظرافت‌های زیادی نیز برخوردار است. این مدیریت ممکن است از طریق کنترل کیفیت فنی محصولات اعمال شود، به شکل کنترل نحوه توزیع یا تقسیم بازار صورت گیرد و برخی اوقات نیز از طریق کنترل محتوای محصول بروز می‌نماید. در حوزه سینما، اینروزها، کنترل کیفیت فنی فیلم‌ها و اعمال استانداردهای مورد قبول، توسط شرکت‌های پخش صورت می‌گیرد. در واقع شرکت‌های پخش با شناختی که از طریق تحقیقات بازار پیدا می‌کنند، اقدام به سرمایه‌گذاری برای پخش فیلم‌هایی می‌کنند که حداقل استانداردهای مورد قبول مخاطبان را از نظر کیفیت تصویربرداری، بازیگری، کارگردانی و ... داشته باشند. در مورد مدیریت تقاضا از طریق تقسیم بازار و حوزه توزیع نیز می‌توان به قوانین مربوط به رده‌بندی سنی اشاره کرد. کنترل محتوای محصولی که باید عرضه شود را در ادامه بررسی می‌کنیم.

دم دستی‌ترین سیاست برای مدیریت تقاضا، در سینما، سانسور است که حکومت‌ها به اشکال گوناگونی مانند توقیف، تغییر دیالوگ، استفاده از گرافیک برای دستکاری صحنه‌ها و حذف پلان و سکانس از آن بهره می‌برند. دخالت‌هایی که چون معمولا با اعمال سلایق شخصی همراه می‌شوند، اثر معکوس می‌گذارند و موجب ناهنجاری هنری می‌گردند. در واقع کنترل ناشیانه، از طریق سانسور، باعث خلاقیت در کدگذاری پیچیده پیام فیلم می‌شود. خلاقیتی که برای نشان دادن زشتی‌ها و تناقضات آنها را آرایش می‌کند. آرایشی که ممکن است جامعه را به خطا افکند. در دوران پهلوی هم شاهد اعمال این سیاست هستیم. در آن دوران بیشترین حساسیت‌ها روی ۱- خاندان سلطنتی ۲- فعالیت‌های سیاسی

۳- عدم ارائه تصویری فقیر و گرفتار از جامعه ایرانی، بخصوص بین کشورهای خارجی بوده است. همانطور که مشخص است این مدیریت تقاضا، بجای توجه به پایه‌های مدرنیته، بر اساس آسیب‌های کوتاه مدت به قدرت و حکومت، پی گرفته شده است. در واقع نه تنها به آسیب‌های اجتماعی ناشی از سینما توجه نمی‌شود بلکه مدیریت تقاضا حتی بر اساس اصول انقلاب سفید هم نیست. گویی شاکله حکومت هم میزان اثرگذاری سینما را درک نکرده بود. برای مدیریت درست تقاضا حکومت پهلوی ۳ وظیفه اصلی داشت.

۱. ایجاد زمینه‌های لازم برای آموزش و ارتقا درک و دید تهیه‌کنندگان، نویسندگان و کارگردانان برای الف) فهم اهمیت اثرگذاری سینما، بعنوان یک مدیای مدرن. ب) توجیه عوامل تولید، نسبت به پایه‌های مدرنیته برای همسو کردن سینما با اهداف بلندمدت جامعه. این همسویی لزوما به معنی تعریف و تمجید نیست بلکه می‌تواند به شکل نقد و آسیب‌شناسی حرفه‌ای پی گرفته شود. کمکی که سیستم می‌توانست به این صنعت بکند و خود نیز از آسیب‌های آن مصون بماند. تفاوتی که فیلم بی‌تا ساخته هژیر داریوش که آموزش دیده رسمی سینماست با آثار غالب آن دوره دارد، اهمیت حمایت از آموزش اصولی را آشکار می‌کند.

۲. حمایت همه جانبه از آثار واقع‌گرایانه‌ای که شرایط جامعه را بدون اغراق و هیجان، همانگونه که بود نمایش می‌دادند. سیستم پهلوی با فیلم‌های واقع‌گرای بدون هیجان و تنش‌زا برخورد قهری می‌کند در عوض به فیلم‌های اعتراضی و سیاه غیر واقع‌گرای هیجانی، که اتفاقا کاملا ضدمدرنیته بودند، کاری ندارد. اینکه آثاری مانند طوطی، آرامش در حضور دیگران و مرثیه توقیف می‌شوند اما فیلم‌هایی مانند بلوچ، رضا موتوری و قیصر که سراسر ضد مدرنیته هستند در معرض اثرگذاری بر مردم قرار می‌گیرند نشانگر نزدیک‌بینی مفرط، اولویت‌های اشتباه و عدم وجود یکپارچگی در سیستم پهلوی‌ست. نگرانی از ارائه تصویری بد از جامعه، بخصوص بین خارجی‌ها، پهلوی را به ورطه خطا می‌افکند و آنچه باید را کنترل نمی‌کند و آنچه نباید را تحدید می‌نماید. نمونه مجسم این برخوردها فیلم جنوب شهر است که در فضای واقعی جنوب شهر تهران ساخته می‌شود و زندگی مردم عادی را به تصویری می‌کشد. اما به دلیل همین واقعی بودن، توقیف

می‌شود و بعد از ۵ سال با سلاخی، مزیت اصلی خود را از دست می‌دهد و اکرانی ناموفق می‌یابد. این نشانگر عدم درک کارکرد سینما توسط متولیان فرهنگی، برای جامعه‌ای‌ست که در پی رشد همه جانبه می‌باشد. وقتی نظام پهلوی تحمل فیلم جنوب شهر را نمی‌کند، به انحراف سینما دامن زده و تیشه به ریشه خود می‌زند. فیلم‌های خوبی مانند خشت و آینه و شب قوزی اگر بر سینمای ایران غالب می‌شدند یا حتی به شکلی جدی حمایت می‌شدند و گسترش می‌یافتند، محتوای مخرب تا بدانجایی که در دهه ۵۰ شاهدیم پیش نمی‌رفت.

در هر صورت گسترش سینمای واقع‌گرا دو مزیت داشت:
الف) جامعه نیاز داشت، بدون هیجان، آنچه هست را ببیند تا به آنچه می‌خواهد بپردازد و بهترین وسیله هم در آن زمان، سینما بود. عدم درک اینکه آنچه هست را بایستی بپذیری تا به آنچه باید برسی مانع بزرگی در برابر سینمای واقع‌گراست. ب) نمایش شرایط واقعی، امکان درک پیشرفت‌های ناشی از انقلاب سفید را واقع‌گرایانه فراهم می‌نمود. بطور مثال اگر از دهه ۳۰ که جنوب شهر ساخته شد تولید اینگونه محصولات ادامه می‌یافت، فیلم‌های واقع‌گرایی که انتهای دهه ۴۰ ساخته می‌شدند امکان مقایسه اثرات اصولی مانند سپاه دانش را برای بینندگان فراهم می‌کردند. اگر سیستم فرهنگی پهلوی از خشت و آینه، در اوایل دهه ۴۰، حمایت می‌کرد و محتوای زیادی از این دست تولید می‌شد، در فیلم‌های واقع‌گرای دهه ۵۰ معلوم می‌شد جامعه در چه زمینه‌هایی رشد کرده و در چه زمینه‌هایی تغییر نداشته است. مثلا انتهای خشت و آینه، هاشم (زکریا هاشمی)، تصویر مردی که در دادگستری به او توصیه کرده بود بچه را قبول نکند را در حال سخنوری در مورد عشق به همنوع در تلویزیون می‌بیند. تولید محتوای واقع‌گرا نشان می‌داد آیا جامعه در مورد این ضعف‌های اخلاقی تغییری کرده است یا خیر. فرصتی که سیستم پهلوی نمی‌تواند از آن بهره ببرد.

۳. در مباحث کلان مدیریتی، در حد یک کشور، مهمترین و سرنوشت‌سازترین فعالیت‌ها عبارتند از تبیین ماموریت، چشم‌انداز و ارزش‌ها با توجه به دوره تاریخی که جامعه در آن به سر می‌برد. برعکس تولید تک محصولات سینمایی، که بر اساس مدیریت پروژه قابل دسته‌بندی‌ست، طبقه کالایی سینما، که تمام فیلم‌های تولیدی را در برمی‌گیرد، روندی ادامه‌دار و همیشگی‌ست و

برنامه‌ریزی در آن بایستی بر اساس تولید مستمر مورد توجه قرار بگیرد. در ادامه به موارد فوق می‌پردازیم.

ماموریت

ماموریت به این سوال پاسخ می‌دهد که محصول هست که چه کند؟ چرا باید در محیط حضور داشته باشد؟ در انطباق با سینما، طبقه کالایی سینمای ایران، پیش از انقلاب، بود که چه بکند؟ در مورد تک‌تک فیلم‌های ساخته شده هم می‌توان این سوال را مطرح کرد که بوده‌اند که چه بکنند؟ در هنر همیشه بحث بر سر هنر برای هنر یا هنر برای چیزی متعالی‌تر و هدفی برتر مطرح بوده است. آیا آثار هنری، مثل فیلم‌های سینمایی و کتب ادبی، باید در خدمت چیزی خارج از حیطه هنر، مثلا مذهب باشند یا نفس حضور خود هنر، برای آزادسازی انرژی‌های متراکم انسانی، مهم است. "لئوتولستوی" در ادبیات و برسون در سینما آثارشان را به خدمت اخلاق و مذهب درآورده‌اند. "سالوادور دالی" به هنر برای هنر اعتقاد داشته است. آثار اسپیلبرگ در خدمت سرگرمی مردم می‌باشند. فیلم ایوان مخوف در خدمت استالین بوده است. نمونه ساده‌ای از آزادسازی انرژی هم، فریادی‌ست که در فیلم پدرخوانده ۳ (فرانسیس فورد کاپولا) آل‌پاچینو بعد از تیر خوردن دخترش می‌کشد. حسی که بطور کامل به بیننده منتقل می‌شود و در روان او جریان می‌یابد. با وجود تمام این بحث‌ها به نظر می‌رسد آثاری که به نوعی در خدمت افزایش بلوغ عاطفی خود هنرمند و مخاطبانش قرار می‌گیرند ارزشی دو چندان می‌یابند. این قاعده حتی در مورد فیلم‌های سرگرم‌کننده هم ثاقب است. برای تعیین ماموریت، در حد کلان، ۳ قدم اصلی بایستی برداشته شوند.

۱- تعیین آنچه هست. بررسی اینکه جامعه به لحاظ فرهنگی، اقتصادی و اجتماعی در چه وضعیتی‌ست.

۲- تعیین آنچه باید باشد. جامعه در شاخص‌های فوق به کجا می‌خواهد برسد.

۳- تعیین فاصله بین آنچه هست و آنچه باید باشد و بعد برنامه‌ریزی برای پر کردن این فاصله. با توجه به اینکه پهلوی برنامه اصلی خود را مدرنیته اعلام کرده بود سینما در هر ۳ گام فوق، برای تصویر آنچه هست، آنچه باید باشد و پرکردن فاصله بین این دو می‌توانست نقش آموزشی و اطلاع‌رسانی ایفا کند. نگاهی به آثار بجا مانده از دوران پهلوی نشان می‌دهند مهمترین فیلم‌هایی که می‌توانستند به این گام‌ها کمک کنند، یا نادیده گرفته می‌شوند یا تضعیف می‌گردند. در عوض

می‌توان این سوال را مطرح کرد که فیلم‌های اغواگرانه، آب توبه‌ای، اعتراضی و جاهلی کجای این سه مرحله قرار داشته‌اند؟ این آثار بوده‌اند که چه بکنند؟ طرح این سوال وقتی موضوعیت بیشتری پیدا می‌کند که به حجم عظیم اینگونه محتوا نگاهی بیاندازیم.

چشم‌انداز

ماموریت، به چرایی وجود پاسخ می‌دهد اما چشم‌انداز به اینکه قرار است به کجا برسیم جواب می‌دهد. تصویری‌ست که از وضعیت آتی جامعه، بعد از تحقق ماموریت و دست‌یابی به اهداف، در پناه برنامه‌های اجرایی، عرضه می‌شود. در بحث چشم‌انداز، در سینمای پیش از انقلاب، ۳ موضوع مورد توجه است.

۱.   فیلم‌های آن زمان چه چشم‌اندازی به بیننده و تماشاگر می‌دادند؟ بیشترین چشم‌اندازی که محتوای فیلم‌های اثرگذار بعد از سال ۴۸ به جامعه می‌داد سیه‌روزی ناشی از مدرنیته و گسترش مضامین ضد اجتماعی جنسی بود. محتوای سیاه اکثر فیلم‌های اعتراضی، مستقیم یا غیرمستقیم، چشم‌اندازی جز تباهی ناشی از فرایند مدرنیته به جامعه نمی‌دادند. به لحاظ جنسی هم محتوایی که مردان را در حال اغفال نامزد دیگران نشان می‌داد، ازدواج‌ها در قالب آب توبه مفهوم می‌یافت، زنان به راحتی اغفال می‌شدند یا مورد تجاوز قرار می‌گرفتند چشم‌اندازی جز همه‌گیر شدن همین رفتارها در جامعه نداشته‌اند.

۲.   بخشی از چشم‌انداز نیز از طریق فرجام کاراکتر فیلم‌ها، که تعیین‌کننده چگونگی تداوم تصاویر در ذهن بیننده هستند، منتقل می‌شود. علیرغم برخی فیلم‌های اخیر، که پایان بازدارند و خلق ادامه داستان بعهده خود مخاطب است، قدیمترها اغلب سناریست‌ها، خود پایان فیلم را رقم می‌زدند. بسیاری از فیلم‌های پیش از انقلاب، به نمای باز یا بسته‌ای از جوانمرگی یکی از کاراکتر اصلی فیلم ختم می‌شدند. در واقع عاقبت بسیاری از شخصیت‌های اثرگذار سینمایی آن دوره نیستی‌ست. مرگ‌هایی که عموما با اغراقی غیرطبیعی همراه می‌شدند. گویی نوعی مسابقه برای خوب مردن جلوی دوربین وجود داشته و هر کس بهتر می‌مرده، ارزش بیشتری می‌یافته است. در برخی موارد فیلم، پا را از این هم فراتر می‌گذارد و مرگ را در پیوند با عناصر محیطی دردناکتر هم می‌کند. مثلا مرگ رضای رضا موتوری، با جان کندن حرفه‌ای

وثوقی، وقتی با ماشین زباله شهرداری بعنوان تابوت موقت همراه می‌شود، چنان اثر سیاهی در ذهن بیننده می‌گذارد که او در بی‌ارزشی محض رها می‌گردد. در صورتی که فرهنگ ایرانی همیشه برای جسم میت احترام قائل است. وقتی نویسنده‌ای تا آن حد پیش می‌رود که جسد قهرمان اصلی فیلم را، که بیننده با او همذات‌پنداری کرده و دوستش دارد، بعنوان زباله می‌بیند، چشم‌اندازی بی‌نهایت سیاه از شرایط جامعه به مخاطب منتقل می‌شود.

۳.   سینما می‌توانست در کنار نقد و پرسشگری حرفه‌ای، چشم‌اندازی از مزایای بلندمدت مدرنیته به جامعه بدهد و نقش به سزایی در پذیرش آن توسط مردم بازی کند. در صورتی که برعکس، تنها مشکلات ناشی از گذار، بزرگنمایی می‌شوند. البته در نشان دادن چشم‌انداز، همیشه خطر غلتیدن محتوا در پروپاگاندای غیر واقعی حکومتی وجود دارد. احتمالا یکی از دلایل فیلمسازان واقع‌گرا برای عدم همراهی وسیع با حکومت پهلوی، همین احساس ابزار حکومت شدن بوده است. در هر صورت اگر این تعامل دو طرفه، بصورت متعادل برقرار می‌شد فواید زیادی برای جامعه داشت. چرا که فیلمسازان واقع‌گرا، معمولا، همانند پنجره‌ای از فروتنی عمیق و درکی وسیع عمل می‌کنند و مانند روشنفکران پر سر و صدا، برای دیگران، نسخه‌های موقت نمی‌پیچند.

ارزش‌ها

هر جامعه‌ای دارای باورهای اولیه و ثانویه است. باورهای اولیه یا درونی، حاصل صدها سال فرهنگ هستند و به راحتی تغییر نمی‌کنند. در عوض تغییر باورهای ثانویه آسانتر است اما همیشه متزلزل، موقتی و سطحی بوده و در برابر باورهای درونی مردم تاب نمی‌آورند. مثلا اعتقاد به ازدواج یک باور درونی است، اما اینکه مردم باید زود ازدواج کنند یک باور ثانویه می‌باشد. از این روی حکومت‌هایی که قدم در مسیر رشد پایدار می‌گذارند و در این راه از ثبات همه جانبه برخوردارند، در تلاش مداوم برای تغییر باورهای درونی مردم به سر می‌برند. بعد از آن، باورهای ثانویه خودبخود دگرگون می‌شوند. برای جامعه در گذار ابتدا باید ارزش‌های اولیه و ثانویه موجود شناسایی شوند تا بعد ارزش‌های جایگزین را تعیین، پایه‌گذاری و تقویت کرد. در جامعه ایرانی هم، پلی که مردم را از سنت گذر می‌داد و به مدرنیته می‌رساند ارزش‌ها بودند. جامعه نیاز داشت ارزش‌هایش

را در مواردی تعدیل، جایگزین و تقویت نماید. نیاز به ارائه و آموزش و نهادینه کردن ارزش‌هایی مانند نظم، مسئولیت‌پذیری، تعهد، انسجام، صبوری، نوآوری، کارآفرینی، احترام به قانون و تقویت سیستم آموزش نوین تنها چند مورد در این زمینه می‌باشند. یکی از مناسب‌ترین ابزارهای نهادینه کردن چنین ارزش‌هایی هم هنر و بخصوص سینما است.
در این زمینه سوالاتی به ذهن می‌رسد. بطور کلی، چه ارزش‌هایی در سینمای ایران ترویج می‌شدند؟ چه مقدار از این ارزش‌ها درونی و چه مقدار ثانویه بوده‌اند؟ آیا این ارزش‌ها بایستی ترویج می‌شدند؟ آیا ارزش‌های مورد نیاز درست ترویج می‌شدند؟ چه درصدی از این ارزش‌ها در راستای اهداف مدرنیته بوده‌اند؟ با رجوع به زمینه‌هایی که در فصل سوم توضیح داده شد می بینیم یکی از موانع جدی برای نهادینه شدن مدرنیته، آسیب‌های ناشی از ارزش‌هایی‌ست که سینما ارائه می‌کرد. در ادامه کمی به این زمینه می‌پردازیم.

۱. ارزش‌هایی مثبتی مانند تعهد، ثبات قدم و تکیه گاه بودن، که در فیلم‌های جوانمردانه ترویج می‌شدند، به ذاته بسیار ارزشمند بودند اما ۱- چون ترویج این ارزش‌ها با رجوع به سنت صورت می‌گرفت و در تایید گذشته بود، در خدمت صنعتی شدن جامعه نبوده‌اند. یعنی ثبات قدم و تعهد بیشتر بر پایه شخصیت‌های گذشته‌گرا نمایش داده می‌شد. ۲- این ارزش‌ها، در کنار سایر موضوعات مطرح شده، کارکرد خود را از دست می‌دادند. مثلا چون در بسیاری از این فیلم‌ها، تعهد، با مضامین آب توبه‌ای گره می‌خورد کارکردش بعنوان یک ارزش مثمرثمر از دست می‌رفت. یا پایمردی یک مرد برای ایستادن سر قول و قرار ارزشمند است، اما وقتی از طرف یک جاهل، تنها برای بدست آوردن یک کارگرجنسی خرج می‌شود، سانتامانتالیسمی بدقواره را رقم می‌زند. این ارزش‌ها اگر در جهت رشد وجوه مختلف مدرنیته، مثلا تقویت اخلاق حرفه‌ای، ترویج می‌شدند به خدمت جامعه در می‌آمدند.
۲. ارزش‌هایی که محتواهای اغواگرانه و سکسی ترویج می‌کردند نه با شرایط عرفی جامعه هماهنگ بودند نه با اهداف انقلاب سفید همخوانی داشتند. اگر جامعه برای رسیدن به اهداف خود نیاز به استفاده از پتانسیل عظیم زنان داشت، ترویج اینگونه ارزش‌ها، نه تنها در جهت این بهره‌برداری نبود بلکه بطن جامعه سنتی را نسبت به آزادی زنان بدبین و حساس می‌نمود. در

واقع اگر چه حساسیت‌های عمومی نسبت به حجاب در طبقاتی از جامعه تا حدودی کم شده بود اما کنترل مسائل جنسی کماکان جزو ارزش‌های درونی مردم به حساب می‌آمد. آنهمه پافشاری روی بسط ارزش‌هایی که با حال جامعه در تضاد بودند و به آینده هم خدمت نمی‌کردند تعادل جامعه را بر هم می‌زد. اینگونه محتوا، بجز بهانه مستند برای اثبات فاصله دستگاه شاهنشاهی از بطن جامعه عایدی دیگری نداشته‌اند.

۳. ارزش‌هایی که در محتواهای اعتراضی روی آنها تکیه می‌شد عملا ضد انسجام یافتن سیستمی بودند که تازه قدم در راه مدرنیته گذاشته بود. ارزش ذاتی یافتن روستازادگی، بیسوادی، تنهایی، قانون‌گریزی، غرب‌ستیزی، مرگ‌اندیشی، فقراندیشی و درگیری فیزیکی همگی ضد مدرنیته‌اند.

در کنار موارد فوق یکی از ارزش‌هایی که تقریبا در تمام فیلم‌های آن زمان روی آن تاکید زیادی می‌شود پایبندی به رفاقت است. یعنی روابط آدم‌ها، حتی زن و شوهر و معشوقه و معشوق، از جنس رفاقت است. یکی از توجیحات زیرپوستی برای ازدواج‌های آب توبه‌ای هم رفاقتی‌ست که بین زن و مرد شکل می‌گیرد. حرمت دوستی‌های سنتی تا جایی بالا می‌رود که افراد برای پایبندی به آن اغلب از جان خود می‌گذرند. همین غلو و جنسیت‌زدگی، این ارزش را از حالت عادی خارج می‌کند. مثلا در فیلم انگشت‌نما (اسماعیل پورسعید) یکی از کاراکترهای اصلی فیلم بخاطر سوءتفاهمی که با دوستش پیداکرده، جلوی دوربین، چند بار کارد به شکم خود فرو می‌کند. یا در فیلم‌های مسلخ و تپلی کاراکترها فقط بخاطر دوستی زندگی خود را نابود می‌کنند. در هر صورت ترویج رفیق‌بازی افراطی، همیشه خطر گسترش مناسباتی مانند پارتی‌بازی را در پی دارد.

تولید خُرد

کلیت سینما را اگر بعنوان یک طبقه کالایی در نظر بگیریم، تمام محصولاتی که از آن بیرون می‌آیند، به نحوی متاثر از دو سطح مدیریت می‌باشند. یکی مدیریت طبقه کالایی سینماست که خط‌دهنده و جهت‌دهنده تولید فیلم‌ها می‌باشد و دیگری مدیریت هر فیلم است که در حیطه مدیریت پروژه قابل تعریف است. به مدیریت کلان سینما، در قالب مدیریت تقاضا، پیش از این پرداختیم. اینجا در مورد تولید تک محصولات سینما توضیحاتی می‌دهیم. اتفاقی که در تولید انفرادی یک فیلم می‌افتد از چند مرحله مشخص شامل پیش تولید، تولید و پس تولید

تشکیل می‌شود. در پیش‌تولید، که قبل از روشن کردن دوربین مصداق می‌یابد، اولین مرحله انتخاب سوژه و طرحی‌ست که بایستی در مورد آن فیلم ساخته شود. انتخاب سوژه هم خودبخود به معنی گزینش پیام فیلم می‌باشد. با این اوصاف، اگر در نطفه‌گذاری پیام در دل داستان، خطایی صورت گیرد بازخوردی نامناسب در پی خواهد داشت. در اصل کیفیت پیامی که در دل سناریو جاگذاری می‌شود بخش مهمی از کیفیت محتوای فیلم را شکل می‌دهد. خلق یک طرح سینمایی هم معمولا دو سرمنشا دارد. ممکن است تهیه‌کننده بر اساس شم تجاری خود، شناختی که از جامعه دارد یا در رقابت با رقبا سفارش نوشتن سناریویی را با محوریت موضوعی خاص به نویسنده بدهد. در شق دیگر معمولا نویسنده، موضوع و سوژه‌ای را که خود مناسب می‌داند، بصورت خودجوش، پرورش می‌دهد و به شکل طرح، سناریو یا سیناپس به تهیه‌کنندگان مختلف عرضه می‌کند تا خریدار پیدا کند. با این توضیح، نقطه آغازین تولید یک فیلم سینمایی معمولا یا ذهن تهیه‌کننده است یا نویسنده.

بین این دو نقطه آغاز، وقتی فیلمنامه از سوی تهیه‌کننده سفارش داده می‌شود احتمال جریان‌سازی آن کمتر است. چون تهیه‌کنندگان همیشه نگاهی ویژه به گیشه دارند و پولسازی برایشان از اهمیتی حیاتی برخوردار است. بجز بحث گیشه، رقابت‌های درون صنفی، همچشمی‌های شغلی و زد و بندهای پنهانی هم ممکن است آنها را درگیر کلیشه‌های اجتماعی یا تقاضای کاذب بازار نماید. بخصوص در جامعه ایرانی که از قدیم‌الایام تهیه‌کنندگان آموزش‌دیده و حرفه‌ای، که تمام وقت و سرمایه‌شان در سینما متمرکز باشد کم داشته‌ایم. برای بسیاری از تهیه‌کنندگان قوی پیش و پس از انقلاب، سینما ویترین زندگی‌شان می‌باشد و از مشاغل دیگری آمده‌اند. تهیه‌کنندگی قطعا با برج‌سازی متفاوت است و خطر مسمومیت جامعه از طریق آن بسیار جدی‌ست. با این حال، بسیاری از تهیه‌کنندگان، با ذهنیت مشاغل دیگر خود به این حرفه ورود پیدا می‌کنند و چه بسا پس از سال‌ها، الزامات تجارت هنر را نشناسند و بر اثر تصاعدی و بلندمدتی که تولیداتشان دارد و مسئولیتی که به عهده خود آنهاست وقوف نداشته باشند.

با این توضیح، پیش از انقلاب، بیشتر سوژه‌هایی که برای تولید و ساخت فیلم‌های سینمایی، از سوی این دسته از تهیه‌کنندگان در نظر گرفته می‌شدند، در کلیشه‌های مشخصی محصور بودند. ۱- صرفا گیشه‌محور بودند. ۲- بر اساس مناسبات و رقابت‌های صنفی و شخصی عرضه می‌شدند. ۳- کپی‌برداری پلان به

پلان فیلم‌های خارجی بودند. هیچ کدام از این سه شیوه، ذاتا آسیب‌رسان نیستند اما اگر شرایط کلی جامعه در نظر گرفته نشود، می‌توانند اختلال ایجاد کنند. مثلا در کپی از فیلم‌های خارجی اگر اختلافات تاریخی، اجتماعی، فرهنگی و اقتصادی لحاظ نشوند ناهنجاری به بار می‌آید و منجر به ریشه دواندن احساسات قلابی می‌شود. وقتی سناریویی در جغرافیایی خاص نوشته می‌شود، داستان خلق شده، حاصل تمامی حس‌های جمع شده در نویسنده‌ای‌ست که متاثر از محیط خود می‌باشد.

در سوی دیگر سوژه‌هایی که توسط نویسندگان مستقل پرورش می‌یابند و به سناریو تبدیل می‌شوند، چون سفارشی نیستند و معمولا برخاسته از اتفاقات روزمره و دغدغه‌های شخصی هستند، احتمال جریان‌سازی مثبت و منفی بیشتری دارند. بسیاری از فیلم‌های اثرگذار تاریخ، موید این نظر می‌باشند. مثلا در سینمای داخل سوژه فیلم‌های گاو و قیصر توسط اشخاصی بجز تهیه‌کننده ارائه شده‌اند. در سینمای دنیا هم آثاری مانند همشهری کین و کازابلانکا (مایکل کورتیز) همین وضعیت را دارند. از وجهی دیگر، حداقل در زبان فارسی با ادبیات غنی، فیلمنامه‌های اقتباسی موید همین نظر می‌باشند. برای غلامحسین ساعدی هنگام نوشتن عزاداران بیل، صادق هدایت هنگام نوشتن داش‌آکل، دولت‌آبادی هنگام نوشتن آوسنه باباسبحان و گلشیری هنگام نوشتن شازده احتجاب گیشه سینما موضوعیت نداشته است. در واقع این سوژه‌های موثر خارج از سفارش‌های بازاری عرضه شده‌اند.

الگوهای مدیریتی تولید تک فیلم

الگوی اصلی تولید فیلم سینمایی، که در یک دوره زمانی مشخص به انجام می‌رسد، مدیریت پروژه است. پروژه مجموعه عملیاتی‌ست با آغاز و پایان مشخص برای دستیابی به یک هدف معین از طریق منابع در دسترس. این پروژه، در تولید فیلم سینمایی، با ارائه طرح اولیه شروع می‌شود و تا تدوین آخرین پلان ادامه می‌یابد. بعد از آن، مرحله توزیع آغاز می‌شود. تولیدات پروژه‌ای عموما روتین نیستند و منحصر به فرد و غیرتکراری می‌باشند. مثلا تیم پروژه، که اینجا عوامل تولید فیلم ترجمه می‌شود، شامل افرادی‌ست که همیشه با هم کار نمی‌کنند و ممکن است حتی از چندین جغرافیا و زبان مختلف باشند. همین دخالت عوامل متعدد محیطی باعث بالا رفتن تنوع در آثار سینمایی می‌شود. از سوی دیگر،

وجود همین عوامل متعدد درونی و بیرونی در تولید هر فیلمی سبب می‌شود نوع ویژه‌ای از مدیریت، که به آن اقتضایی گفته می‌شود موثر واقع شود. با اینحال ۴ الگوی کلاسیک مدیریتی برای تصمیم‌گیری عبارتند از روش علمی (مثلا هنگام جنگ‌ها برای محاسبه فاصله دشمن برای پرتاب بمب و ارسال اژدر استفاده می‌شود)، مرحله‌ای (سلسله‌ای از تصمیمات کوچک که به یک تصمیم بزرگ منتهی می‌شوند)، کارنگی (تصمیم نهایی بر اساس ائتلاف بین مدیران گرفته می‌شود.) و جام جهان‌نما (که بر اساس نوعی نظم در بی‌نظمی، هرج و مرج سازمان‌یافته شکل می‌گیرد.) جام جهان‌نما الگویی‌ست که در آن امکان اندیشیدن درباره تمام پروژه برای همه مهیاست و حکایت از برخورد زنده با طبیعت امور دارد. این الگو گاهی در شرایط محیطی شدیدا متغیر مناسب‌ترین شیوه است.
در ادامه، به فیلم کازابلانکا که الگوی تصمیم‌گیری در آن نزدیک به جام جهان‌نماست می‌پردازیم. فیلمی که سال ۱۹۴۲ میانه جنگ دوم جهانی در محیطی متغیر، نامطمئن، مبهم و پیچیده روانه بازار شد. اثری که از یک بی‌نظمی کامل بیرون آمد و هیچ یک از عوامل تولید، تا زمان تصویربرداری آخرین پلان، نمی‌دانستند سرنوشت آن چه خواهد شد. اما در آن آشفته بازار محیطی، همه چیز دست به دست هم می‌دهد تا فیلمی با موفقیتی بی‌نظیر تولید شود و جوایز بهترین فیلم، کارگردانی و فیلمنامه شانزدهمین دوره اسکار را از آن خود کند.
الگویی که تصمیم‌گیرندگان اصلی فیلم، یعنی هال والیس بعنوان تهیه‌کننده در کمپانی برادران وارنر و مایکل کرتیز بعنوان کارگردان، خودآگاه یا ناخودآگاه، از آن پیروی نمودند جام جهان‌نما بوده است. وقتی طرح فیلم برای نخستین بار به کمپانی برادران وارنر ارائه می‌شود "هرکس به ریک می‌آید" نام داشته است. هال والیس متوجه نکات مثبت آن می‌شود و خریداری‌اش می‌کند، اما کاملا غریزی، نام آنرا به کازابلانکا تغییر می‌دهد. همین نامگذاری اثری شگرف در موفقیت فیلم می‌گذارد چون درست ۱۸ روز پیش از روز شکرگزاری ۱۹۴۲ متفقین آفریقای شمالی را درمی‌نوردند و جنگ کازابلانکا رخ می‌دهد. بعد از آن هم وقتی که فیلم در سینماها در حال پخش بود روزولت و چرچیل در کنفرانس کازابلانکا شرکت می‌کنند. رویدادی تاریخی که فروش فیلم را به میزان زیادی افزایش می‌دهد.[۲]
نحوه برخورد کارگردان هم کاملا شهودی و مقتضی با شرایط محیطی بوده است. دست‌اندکاران فیلم بعدها اذعان کردند شیوه فیلمبرداری بسیار بی‌نظم بوده است. نویسندگان هر روز نوشته‌های خود را تغییر می‌داده‌اند و نسخه جدیدی

ارائه می‌کرده‌اند. معمولا از صحنه‌های مختلف فیلمبرداری می‌شده ولی کسی نمی‌دانسته این بخش‌ها را در کجای داستان قرار خواهند داد. اینگرید برگمن که نقش ایلسا را بازی می‌کند کاملا تصادفی به پروژه می‌پیوندد و برای انتخاب همفری بوگارت، که نقش ریک را بازی می‌کند، بحث‌های زیادی در می‌گیرد. جالب اینکه حتی زمان شروع فیلمبرداری کسی نمی‌دانسته نقش مرد روبروی برگمن را چه کسی قرار است بازی کند. وقتی برگمن در مورد هنرپشیه مرد مقابلش می‌پرسد کرتیز می‌گوید "هنوز نمی‌دانیم شما بکوشید نقش خود به خوبی ایفا کنید و در هر پلان حس مناسب را بگیرید." این که کرتیز از هنرپیشه‌ها خواسته بود در هر موقعیت همان کاری را بکنند که مناسب همان زمان است رمز و کلید الگوی جام جهان‌نما در تصمیم‌گیری‌ها می‌باشد. الگویی که باعث می‌شود شکوه افسانه‌ای عشق و گذشتن از آن بخاطر تعهد، به بهترین وجه ممکن روایت شود و هم نزد مخاطب عام مقبول افتد و هم مخاطب خاص آنرا ستایش کند.[۳]

در سینمای ایران هم موفقیت قیصر غیرمنتظره بوده است. اما تفاوت کازابلانکا و قیصر در پیام و محتواست. کازابلانکا با انتخاب آخر داستان ریک، در میانه جنگ، به برون رفت از بحران به نفع متفقین کمک می‌کند. در واقع ریک با انتخاب وظیفه انسانی در قبال دل خود، مخاطب را به تعهد در قبال جامعه در شرایط بحرانی تشویق می‌کند. در صورتی که قیصر، در جنگ بین سنت و مدرنیته به نفع گذشته می‌جنگد و پایه‌های مدرنیته را هدف قرار می‌دهد.

فصل هفتم

سینمای جهان

اولین فیلم ناطق دنیا به نام چراغ‌های نیویورک (برایان فوی) در ۱۹۲۸ ساخته می‌شود و تنها ۵ سال بعد از آن دختر لُر بعنوان اولین فیلم ناطق ایرانی بر پرده می‌نشیند. با این وجود به دلیل موانع متعددی که بر سر راه سینمای ایران وجود داشته و پیش از این مختصری به آن پرداختیم نمی‌تواند همپای دنیا رشد کند. موانعی که در هر صورت سهل‌انگاری‌های قابل پیشگیری برای ساختن مضامین مناسب جامعه را توجیه نمی‌کنند. ضمن اینکه با حجم انبوهی از فیلم‌های غربی که به فارسی دوبله می‌شدند امکان تاثیر گرفتن از سینمای خوب دنیا وجود داشته است. سینما هنری جهانی‌ست که از فرهنگی به فرهنگ دیگر حرکت می‌کند و تاثیر متقابل می‌گذارد. دیدن فیلم‌های ساخته شده در سایر فرهنگ‌ها ضمن دریافت تصویری از زندگی مردم آن کشورها دیدی عمیق‌تر نسبت به خود مقوله سینما می‌دهد. مثلا وقتی تمام فیلم‌های برسون را می‌بینی بعد برتولوچی را بعد تارکوفسکی را گویی از دنیایی در فرانسه به دنیایی در ایتالیا و بعد به دنیایی در روسیه سفر کرده‌ای. این از آن‌روست که سینما بیشتر از آنکه محلی برای چشم‌چرانی مردانه باشد امکانی‌ست برای سرک کشیدن به زندگی دیگران. با فیلم دیدن این امکان برای مخاطب فراهم می‌شود که به زندگی دیگران، در اقصا نقاط جهان وارد شود و حس کنجکاوی خود را بصورتی کاملا مشروع و پذیرفته شده ارضا نماید. در هر صورت بررسی عملکرد کارگردانان کلاسیک دنیا به درک بهتر سینمای آن دوران ایران کمک شایانی می‌کند.

سینمای کلاسیک غرب

فیلمسازی یکی از ویژه‌ترین مشاغلی‌ست که بشر تا بحال تجربه کرده است. شغلی جذاب، پراسترس و سخت که برای موفقیت در آن بایستی جامع‌الاطراف باشی. جامعه‌شناسی، روانشناسی، ادبیات و مفاهیم مذهبی را بدانی و در عین حال روابط انسانی و نحوه ایجاد انگیزه در دیگران را بشناسی و مدیریت و رهبری را توأما داشته باشی. نور، موسیقی، دکور و لباس را بشناسی و دکوپاژ و میزانسن را بلد باشی و بتوانی از بازیگران بازی بگیری. این شرایط نشان می‌دهد کسی که توانسته فیلم‌های ماندگار و اثرگذاری در سطح جهان به جا بگذارد دارای نگرش و زاویه دیدی ویژه به دنیا بوده و از توانایی‌های لازم برای پرداخت و انتقال زاویه دید خود، در قالب محتوای سینمایی، برخوردار بوده است. بیشتر آثار بزرگ و ماندگار تاریخ سینما، درک و دریافت مخاطب از زندگی را قوی‌تر می‌کنند. با

این اوصاف باخت بزرگی‌ست بعد از بزرگان سینمای جهان مانند برگمان، فلینی و کیشلوفسکی زندگی کرده باشی و آثار آنها را ندیده باشی. در واقع چون آثار این افراد تجمعی از پارامترهای فوق هستند و نگاهی ویژه از زندگی را به دیگران منتقل می‌کنند، با دیدن آثارشان، با صرف چند ساعت وقت، خردی بی‌نظیر به بیننده منتقل می‌شود. ضمن اینکه مجموعه آثار هر یک از این فیلمسازان بزرگ بخشی از فضای روانی غالب سینمای جدی اروپا را برای ما روشن می‌کند.

بلوغ و اثرگذاری این فیلمسازان اتفاقی یکباره نبوده و سرمایه‌ای‌ست که معمولا طبق روالی و طی زمانی حاصل شده است. این یعنی بجز موارد فوق، برای درک ارزشمندی این آثار، بایستی زمان صرف شده را نیز در محاسبات مدنظر قرار دهیم. مثلا پختگی برگمان برای حرکت از فیلم‌هایی مانند کشتی برای هند و بحران که مسائل دم دستی‌تری را بیان می‌کنند تا ساراباند که اجزای سینمایش کامل شده‌اند، نیم قرن طول کشیده است. یا فیلم شیخ سفید، نخستین کار مستقل فلینی در مقام کارگردان، با اینکه به موضوعی متفاوت می‌پردازد و با نگاهی انتقادی به دنیای سینما، دختر داستان را پوشالی نشان می‌دهد، از پختگی کافی برخوردار نیست. با اینحال یکی از موضوعات فرعی همین شیخ سفید در ذهن او بسط می‌یابد، ۷ سال بعد تبدیل به شب‌های کابیریایی می‌شود که اسکار برایش به ارمغان می‌آورد. بطور کلی هم در فیلم‌های اولیه فلینی، بیان مسائل اجتماعی، بر تخیلات غیرمعلول او می‌چربند. هر چه می‌گذرد توهم و تخیل بیشتری به آثارش راه می‌یابند و در ادغام با موضوعات اجتماعی محتوای قویتری خلق می‌شوند. در هر صورت برای فلینی حدود ۳۰ سال طول می‌کشد تا بعد از شیخ سفید به شهر زنان برسد.

یکی از مهمترین عواملی که روند بلوغ کارگردانان را شکل می‌دهد نحوه روبرو شدن آنها با گره دراماتیکی‌ست که به داستان افتاده است. عمق نگاه کارگردان، از عکس‌العملی که کاراکترهایش در قبال موقعیت‌های سخت و دشوار از خود بروز می‌دهند بر ملا می‌شود. موقعیت سختی که محور کار تمام عوامل تولید و بخصوص کارگردان می‌باشد. مثلا می‌توان به نوع نگاه برتولوچی به موقعیت زن آفریقایی تبار مهاجر متاهل فیلم محصور، که همسرش در آفریقا زندانی سیاسی‌ست و مردی محلی و هنرمند به او ابراز عشق می‌کند اشاره کرد. یا موقعیتی که زن و شوهر فیلم شرم برگمان به واسطه جنگ در آن قرار می‌گیرند و منویات درونی‌شان بر ملا می‌شود گره‌ای به داستان می‌اندازد که بایستی به آن

پرداخته شود. در فانی و الکساندر هم برگمان به روایتی طولانی از زندگی کودکانی می‌پردازد که پدر شاد و هنرمندشان فوت می‌کند و همسر جدید مادرشان، مردی خشک مذهب از کار در می‌آید. در محکوم به مرگ گریخت، اثر برسون، درگیر موقعیت مردی می‌شویم که تصمیم می‌گیرد از زندان بگریزد. گاهی نیز مثل جیب بر اثر برسون، ربودن زیبایی اثر برتولوچی و هشت و نیم اثر فلینی فیلمساز با روایت مقطعی از زندگی کاراکتر، گره‌های درونی افراد را به چالش می‌کشد. در این فیلم‌ها بیشتر از آنکه موقعیتی بیرونی چالش‌برانگیز باشد درگیری درونی مسئله‌ساز است. در هر حال، نحوه تعامل کارگردان با موقعیت نشان می‌دهد اثر سینمایی نیاز کدام بخش از بازار را به چه نحوی مرتفع خواهد نمود.

همکاری‌های بین‌المللی

یکی از موضوعاتی که به سیر بلوغ سینمای اروپا سرعت می‌بخشد تعامل سینماگران این قاره با یکدیگر است. ریشه‌های زبانی مشترک، دین رایج، اشتراکات فرهنگی و نزدیکی جغرافیایی باعث می شوند این هنر و صنعت در اروپا با تعامل، رشد سریع و متعادلی داشته باشد. شاهد نوعی حرکت و جریان ایده، محتوا، تکنیک و عوامل تولید بین پروژه‌های مختلف سینمایی هستیم. اتفاقی که ابتدا در اروپا می‌افتد و توسط برخی سینماگران، تا آمریکا و مشرق زمین کشیده می‌شود. مثلا بیشتر آثار بونوئل اسپانیایی، در مکزیک و فرانسه می‌گذرند. برسون فرانسوی، در سه فیلم از ادبیات روسیه وام می‌گیرد.[1] تارکوفسکی روسی فیلم ایثار خود را در لوکیشن مورد علاقه برگمان سوئدی، یعنی جزایر گاتلند می‌سازد. ضمن اینکه از نیکوییست، فیلمبردار و یوسفسن بازیگر، که هر دو مورد علاقه برگمان هستند، استفاده می‌کند و حتی پسر برگمان در این فیلم بعنوان دستیار دوربین حضور می‌یابد.[2] سرجو لئونه ایتالیایی در ساخت فیلم‌های وسترن و هالیوودی، که به وسترن اسپاگتی معروف است، موفقیت بالایی به دست می‌آورد. فلینی هم توجه خود را به سینمای آمریکا در شرایط مختلف نشان می‌دهد. در چند فیلم از گری کوپر نام می‌برد و در هشت و نیم، عکسی از زنی آمریکایی نشان می‌دهد و می‌پرسد "زیبا نیست؟" پازولینی در فیلم مده آ، با اینکه موضوع فیلم اسطوره‌ای یونانی‌ست از سازهای شرقی، بخصوص سنتور، استفاده فراوان می‌کند و به فیلم حال و هوایی خاورمیانه‌ای می‌دهد. از آواز ایرانی استفاده می‌کند و تحریرهای اصیل فارسی را در انتهای فیلم پخش

می‌کند. به لحاظ ایده و محتوا نیز فیلمسازان اروپایی بر هم اثر زیادی داشتند. مثلا فیلم روشنایی‌های واریته فلینی شباهت‌های زیادی به پولک و خاک اره برگمان دارد. هر دو فیلم در مورد گروهی هنرمند سیار هستند که مردان داستان، عشق وفادار خود را رها می‌کنند اما دوباره مجبور به بازگشت می‌شوند. در هر دو فیلم، هر دو مرد پذیرفته می‌شوند اما در فیلم فلینی ماجرا ادامه می‌یابد. میان فیلمسازان آن نسل، برتولوچی ایتالیایی را که برای دهه‌ها بطور وسیعی فیلم‌هایش را بیرون از وطنش کارکرده، می‌توان پیشگام بحث‌های جهانی شدن در مدیوم سینما دانست. فیلمساز اثرگذاری که به درون سایر فرهنگ‌ها سرک کشیده، با آنها درگیر شده و در موردشان فیلم ساخته است. اینهمه اشتیاق برای پرداختن به فرهنگ‌های دیگر و در مواردی بررسی التقاط این فرهنگ‌ها، ضمن اینکه حکایت از نیازی عمیق درون خود او دارد، نیاز بسیاری از مخاطبان را در آغاز فرایند جهانی شدن برآورده نموده است. گویی او که با جان وین آمریکایی به سینما علاقه‌مند شده، بخشی از رسالت سینمایی خود را ارتقا تعامل بین فرهنگ‌ها و کشورها، از طریق فیلمسازی، قرار داده است. از یک سو به فرهنگ چینی و بودایی علاقه‌مند است از سوی دیگر به زندگی مسلمانان عرب تبار آفریقایی توجه نشان می‌دهد. فیلم آسمان جل را در مورد اعراب آفریقایی، بودای کوچک را در مورد بودیسم و آخرین امپراطور را در مورد چین می‌سازد. در فیلم‌هایی مانند ده دقیقه بزرگتر، رویابین‌ها و محصور به مهاجرت توجه دارد. در دو فیلم، از اسم مصطفی استفاده می‌کند و در تراژدی یک مرد مسخره هم به اعراب اشاره دارد. در فیلم‌های ماه، آخرین تانگو در پاریس و پیش از انقلاب از فیدل کاسترو نام می‌برد و استراتژی عنکبوت را با اقتباس از داستان خورخه لوییس بورخس آمریکای لاتینی می‌سازد. در فیلم محصور پیوند بین آدم‌ها را فارغ از ملیت آنها، دنبال می‌کند. با استفاده از هنرپیشه‌های ملیت‌های مختلف ترکیب و التقاط فرهنگ‌ها و ملیت‌ها را به خوبی در فیلم ۱۹۰۰ نمایان می‌کند. در این فیلم از لنکستر آمریکایی، ساترلند کانادایی، دوپاردیو و سندرای فرانسوی و دنیروی آمریکایی- ایتالیایی، بعنوان هنرپیشه، استفاده کرده است. در فیلم‌هایی مثل بودای کوچک از کیانوریوز کانادایی و در آخرین تانگو در پاریس از مارلون براندوی آمریکایی استفاده می‌کند. در کنار پرداختن به فرهنگ چینی و بودایی با ایران هم رابطه خوبی داشته است. پیش از انقلاب مستند راه نفت را با کمک ابراهیم گلستان می‌سازد و با فروغ فرخزاد هم ملاقات و گفت و شنودی داشته

است.[۳] روسلینی هم در فیلم ژنرال دلاروره به شاه ایران اشاره می‌کند.
بجز همکاری‌های بین کشوری، همکاری درون کشوری فیلمسازان اروپایی هم به درک بهتر سینما از سوی آنها کمک شایانی کرده است. اولین درس واقعی فیلم‌سازی و نحوه تعامل مناسب با بازیگران را شوستروم، کارگردان پیشگام و شهیر سوئدی، به برگمان می‌دهد و او نیز بعدا در دو فیلم توت‌فرنگی‌های وحشی و شادی از او بعنوان بازیگر استفاده می‌کند. در فیلم رم شهر بی‌دفاع ساخته روسیلینی، فلینی جوان، هم در نوشتن فیلمنامه کمک می‌کند هم دستیار می‌شود. سناریوی اولین فیلم فلینی، با نام شیخ سفید، با همکاری آنتونیونی نوشته می‌شود و پازولینی برای فیلم شب‌های کابیریای فلینی فیلمنامه می‌نویسد.

شخصی‌سازی در فیلمسازی

در دنیای فیلمسازی همواره رابطه‌ای سه وجهی بین فیلمساز، فیلم و بیننده برقرار می‌شود. ابتدا رابطه فیلمساز با فیلم شکل می‌گیرد و بعد، بر اساس کیفیت این رابطه، رابطه فیلم با بیننده تعریف می‌شود. یکی از مهمترین ویژگی‌هایی که کیفیت آثار فیلمسازان را مشخص می‌کند نوع رابطه و نسبت فیلمساز با فیلم‌هایی‌ست که می‌سازد. در بسیاری از آثار بزرگ دنیا، فیلمسازها، تکه‌هایی از وجود و زندگی شخصی خود را به فیلم افزوده‌اند. هر قدر فیلمسازی بیشتر از وجود خود به فیلم ببخشد محتوا به دنیای واقعی و پیچیده انسانی نزدیکتر می‌شود. تارکوفسکی در مستند سفر در زمان به کارگردانان جوان توصیه می‌کند "شما باید از وجود خودتان به فیلم بدهید. شما باید به فیلمتان تعلق داشته باشید نه فیلمتان به شما. باید وجود خودتان را به سینما بدهید نه اینکه سینما را از آن خود کنید." این بدان معناست که وقتی فیلمساز بخشی از وجود خود را به فیلم می‌دهد متقابلا مخاطب انعکاس بخشی از وجود خود را در فیلم می‌بیند. تماشاگر، در فیلم خوب، همیشه تکه‌هایی از وجود خود را می‌بیند و فیلم خوب بازتابی می‌شود از بخشی از درون مخاطب. دلیل این امر آن است که بخشی از دنیای درونی انسان‌ها، به لحاظ دغدغه‌ها، ترس‌ها و نگرانی‌ها، همپوشانی دارند. مثلا وقتی مستند خاطرات لیو اولمان به نام لیو و برگمان را می‌بینیم، انطباق اتفاقات زندگی خصوصی برگمان با فیلم‌هایی که در همان زمان ساخته، کاملا مشهود است. محتوای فیلم ساراباند همان شرایطی‌ست که او در همان برهه از زندگی با لیو اولمان داشته است. نقش ارلاند یوسفسن در ساراباند خود برگمان است. در

فیلم بی‌وفا به کارگردانی لیو اولمان و نویسندگی برگمان هم یوسفسن بخشی از چهره خود برگمان را بازتاب می‌دهد. به زبانی، اولین مشتری فیلم‌های کارگردانان بزرگ خود آنها هستند. مثلا برگمان بعنوان نخستین مشتری فیلم‌های خود ابتدا نیازهای خودش را برای رهایی از آشفتگی درونی برآورده می‌نماید و از آنجا که این آشفتگی را احتمالا دیگران هم دارند همذات پنداری تماشاچی برانگیخته می‌شود.(۴)

بجز این، فیلمسازان بزرگ معمولا فیلم‌هایی دارند که نوعی خودگویی بوده، بعضا بازتابی از دنیای درونی سینما می‌باشد. مثلا کیشلوفسکی در شیفته دوربین، به زندگی یک کارگردان می‌پردازد. برگمان در پیش از صحنه، زندگی یک کارگردان تئاتر را فیلم می‌کند. موضوع فیلم‌های هشت و نیم فلینی و هویت یک زن آنتونیونی کارگردانانی سردرگم است که با سوژه بعدی خود درگیرند. در برخی از این فیلم‌ها کارگردان مخاطب را به پشت صحنه می‌برد و در ادغام و التقاط دنیای پشت و جلوی دوربین درک بیننده را از سینما ارتقا می‌دهد.(۵) مثلا در فیلم مصاحبه، فلینی که خودش بازیگر اصلی نیز است، خلاقیت بخرج داده پشت صحنه و صحنه را درهم می‌آمیزد و به آموزش سینما هم می‌پردازد. در این زمینه گاهی شاهد شیطنت از سوی کارگردانان هم هستیم. مثلا در فیلم زیبای روز، بونوئل خودش در صحنه کافه نشسته و ناظر و شاهد ارتباط بل دو ژو با دوک است. یا پازولینی در روایت‌های کانتربری و دکامرون بعنوان بازیگر ظاهر می‌شود. فلینی هم در فیلم دلقک‌ها جلوی دوربین قرار می‌گیرد. اینگونه فیلم‌ها، بجز اینکه نوع ارتباط این فیلمسازان را با حرفه‌شان نشان می‌دهند جادوی سینما را هم نزد بینندگان ساده می‌کنند تا تحت تاثیر غیرمنطقی فیلم‌ها قرار نگیرند و دچار برداشت کاذب نشوند. در هر صورت سینما، بخاطر ذات خود مسحور کننده است. وقتی مخاطب از بلوغ کافی تصویری برخوردار نباشد ممکن است مکانیزم ذهنی‌اش در تشخیص اینکه آنچه ملاحظه می‌کند تنها یک فیلم است که از ذهنیات یک فرد تراوش کرده، درست عمل نکند. نتیجه، نوعی از خودبیگانگی سطحی، جدی گرفتن موضوعات هیجانی و اثرپذیری غیرمنطقی از محتواهای کم‌مایه بسیاری از فیلم‌ها خواهد بود.

تفاوت دنیای فیلمسازان

با وجود تمام همکاری‌ها و هم‌افزایی‌هایی که عنوان شد، آثار فیلمسازان بزرگ آن

دوران جهان، به دلیل تفاوت‌های جغرافیایی، فرهنگی و فردی، شخصیت مخصوص خود را می‌یابند. در واقع این تفاوت‌ها باعث شده اند، آثار این فیلمسازان، رنگ و بوی خود آنها را بگیرند. مثلا تفاوت نوع احساسی که فیلمسازان نسبت به زمان دارند، باعث شده فیلم‌های فلینی و برتولوچی، که هر دو ایتالیایی هستند، معمولا کمتر از ۲ ساعت نباشند اما برسون، که مینیمالیستی فرانسوی‌ست، موجز و موثر فیلم می‌سازد و عموما محتوای ۸۰ دقیقه‌ای تولید می‌کند. بیشتر فیلم‌های بونوئل هم حدود ۱۰۰ دقیقه هستند. در ادامه به دنیای چند تن از این کارگردانان بزرگ، با توضیحی در مورد برخی فیلم‌های آنها یا شرح کلی از آثارشان، نزدیک می‌شویم.

فلینی: با اینکه سینمای فلینی همواره نوعی شلوغی ایتالیایی را به تصویر می‌کشد، تقریبا هیچگاه انفجاری عمل نمی‌کند، بلکه نرم و آرام درون مخاطب نفوذ می‌نماید. فلینی بیش از آنکه روایتگر باشد تماشاگر است، نیاز مشتریانی که علاقه‌مند به مشارکت در جمع‌بندی فیلم هستند را برآورده می‌نماید و هر چه به انتهای داستان‌های او نزدیکتر می‌شویم این همراهی بیشتر می‌شود. بجز جاده، که طرحی مشخص به بیننده ارائه می‌نماید، در مابقی آثار او، تصاویر و داستان‌ها از مشارکت بین کارگردان و بیننده شکل می‌گیرند و هر کس بایستی خود به جمع‌بندی در مورد فیلم برسد. شاهد نوعی بی‌نظمی، همراه با نظم کلی در آثار او هستیم که بیننده بایستی با کنار هم قرار دادن موضوعات، تصاویر و دیالوگ‌های پراکنده به برداشت خود برسد. فلینی در دو فیلم شهر زنان و هشت و نیم، گم شدن را که موضوعی ویژه در آثار اوست، به خوبی نمایش می‌دهد. گم شدنی که در شهر زنان عینی‌ست اما در هشت و نیم حالتی ذهنی و روانی پیدا می‌کند. در واقع او تردید، عدم ثبات و کم‌ایمانی را با گم شدن کارکترهایش نمایش می‌دهد. در بخشی از محتوای تولیدی او، بخصوص زندگی شیرین و هشت و نیم، که موفق‌ترین آثار او ارزیابی می‌شوند، حالتی از هذیان گویی‌های شخصی، سرگردانی و آشفتگی را نیز شاهدیم. هذیانی که فلینی سعی می‌کند با انتخاب ماستریانی، بعنوان بازیگری با شمایلی با وقار و چهره‌ای دلنشین، آنرا متعادل نماید. ماستریانی در زندگی شخصی نیز وقار دارد و هرگز دچار زرق و برق هالیوود نمی‌شود. او که کار در سینمای اصیل اروپا را به حضور در هیاهوی پر پول و رفاه سینمای آمریکا ترجیح می‌دهد، برای برقراری چنین تعادلی، در

آثار فلینی، ایده‌آل است. در واقع فلینی به عنصر تناسب نقش و بازیگر کاملا واقف است و این تشخیص را در انتخاب آنتونی کویین، برای نشان دادن زمختی شر در فیلم جاده، به رخ می‌کشد.

فیلم هشت و نیم که بخش زیادی از آن خودگویی‌ست، حکایت گُم‌گشتگی کارگردانی به نام گوییدو، که اتفاقا انتظارات بالایی از او وجود دارد، در هیاهوی زندگی‌ست. این فیلم را که فلینی در ۴۳ سالگی ساخته، با دیدی وسیعتر، حکایت دهه پنجم زندگی بسیاری از مردان است و برای درک کامل آن باید بعد از ۴۰ سالگی به تماشای آن نشست و بهترین سن همان ۴۳ سالگی خود فلینی‌ست. سنی که ناگهان، چیزهای بسیاری اهمیت خود را از دست می‌دهند تا دوباره ارزش خود را بازیابند و فلینی این بحران را در آشفتگی فیلم هشت و نیم، به خوبی نمایش می‌دهد. سرگشتگی گوییدو، از اولین سکانس فیلم شروع می‌شود و تقریبا در تمام پلان‌های بعدی ادامه می‌یابد. فیلم، حدیث نفسی کامل از گُم‌گشتگی درونی کارگردانی‌ست که علیرغم اشتیاق به روابط نامشروع و ولنگاری، باید دوره پریشانی را طی کند تا خود را باز یابد. گُم‌شدنی که در نهایت، با کنکاشی درونی و مرور کودکی، به خودیابی مجدد و انسجام دوباره شخصیت می‌انجامد. این قطعیت وقتی فرا می‌رسد که او، در لحظه‌ای از زمان، از طریق زن ایده‌آلش به ایده‌آل‌های خود پناه می‌برد. در واقع، در نهایت، این تصویر و احساس و حضور یک زن است که گوییدو را نجات می‌دهد. فلینی ایده‌آل‌های قهرمان داستان را نیز محقق می‌کند و همسری که دوست دارد را به شکل زنی جوانتر، زیباتر و فهیم‌تر تجسم می‌بخشد. داستان تا جایی پیش می‌رود که گوییدو تصمیم می‌گیرد در ازای خودیابی، فیلم را نسازد. یعنی با از دست دادن شانس ساختن فیلم، خویشتن را می‌یابد. در فیلم شاهد نوعی گیرافتادگی و خفگی پیش از رهایی هم هستیم که تنها گریبان یک نفر را گرفته است. گویی همه در دنیای خود، که خودروها نماد آن دنیاهاست، راحت و بی‌توجه مشغول زندگی مخصوص خود هستند. تنها شخصی که در خودروی خود گیر کرده، بعد از تلاش خلاص می‌شود و به پرواز و اوجگیری مشغول است که ناگهان می‌فهمد پایش بند به طنابی‌ست و در دنیایی بزرگتر گیر افتاده است.

فلینی در فیلم کازانوا ماجراها، سرگشتگی‌ها، سفرها و تلون مزاج جاری در زندگی شاعری از قرون گذشته را روایت می‌کند. فیلم، که می‌توانست بر پایه رویدادهای سیاسی و اجتماعی دوره زندگی کازانوا ساخته شود، بر زندگی شخصی

و احوالات روانی او استوار است. با اینکه کازانوای شاعر ماجراهای سیاسی و اجتماعی بسیاری از سر گذرانده و در دوره‌ای صاحب منصب سیاسی بوده و حتی به جاسوسی پرداخته، فلینی به احوالات شخصی او علاقه‌مند است. مثلا صحنه عشق‌بازی کازانوا با عروسک نشانگر اوج درماندگی، انحطاط، تردید و بلاتکلیفی اوست. در این فیلم تاریخی، شاهد تصاویری بدیع هستیم و جشنواره‌ای بی‌انتها از طرح لباس‌های گوناگون را می‌بینیم. فلینی همانگونه که در سایر آثارش، مثل شب‌های کابریا، لابلای پلان‌ها، طنزی تلخ جاری می‌کند در این فیلم هم همین کار را می‌کند تا تعادل فیلم حفظ شود.

در فیلم آمارکود خاطرات و تصاویر کودکی خود از شهر ریمینی، که خاستگاه خود اوست را پراکنده به نمایش می‌گذارد. از ابتدا با عدم تمرکز روی شخصیت‌های محدود، قصد داشته داستانی از تمام شهر را روایت کند. در واقع نقش اول داستان را نه یک شخص که یک شهر بعهده دارد. در نهایت داستان‌های شهر، به گونه‌ای تصویر می‌شوند که گویی بیننده در آن جامعه زندگی کرده و با همه چیز آشناست. موفقیت آمارکود نشان می‌دهد فیلمی که از بطن زندگی آمده، در نهایت جایگاه خود را خواهد یافت.

در ساتیریکون خلاقیت بصری را به اوج می‌رساند و جشنواره‌ای از تصاویر بزرگ نمایی شده عرضه می‌دارد. خلق آنهمه تصویر بدیع و شماتیک، با فضاسازی تئاتری، شگفت‌انگیز است. فلینی حتی در انتخاب بازیگر نقش نرون به گونه‌ای هدفمند عمل می‌کند که نتیجه، کاستن و شکستن ابهت نرون باشد. آثار بعد از ساتریکون فلینی توجه زیادی جلب نمی‌کنند. یکی از دلایل این امر تغییرات جامعه و تمام شدن علاقه و نیاز مشتریان به محتوایی ست که او ارائه می‌نماید. برای کمتر کارگردانی این فرصت پیش می‌آید که با برنامه‌ریزی و آگاهانه، آخرین فیلم شخصی خود را بسازد. این شانس، بجز برگمان که در ساراباند از آن برخوردار می‌شود، برای فلینی هم با فیلم جینجر و فرد بدست می‌آید و او موفق می‌شود آخرین مرحله از زندگی خود را به تصویر بکشد. در این فیلم ماسینا، همسر فلینی، که با وجود سن بالا هنوز شمایل دختری ساده‌دل و مهربان را یدک می‌کشد، همراه با ماستریانی، نقش‌های اصلی را دارند. گویی ماستریانی خود فلینی‌ست که با همسرش در حال مرور سال‌هایی هستند که کارهای ماندگاری انجام داده‌اند. فلینی در لغزیدن پای فرد و زمین خوردن او روی سن، در پی ارائه شرح حال خودش، در استقبال کمی که از فیلم‌های آخرش می‌شود است.

غریبه‌گی جینجر و فرد با فضای جدید جامعه، نشانگر فاصله‌ای‌ست که خود فلینی و ماسینا از ایتالیای جدید گرفته‌اند. تضادی که در پلان‌های نخستین فیلم، بین وقار جینجر با عکس‌های نیمه‌عریان بیلبوردها به چشم می‌آید و پس از آن در سراسر فیلم دنبال می‌شود، نشان از همین فاصله دارد. حتی صحنه وداع جینجر و فرد نشانه‌ای‌ست از وداع فلینی و ماسینا، با مرگ در زندگی واقعی. او که تنها فرزندش یک ماه پس از بدنیا آمدن فوت می‌کند، یک روز بعد از پنجاهمین سالگرد ازدواجش با ماسینا از دنیا می‌رود و حدود هفتاد هزار نفر در مراسم تدفین او شرکت می‌کنند و دولت ایتالیا به پاس خدماتش نام فلینی را بر فرودگاه ریمینی می‌گذارد. ماسینا هم ۵ ماه بعد از فلینی از دنیا می‌رود و در کنار شوهر و فرزندش در یک گورستان به خاک سپرده می‌شوند.[۵]

برگمان: از طرفی می‌توان به جرات گفت برگمان نخستین کسی‌ست که فرهنگ منحصر به فرد حاکم بر کشورهای اسکاندیناوی را چنین وسیع، دقیق و زیبا به لحاظ رنگ و بوی زندگی، به جهانیان نشان داده است. از سوی دیگر اثر زندگی در شرایط اسکاندیناوی را می‌توان در اکثر پلان‌های خلق شده توسط او مشاهده کرد. غنای ذاتی، ناشناخته‌های فراوان، ثروت، دوری از کانون‌های درگیری و مولفه‌های فرهنگی سوئد، این فرصت را به برگمان می‌دهند که به عمیق‌ترین نیازهای انسان بپردازد. محیطی که بخصوص در دوران کودکی با او ثروتمند برخورد کرده و مواد خام زیادی در اختیارش گذاشته، زمینه لازم را برای پرداختن او به دغدغه‌های عمیق بشری فراهم می‌کند. آرامش محیطی سوئد، طبیعت خاص این کشور و چشم‌اندازهای متفاوت آن، نوعی ویژگی برای این کارگردان رقم زده‌اند. مثلا بازتاب سکوت و آرامش جزایر فارو را در آثار او به خوبی می‌توان دید.[۶] دنیای جذابی که در سرمای اسکاندیناوی بازتولید می‌شود، درون مخاطب نفوذ می‌کند و او را مبتلا به خود می‌نماید. حتی سردی روابط خانوادگی در آثار او تا حدودی شبیه به زندگی خانوادگی سرد اسکاندیناوی خود اوست. به گونه‌ای که وقتی در شصت سالگی نه فرزند خود، از زنان مختلف را به اصرار همسرش دور هم جمع می‌کند بسیاری از آنها هرگز هم را پیش از آن ندیده بودند. در نهایت برگمانی که طبق گفته خودش در مستند جزیره برگمان در کودکی تمام اسباب‌بازی‌هایش را، به مثابه تمام دارایی‌اش، با برادرش معامله می‌کند تا صاحب دستگاه فیلموگرافی شود، بعدها نیز دنیای درونی اسکاندیناوی خود را، بعنوان

اصلی‌ترین دارایی، به سینما می‌بخشد.
برگمان برعکس فیلمسازانی مانند بونوئل و برتولوچی که در فرهنگ‌ها و لوکیشن‌های گوناگون کارکرده‌اند، به شدت در دنیای خودساخته خود زندگی می‌کند. حتی وقتی می‌خواهد فیلم شرم را در مورد جنگ بسازد، چون سوئد هیچگاه به مفهوم واقعی درگیر جنگ نبوده، موضوع را به درون خود می‌کشد و آنرا در ناکجاآباد روایت می‌نماید تا رنگ و بوی دنیای خود را به آن بزند. در واقع برگمان در تولید محتوای سینمایی، از استراتژی تمرکزی سود برده است. با استفاده از عوامل تولید محدود، به عمق نیازهای بشری می‌پردازد و کنکاشی درونی را پی می‌گیرد. در عین حال که از دنیای جغرافیایی و فرهنگی خود خارج نمی‌شود، آثارش محلی و بومی، اما جهانی هستند. همین باعث می‌شود در موارد استثنایی، مانند فیلم تخم مار، که از قالب خود خارج می‌شود، تمایز و تمرکز خود را از دست بدهد و فیلم خوبی نسازد.
برگمان بیش از آنکه با دیالوگ حرف‌هایش را بزند با موسیقی و سکوت کاراکترها محتوا را منتقل می‌کند. در فیلم‌های او شاهد لایه‌های عمیقی از سکوتی هستیم که با گوش دادن به آن، بیننده به دنیای پیچیده درونی آدم‌ها راه می‌یابد. در دنیای برگمان، همانگونه که خود او از موسیقی کلاسیک لذت می‌برده، به مخاطب هم این لذت بردن آموزش داده می‌شود. او در فیلم فلوت جادویی، که بصورت فانتزی و موزیکال اپرایی از موتسارت را پیش می‌برد، همه هر چه در مورد موسیقی در دل داشته عیان می‌کند. در واقع نوع علاقه و نگاهش به موسیقی دلخواهش را در این فیلم بیان می‌کند. استفاده از کاراکتر زرتشت، بعنوان نماد خرد و دانایی در این فیلم، در آرای اصلی موتسارت، نشانگر مختصاتی‌ست که برگمان برای موسیقی و عقلانیت قائل بوده است.
او که نخستین داستان نوشتاری‌اش به نام آزار، تبدیل به اولین فیلمنامه‌اش می‌شود، در ادامه کار سینمایی هم رمان‌نویس می‌ماند. این رمان‌نویسی در سینما را با چنان مهارتی انجام می‌دهد که بعد از دیدن هر فیلم از او، گویی داستانی را کامل خوانده‌ایم. چنان عمیق در وجود شخصیت‌ها رخنه می‌کند و نگرانی‌ها و ترس‌های آنها را بیان می‌کند که بیننده، داستان را یکجا دریافت می‌کند و قصه سطحی و بی‌رمق نمی‌ماند. در واقع ارتباط قابل تشخیصی بین محتوای فیلم‌های برگمان با موضوع ناخودآگاه و تئوری‌های روانکاوی، قابل شناسایی ست. مثلا در فیلم ساعت گرگ و میش یا حتی در شرم، بی‌اطمینانی و در خود فرورفتگی ناشی

از ناخودآگاه آدمی را به خوبی می‌توان در کاراکترها مشاهده کرد. فیلم‌های او، چون عموما به تغییرات درون آدم‌ها می‌پردازد و سیر داستان، بر اساس تحولات روانی کاراکترهاست، کم‌هزینه می‌باشند. در واقع برای نشان دادن آنچه درون آدم‌ها رخ می‌دهد نیاز به پروداکشنهای بزرگ و عظیم نیست و بیش از هر چیز هنرپیشه‌های مناسب مورد نیاز می‌باشند. برگمان دغدغه‌های آرتیستی‌اش را نیز لابلای فیلم‌هایش به خوبی بیان می‌کند. سخنوری فون سیدو در فیلم ساعت گرگ و میش، گوشه‌ای از بیان همین دغدغه‌های شخصی‌ست. فیلم‌هایی مثل بعد از اجرا، در حضور یک دلقک و خاک اره و پولک نیز از همین دغدغه و نگرانی پرده بر می‌دارند. علاقه برگمان به توت‌فرنگی وحشی هم، قبل از ساخت فیلم توت‌فرنگی‌های وحشی نمایان بوده و وی، در سال ۱۹۵۱ در فیلم تابستان با مونیکا پلانی از خوردن و گفتن از توت‌فرنگی وحشی گنجانده است. در نهایت اینکه، یکی از عادت‌هایی که به برگمان در فیلمسازی کمک می‌کند، نظم شخصی اوست. نمود این نظم تیک تاک ساعتی بزرگ است که در فیلم‌های مختلف او می‌توان دید. در زندگی شخصی هم هر روز بعد از صبحانه، حدود ۴۵ دقیقه پیاده‌روی می‌کرد تا به قول خودش پاهایش را برای کار روزمره آماده و گرم کند. او لیستی از افرادی که نمی‌خواست هرگز با آنها تعاملی داشته باشد در دفترچه‌ای نوشته بود و از بیان نام‌ها اجتناب می‌کرد. در نهایت بعد از مرگ او، دولت سوئد، به پاس خدمات برگمان عکس او را روی اسکناس دویست کرونی جدید حک کرده است.

بونوئل: در سینمای بونوئل، بخصوص در فیلم‌های تحسین شده او، نوعی ابتر و ناقص ماندن و برآورده نشدن نیاز را می‌توان حس کرد. گویی حوادث، تمام‌شوندگی ندارند. میل مبهم هوس، بعنوان شاهکاری از بونوئل، بهترین فیلمی‌ست که به بررسی نیاز درونی ناقص مانده، بصورت مستقیم می‌پردازد و مانند جذابیت پنهان بورژوازی به ناکامی اشاره دارد. با این تفاوت که در میل مبهم هوس یک نفر مدام در طول فیلم، در مورد یک نیاز، ناکام می‌ماند اما در جذابیت پنهان بورژوازی، گروهی دوست در موقعیت‌های مختلف ناکام می‌مانند. پیام اصلی بونوئل و بازی او با مخاطبانش، از همین ناقص ماندنی می‌آید که وقتی به طبقه بورژوا می‌پردازد، با نشان دادن قضاوت‌های سطحی و تضاد و دوگانگی آنها، با صراحت بیشتری بیان می‌شود. مثلا در میل مبهم هوس برخورد دوگانه صاحب رستوران، وقتی شخصیت

زن داستان را خدمتکار می‌بیند و وقتی او را پارتنر متئو (فرناندو ری) می‌بیند، طعنه‌ای به دید سطحی طبقه نوکیسه است. در جذابیت پنهان بورژوازی نیز وقتی کشیش با لباس کشیشی می‌آید و وقتی با لباس باغبانی می‌آید، برخوردهایش دوگانه و ابلهانه به نظر می‌رسند.

در میل مبهم هوس بونوئل، در اقدامی بدیع، از دو هنرپیشه، یکی با چشمانی آبی و پوستی سفید و دیگری با چشمانی تیره و پوستی سبزه برای نقش کونچیتا استفاده می‌کند. دو زن که نشانگر دو روی متفاوت شخصیت کونچیتا هستند. در این فیلم، هوس زن و قدرت، در تمام فیلم جاری‌ست و به خوبی نشان می‌دهد که وقتی نیازی به شکل هوس در سر متئو، بعنوان نماینده طبقه بورژوا، بیافتد چگونه و تا کجا برای رفع آن پیش می‌رود.

در فیلم‌های بونوئل رد علایق شخصی او را، بخصوص به حیوانات و حشرات، می‌توان مشاهده کرد. در ملک‌الموت وجود خرس و گوسفند بین بازیگران، در میل مبهم هوس حشره‌ای که در لیوان متئو می‌افتد، در جذابیت پنهان بورژوازی سوسکی که از پیانوی شکنجه بیرون می‌آید و در سگ آندلسی گاو در صحنه حضور دارد. بونوئل در فیلم عصر طلایی هم، که با همکاری دالی ساخته، از حیوانات بهره می‌برد. شروع داستان با عقرب و موش و بعد حضور یک گاو روی تخت‌خواب و وجود خود سگ، موید علاقه بونوئل به حیوانات و حشرات می‌باشد. گویی بونوئل به عدد شش هم علاقه دارد که در هر دو فیلم میل مبهم هوس و جذابیت پنهان بورژوازی، مردن آدم‌ها شش سال پیش اتفاق افتاده است.

آنتونیونی: فیلم‌سازی ایتالیایی‌ست که علیرغم پر سر و صدا بودن آثار هموطنانش، سکوت در فیلم‌هایش، عنصری مهم به حساب می‌آید. این سکوت، که نشانی از تنهایی آدمی‌ست، از فیلم فریاد آغاز می‌شود و با ماجرا ادامه می‌یابد. در فریاد، این تنهایی را در قامت آلدو (استیو کوکران)، بعنوان مردی می‌بینیم که بعد از آنکه می‌فهمد بازیچه زنی قرار گرفته، سرگشتگی‌هایش شروع می‌شود و همواره دل‌آشوب است. بعد از آن آلدو، در سفر سرگشته خود، با سه زن آشنا می‌شود اما نمی‌تواند رابطه بایسته را با آنها برقرار کند. هر سه را رها می کند و به جای اول خود باز می‌گردد و البته در این مسیر شخصیتش تغییر می‌کند. فیلم ماجرای آنتونیونی، به عمق تمایلات انسان در روابط رسوخ می‌نماید. به آدمیزاد، وقتی بین تنها بودن یا کسی را در زندگی داشتن تاب می‌خورد می‌پردازد و نشان مدهد چه

زود، با شرایط جدید وفق پیدا کرده و خود را هماهنگ می‌نماید. به اینکه قدرت تغییرات درونی می‌تواند زنی را تا آنجا پیش ببرد که با وجود بی‌تابی برای دوستی که از دست داده، جای همان دوست را نزد محبوب او بگیرد.

او در فیلم آگراندیسمان، که دارای فرمی قوی ست، از نظر محتوا، ترکیبی از مفاهیم مالیخولیایی را عرضه می‌نماید. پیدا و پنهان شدن زن جوانی که توماس در پارک از او عکس می‌گیرد، نماد همین حس مالیخولیایی‌ست. زن، زیبا و جذاب و فریبنده می‌نماید اما ممکن است با قتل مرتبط بوده و مرگ انسانیت را در پی داشته باشد. ماجرای عکس‌های پارک و تصویر جنازه‌ای که بعدا ناپدید می‌شود نیز نشانگر در هم آمیختن واقعیت و خیال، در دنیایی مالیخولیایی‌ست. جوان عکاسی که گویی جذابیت‌های معمول برایش تمام شده‌اند و بدنبال چیزی متفاوت می‌گردد. حضور او در عتیقه‌فروشی‌های مختلف نشان از همین سرگشتگی دارد. ضمن اینکه در این فیلم آنتونیونی تلاش دارد نشان دهد، بی‌قیدی و بی‌عاری همه‌گیر شده است. فیلم با نمایش خودروی جیپی شروع می‌شود که تعدادی جوان غیرمتعارف در آن شلوغ می‌کنند و بی‌عاری پیشه کرده‌اند. در پلان آخر، دوباره آنها را در پارک می‌بینیم که با همان شیوه عمل می‌کنند و مثلا، تنیس‌بازی می‌کنند اما توپی در کار نیست. حضور دو دختر جوان علاقمند به مدلینگ نیز، جنون شهرت‌طلبی و زندگی جدید را نشان می‌دهد. در فیلم آنسوی ابرها هم، دغدغه همیشگی‌اش از تنهایی آدمی در طبیعت و بین دیگران در فضایی مدرن را بیان می‌کند. فیلم حرفه خبرنگار او حکایت فرار آدمیزاد از خودش و گذشته خودش است. فیلمی که قهرمانش، گذشته را روز به روز دور می‌ریزد تا آینده را بر مبنای تصادف و اتفاق غیرمنتظره بسازد.

مختصری از سایرین: در ادامه به توضیح کوتاهی در مورد سایر فیلمسازن بزرگ اکتفا می‌کنیم. به لحاظ محتوایی می‌توان گفت تارکوفسکی شاعر سینماست و حرف‌هایش را بیشتر با کنایه، ایهام و تصویر می‌زند. در مقام مقایسه، از تارکوفسکی بیشتر تصویر در ذهن می‌ماند و از برگمان مفهوم. آب و آتش هم در فیلم‌های او در حکم بازتابی از علایق شخصی فیلمساز را دارند. برسون با شیوه مینیمالیستی، نیاز به سادگی، بی‌پیرایه‌گی و حقیقت‌بینی را تامین می‌کند، عریان فیلم می‌سازد، آثارش شبیه زندگی هستند، هیچ فضای خالی ندارد و یکسره می‌رود سر اصل مطلب. با اینحال برعکس فلینی، که

هر چه به انتهای آثارش نزدیکتر می‌شویم درگیری مخاطب با موضوع بیشتر می‌شود، در فیلم‌های برسون درگیری مخاطب با موضوع در طول فیلم یکنواخت است. برتولوچی فضای خالی زیادی در فیلم‌هایش دارد که بایستی آنها را پُر کند. حرکت بین ابعاد زمان و جغرافیا را در دو فیلم طولانی و پرخرج او، یعنی آخرین امپراطور و بودای کوچک به خوبی می‌توان مشاهده کرد. برتولوچی در فیلم من و تو، که آخرین ساخته اوست به پیوند مجدد برادر و خواهری، که از آسیب‌های والدین در امان نبوده‌اند و هر یک به نحوی مشکل دارند می‌پردازد. فیلمی جمع و جور که گویی بیشتر برای اعلام زنده بودنش ساخته و شکوه و عظمت آثار پیشین او را ندارد. تمام فیلم‌های پازولینی، که در فضای اساطیری یا مدرن ساخته شده‌اند، به خوبی اتمسفری چرک دارند. گویی نیتی مشخص از اینکار دارد. وی به اپیزودیک ساختن فیلم هم علاقه‌مند است و شب‌های عربی و دکامرون را اینگونه می‌سازد. در شب‌های عربی یا همان هزار و یک شب، با اینکه قصه‌های مختلفی روایت می‌شوند اما داستان در داستان نیستند و او مستقیم از یک داستان به داستان دیگر می‌رود. در آثار کیشلوفسکی نوعی وقار ناشی از سکوت را شاهدیم و شیشه هم در آثار او نمادی از علایق شخصی‌ست.

در نهایت این کارگردانان در نسبت با هنرپیشه‌ها هم نقاط مشترک و متفاوتی دارند. مثلا برسون هیچگاه از یک هنرپیشه در دو فیلم استفاده نمی‌کرده است اما برگمان تمام فیلم‌هایش را با تعداد محدودی هنرپیشه ساخته است. این کارگردانان هنرپیشه محبوب هم دارند. فرناندو ری مورد علاقه بونوئل، اولمان مورد علاقه برگمان، ماسینا مورد علاقه فلینی، تیتی مورد علاقه آنتونیونی و چیتی مورد علاقه پازولینی هستند.

سیاست و جامعه

فیلمسازان بزرگ در عین حال که معمولا به خدمت هیچ حکومتی در نمی‌آیند، نسبت خود را با سیاست و جامعه در آثارشان نمایان می‌کنند. البته اینجا موضوع بررسی مواضع و علائق سیاسی این فیلمسازان نیست. اشاره‌ای کوتاه می‌شود در مورد بیان سینمایی مسائل سیاسی.

برتولوچی: برتولوچی که در شرق و غرب عالم فیلم ساخته، نسبتش در سینما با سیاست و جامعه دوگونه است. با توجه به خاستگاه و دوره‌ای که زندگی کرده،

موضوع فاشیسم برایش جدی‌ست و با صراحت بدان می‌پردازد. اما در فیلم‌هایی که در فضای مشرق زمین ساخته، بیشتر حالت ناظری بیرونی دارد. ابتدا کمی نگاه او به فاشیسم را بررسی می‌کنیم و بعد به آثار مشرق زمینی او می‌پردازیم. او در سه فیلم دنباله‌رو، استراتژی عنکبوت و ۱۹۰۰ مستقیما به فاشیسم می‌پردازد. در واقع نیاز جامعه ایتالیای گذر کرده از فاشیسم را برای مرور خود و خودکاوی برآورده می‌نماید. گویی می‌خواهد از طریق محتوای تصویری، ریشه‌های فاشیسم را نشان دهد و جامعه را از این طریق واکسینه نماید. او که در دنباله‌رو، با فریاد از زبان قهرمان داستان، به فاشیسم اعتراض می‌کند در استراتژی عنکبوت نشان می‌دهد جامعه برای سرپا ماندن و به جلو راندن، نیاز به نادیده گرفتن برخی خطاها دارد. با شناخت درست ملزومات رشد جامعه، هم نیاز به اعتراض به فاشیسم، هم نیاز به گذشت کردن را در انتهای این دو فیلم مشاهده می‌کنیم. در استراتژی عنکبوت مردی که به کشور خیانت کرده از دوستانش می‌خواهد او را بکشند و تقصیر را به گردن رژیم بیاندازند تا کمی از تقصیر خود بکاهد و وسیله‌ای شود برای مبارزه مردم با فاشیسم. در دنباله‌رو، به زیباترین وجه ممکن، مسئله فاشیسم را روانی و ریشه‌ای بررسی می‌کند و طبیعت انسانی را با توجه به محیطی که در آن پرورش یافته، به تصویر می‌کشد. نشان می‌دهد پیشینه خانوادگی و دوران کودکی، تا کجا می‌توانند در شرایط بحرانی، به شکلی فاجعه‌بار، منجر به بروز رفتارهای غیرانسانی شوند. متزلزل و سطحی بودن خود فاشیسم را نیز اینگونه نشان می‌دهد که به محض از بین رفتنش، یکی از اعضای حزب، با فریاد، همکاران خود را لو می‌دهد. نشان می‌دهد چگونه عشقی حتی نادرست، می‌تواند فردی فاشیست را متزلزل نماید.

برتولوچی با ساخت آخرین امپراطور وضعیت چین دوران پویی را فیلم می‌کند و به خوبی زوال یک دوره و آغاز دوره جدید را نشان می‌دهد. آنچه در این فیلم می‌گذرد، به بسیاری از نظام‌های سلطنتی قابل تعمیم است. دخالت زنان پیر قدرتمند درباری، حضور هدفمند مستشاران غربی، حاکمان به شدت جدا افتاده از مردم، جنگ سالارانی که با هم احساس رقابت دارند و فساد گسترده، چیزی‌ست که در شهر ممنوعه شاهدیم. به زیبایی نشان می‌دهد بسته و محدود بودن، در چهاردیواری شهر ممنوعه، امپراطور را بی‌خاصیت و غیراثرگذار کرده و بود و نبود او هیچ تاثیری در جامعه نداشته است. در عین حال، به نرمی، تاثیر دخالت سیاست‌گذاران دول خارجی را در وضعیت یک کشور نمایش می‌دهد. مثلا

امپراطور پویی، که به جرم خیانت به چین و همکاری با ژاپنی‌ها محاکمه شده و سال‌ها زندانی می‌گردد و در نهایت بعنوان شهروند عادی در جامعه رها می‌شود، پیشنهاد پناهنده شدن به سفارت ژاپن را از سوی جانستون (پیتر اووتول)، معلم و مشاور غربی خود دریافت می‌کند و پایش روی پوست خربزه می‌لغزد. هنگام وداع، وقتی امپراطور با احساسی خالص از جانستون می‌پرسد حالا چطور خداحافظی کنیم، جانستون به او می‌گوید همانطور که سلام کردیم. این برخورد نشان می‌دهد این ارتباط دو طرفه، برای جانستون تنها یک ماموریت و وظیفه شغلی بوده است اما برای امپراطور رابطه‌ای احساسی و دلی، همراه با اعتماد و تعلق خاطر بوده است. در واقع با دیالوگی ساده، نسبت دو کشور را بصورت نمادین نشان می‌دهد.

فلینی: فلینی هم برخورد خاص خود را در نسبت سیاست و جامعه دارد. مثلا در فیلم ولگردها شرایط دهه بعد از جهانی دوم را در شهری کوچک ایتالیایی، از زبان یک نویسنده، هنگام صحبت با کارگردانی دوره‌گرد، به تصویر می‌کشد. این فیلم که نمایی از شهر ریمینی، زادگاه فلینی‌ست بطالت، مشکلات جنسی، خیانت و بی‌مسئولیتی جوانان را به تصویر می‌کشد و با ظرافت نشان می‌دهد تمام شهر نسبت به هنر کور است. در عین حال، به خوبی تفاوت نسل‌ها را نشان می‌دهد. پدر فیستو (فرانکو فابریز)، و مایکل (کارلو رومانو)، از نسل قبل، همگی متعهد، اخلاق مدار و محکم می‌باشند، برعکس نسل جدید، ولنگار و بی‌هدف و باری به هر جهت هستند. بی‌هدف رفتن مورالدو (فرانکو اینترلنگی) که نمی‌داند کجا می‌رود و چرا می‌رود و آیا شهر را دوست دارد یا خیر، سرگذشت خود فلینی‌ست وقتی از ریمینی مهاجرت کرد.

در فیلم کشتی رهسپار است، که در مورد حضور خوانندگانی از اوپرا در یک کشتی ست، به طبع ژورنالیستی خود بازگشته و داستان را از دید یک روزنامه‌نگار ایتالیایی بیان می‌دارد. با ایده خلق شخصیت بانویی نابینا، که رنگ آهنگ‌ها و صداها را تشخیص می‌دهد، بصورت خلاقانه بین عناصری مانند تصویر، صدا، فلسفه و سیاست پیوند برقرار می‌کند. در این فیلم عدم تفاهم سیاسی، در پلانی که روزنامه‌نگار با دوک آلمانی مصاحبه می‌کند و بر سر ترجمه کلمه لبه اختلاف به وجود می‌آید با ظرافت نشان داده می‌شود. یا هنگامی که بانوی نابینا، رنگ صدای ژنرال را بی‌رنگ بیان می‌کند، به پوچی سیاست اشاره دارد.

فلینی در فیلم رم، شهر رم را فیلم می‌کند. ابتدا سرخوشی‌های مردم، پیش از

جنگ، نمایش داده می‌شود. بعد از آن در یک عملیات حفاری، گنجینه‌ای از مجسمه‌هایی کهن و تصاویر نقش بسته بر دیوارهای یک خانه قدیمی رمی دو هزار ساله، کشف می‌شود. اما هجوم هوا، که بصورت نمادین عوامل بیرونی را مد نظر دارد، در همان دقایق اولیه، تمام گنجینه را نابود می‌کند و علیرغم فریادها و تلاش‌ها، کاری از دست کسی بر نمی‌آید. پس از سکانس حفاری و نابودی گنجینه است که سقوط اخلاقی و جنسی با حضور مردان هوسباز و زنان تن‌فروش در جامعه رم رخ می‌دهد.

فلینی در مواردی هم مستقیما به هجو سیاست می‌پردازد. مثلا در فیلم دلقک‌ها، در سکانس ایستگاه راه‌آهن یکجا شاهد احترام‌های هیتلری هستیم و جای دیگر مامور ایستگاه توسط بچه‌ها مسخره می‌شود. در واقع با ظرافت از زبان کودکان، که صادق‌تر از بزرگسالان هستند، نظر واقعی جامعه در مورد اقتدارگرایی را برملا می‌کند. یا در فیلم آمارکود، با ازدواج یکی از فاحشه‌های شهر با یک درجه‌دار فاشیست، مانیفست خود را در این مورد به زبان سینما بیان می‌کند.

بونوئل: نگاه بونوئل به سیاست و نسبت آن با جامعه بیشتر بر مبنای طبقه اجتماعی افراد است. مثلا در جذابیت پنهان بورژوازی، که مرز واقعیت و رویا را در آن بهم می‌ریزد، به زندگی طبقه خرده بورژوا با تمام مسائل مورد علاقه این طبقه مانند سیاست، مواد مخدر و میهمانی‌های دوستانه می‌پردازد. در این فیلم بونوئل، روحیه ضعیف این طبقه را نشان می‌دهد و قهرمانان داستان را ابتر می‌نمایاند. آدم‌های ناقص، ضعیف و کماراده‌ای که هیچ یک از کارهایشان تمام نمی‌شود و کامل نمی‌گردد. از سکانس‌های جذاب فیلم، برای نمایش روحیه ضعیف طبقه بورژوا، فرار میهمانان از خانه میزبان است وقتی که خدمتکار شیطنت می‌کند و به میهمانان می‌گوید که میزبان فرار کرده است. در واقع بونوئل با این سکانس کل این طبقه را دست می‌اندازد و این دست انداختن توسط زنی خدمتکار که ظاهرا از طبقه فرودست‌تری‌ست صورت می‌گیرد. در این فیلم با نشان دادن ارتباط یک مرد با همسر دوستش، سطح اخلاق طبقه بورژوا را نیز به چالش می‌کشد. وقتی در خلوت زن و مرد دیپلمات، شوهر زن سر می‌رسد و عیش آنها تبدیل به نیش می‌شود و کارشان ناتمام می‌ماند، با درخواست احمقانه فاسق از زن برای ماندن، نشان می‌دهد تا چه حد تابع هوس‌های زودگذر خود بوده و سطحی‌اند.

در فیلم رودخانه مرگ، تقابل مدرنیته با سنت را در شکل انتقام‌گیری قومی

قبیله‌ای شاهدیم. در این محتوا هم رسوم اجتماعی در جامعه جاری هستند هم قانون وجود دارد اما برای همه، رسوم اجتماعی مشروعیت بیشتری دارند تا قانون. با اینحال پزشک جوان داستان، علی رغم تمام فشارها، نمی‌خواهد درگیر رسوم منسوخ دهکده شود. پس با درایت موفق می‌شود طرحی نو دراندازد و رسم سنتی را بشکند. بونوئل در فیلم‌هایش رشوه را نیز به خوبی نمایش می‌دهد. در میل مبهم هوس متئو به مادر کونچیتا رشوه می‌دهد و در ویریدیانا خورخه (فرانسیسکو رابال) به مرد گدا، برای کشتن گدایی دیگر، پول پرداخت می‌کند. او دو فیلم هم دارد که بر مبنای حرکت و جابجایی، یکی در ترن شهری و دیگری در یک اتوبوس، ساخته شده‌اند. فیلم‌هایی که می‌توان آنها را نمایشی از لاجرم بودن دگرش در مسیر حرکت جامعه تعبیر کرد.

سایرین: کارگردانان بزرگ دیگر نیز لابلای فیلم‌های خود به موضوعات مرتبط با سیاست و جامعه پرداخته‌اند. برگمان در فیلم شرم به اثرات جنگ می‌پردازد و خیانت و سوءاستفاده و ناامیدی را به نمایش می‌گذارد. در ارتباطی که بین زن داستان با مرد نظامی به وجود می‌آید، اثرات جنگ را به شکل تجاوز به خصوصی‌ترین حریم زندگی انسان‌ها نمایش می‌دهد. پلان آخر فیلم که در آن قایق در دریاچه بین انبوهی جسد رها می‌شود نشانگر نتیجه جنگ است. برگمان در فیلم عشق بر ما می‌بارد، همانند داستان الیورتوییست، به بیان کاستی‌های جامعه بصورتی صریح و روشن می‌پردازد. در بخت کور، کیشلوفسکی، با مهارت انگشت روی بخت جوانی می‌گذارد که در اوج جنگ سرد، در لهستان دهه هشتاد زندگی می‌کند. بختی که در هر سه صورتی که فیلم روایت می‌کند، کور است. آلمان سال صفر، ساخته روسیلینی نیز نشانگر شرایط بعد از جنگ جهانی دوم، خرابی‌های بی‌حد شهر و روحیه متزلزل آدم‌هاست. به نوعی مسیری که جامعه به اینجا رسیده را نشان می‌دهد.

البته تلاش برای نمایش مضامین سیاسی همیشه هم موفق نبوده‌اند و تولید اینگونه محتوا مقتضیات خود را می‌طلبد. مثلا در این زمینه می‌توان به تخم مار برگمان و نقطه زبراسکی آنتونیونی اشاره کرد. در هر دو فیلم، این فیلمسازان، در اتمسفری خارج از محیطی که به آن مسلط بوده‌اند به تولید پرداخته‌اند. برگمان تخم مار را در شرایطی که مجبور شد خارج از سوئد زندگی کند، در مورد فضای سیاسی آلمان پیش از جنگ جهانی دوم می‌سازد. آنتونیونی هم در فیلم نقطه

زبراسکی، که در مورد وضعیت آمریکا و اعتراض‌های دانشجویی بعد از جنگ دوم جهانی ست، موفق عمل نمی‌کند. از ساختار و نوع روایت فیلم کاملا مشخص است که یک غیر آمریکایی، به موضوعی پیچیده در آن جامعه پرداخته است. همین فاصله روانی بین کارگردانی ایتالیایی و شرایط جامعه آمریکای آن روزها سبب شده است این فیلم دچار نوعی وارفتگی شود. حتی استفاده از دو نابازیگر زیبا و گذاشتن موسیقی پینک فلوید روی فیلم نیز آنرا نجات نمی‌دهد. گویی برعکس فیلم‌های ماجرا و آنگرادیسمان، که آنتونیونی در نهایت می‌داند چه می‌خواهد، در این فیلم سرگردانی، ضعف متن و موضوع مشخص است.

زنان و بزرگان سینما

کارگردانان بزرگ معمولا به جستجو درون دنیای زنانه می‌پردازند. از همین رو زنان در زندگی آنان اثرات غیرقابل انکاری داشته‌اند. حضور پر رنگ لیو اولمان و بیبی آندرسون در آثار برگمان غیرقابل انکار است. ویتی برای آنتونیونی و ماسینا برای فلینی بسیار الهام‌بخش بوده‌اند. در ادامه به بررسی نقش زنان در دنیای برخی کارگردانان بزرگ می‌پردازیم.

برگمان: یکی از منحصرترین و شاخص‌ترین ویژگی‌های برگمان نفوذ و فهم دنیای درونی زنان است. او این توانایی را دارد که محیط را از درون دنیای زنانه ببیند. جایی که کمتر فیلمساز مردی جسارت یا توانایی ورود به آنرا دارد. در واقع بسیاری از مردان، در فیلم‌های خود، به دنیای زنان هم مردانه می‌پردازند. اما برگمان ضمن اینکه به دنیای زنان زنانه می‌پردازد، به دنیا هم می‌تواند زنانه بپردازد. این توانایی و علاقه برگمان، از همان نخستین آثارش، وقتی رازهای زنان را در سال ۱۹۵۳ بعنوان سومین اثرش عرضه می‌کند نمایان می‌شود. بعد از آنهم در فیلم‌های سکوت، تماس، فریادها و نجواها، سونات پاییزی، چهره به چهره، همچون در یک آینه و پرسونا به دیدن دنیا از درون دنیای زنانه، از وجوه مختلف و در شرایط گوناگون، ادامه می‌دهد.

در فیلم سکوت به پیچیدگی روابط دو خواهر با دو روحیه کاملا متفاوت، یکی سنتی و سلطه‌گر و دیگری مدرن و آزاد، می‌پردازد. در فریادها و نجواها به تفاوت‌ها و دلخوری‌های سه خواهر، که پس از سال‌ها با هم ملاقات می‌کنند و یکی در حالت احتضار است، می‌پردازد. در عین حال زن چهارمی را به شکل

خدمتکار وارد داستان می‌کند تا به بیننده معیاری برای قیاس روابط زنانه خونی و غیر خونی بدهد. در سونات پاییزی دیدار یک مادر سالخورده با دو دخترش بعد از سال‌ها را فیلم می‌کند. مادر که هنرمندی شناخته شده است یکی از دخترانش که دارای معلولیت ذهنی‌ست را سالها پیش به پانسیون سپرده است. اما دختر دیگر، او را به خانه نزد خود آورده و مادر از این ماجرا بی‌خبر است. در تلاش برگمان برای دیدن دنیا از درون این سه زن، احساسات درونی آنها نسبت به هم برملا می‌شود. انتخاب اینگرید برگمن که خود هنرمندی شناخته شده است برای نقش مادر حکایت از هوشمندی برگمان دارد. در چهره به چهره او به ارتباط بین یک مادر جوان، بعد از عبور از چند بحران، با دختر نوجوانش می‌پردازد.
توانایی تماشای دنیا از نگاه زنانه در فیلم همچون در آینه، جایی که قهرمان داستان زنی با اختلالات روانی‌ست، به اوج می‌رسد. در واقع او این توانایی را دارد که دنیا را حتی از نگاه زنی که از آسایشگاه روانی، به صورت موقت، مرخصی گرفته ببیند. هنر او در این فیلم جایی خودنمایی می‌کند که این اختلال روانی را در شکل جنون و دیوانگی نشان نمی‌دهد. یعنی خود او اگر در فیلم برملا نمی‌کرد که زن از یک اختلال روانی رنج می‌برد شاید تماشاگر رفتارهای او را نه بر اساس مشکل روانی بلکه به مشکل اخلاقی نسبت می‌داد. مثلا ممکن بود نوع ارتباط زن داستان با برادرش را نوعی فساد اخلاقی ببیند. اما با پیشینه‌ای که از زن می‌دانیم این درگیری به اختلال روانی او مرتبط می‌شود.
یکی دیگر از شاخص‌ترین آثار او، با نگاه زنانه، فیلم پرسوناست. اگر در فیلم همچون در آینه سه کاراکتر مرد، همسر، پدر و برادر زن داستان هم حضور دارند در پرسونا، در تمام طول فیلم، تنها با دو زن سر و کار داریم. شاید دلیل اینهمه تسلط برگمان، در این فیلم، بر دنیای این دو زن، نوع ارتباط او با هر دو بازیگر این فیلم است. او که تا قبل از پرسونا با بیبی آندرسون در ارتباط عاشقانه است بعد از فیلم، با لیو اولمان وارد رابطه می‌شود. گویی در تداوم ارتباط پرستار و هنرپیشه فیلم پرسونا، خود برگمان نیز از درون پرستاری که محیط را ترک می‌کند، به درون هنرپیشه‌ای که به بلوغی بالاتر رسیده کوچ می‌کند.
همانطور که می‌بینیم برگمان به زنان در سنین مختلف، از سالخوردگی در سونات پاییزی تا نوجوانی در چهره به چهره، پرداخته است. در آثار او نسبت‌های مختلف را هم، از ارتباط دو زن غریبه در پرسونا تا دو خواهر در سکوت تا سه خواهر در فریادها و نجواها تا ارتباط دختر و مادر در چهره به چهره و سونات پاییزی

می‌بینیم. مضاف بر اینکه باید خاطرنشان کرد فیلم‌های فوق آثاری هستند که محوریت کامل با زنان است. در سایر آثار برگمان مانند تابستان با مونیکا، درسی در عشق، لبخندهای یک شب تابستانی، شرم، صحنه‌هایی از یک ازدواج و ساراباند هم به دنیای زنانه وارد می‌شود اما در این موارد محوریت داستان ازدواج است. در واقع در اکثر آثار او یا محور اصلی زن است یا یکی از دو محور اصلی را زنان تشکیل می‌دهند. حتی در آثاری که زنان یکی از دو محور اصلی هستند هم محوریت زنان بر مردان می‌چربد. مثلا در تابستان با مونیکا این زن داستان است که با یک کودک رها می‌ماند. یا در شرم ما بیشتر با درونیات و تمایلات زن داستان روبرو می‌شویم تا مرد داستان.

فلینی: حضور زنان در زندگی شخصی فلینی متفاوت از برگمان است. او که تا آخر عمر به زندگی زناشویی خود پایبند است همسرش ماسینا را بزرگترین الهام‌بخش خود می‌داند. در واقع ماسینا نقشی محوری در موفقیت آثارش دارد. حتی زندگی شخصی ماسینا نیز نشانگر انطباق شخصیت واقعی او با نقش‌هایی که بازی کرده است می‌باشد. ماندگاری و وفاداری به فلینی برای ۵۰ سال بخصوص در عالم سینما و مرگش تنها ۵ ماه بعد از مرگ فلینی، که گویی نتوانست این دوری را تحمل کند و از سرطان ریه از دنیا رفت، گوشه‌ای از شخصیت واقعی او را نمایان می‌کند. از دست رفتن تنها فرزندش تنها یک ماه پس از تولد نیز احتمالا در زندگی حرفه‌ای این زوج اثر داشته است. چون زنان معمولا بعد از مرگ فرزندانشان نمی‌توانند همان فرد شاد قبلی باشند و غمی عمیق به درونشان می‌نشیند. تاثیر این فقدان را در آثار فلینی می‌توان به شکل حضور مادر در اشکال مختلف دید. این حضور در شب‌های کابیریا به شکل قاب عکس، در شهر زنان بصورت مجسمه و در فیلم‌های کازانوا و جاده به شکل کاراکتر عرضه شده‌اند. در هر صورت مجموعه ویژگی‌های ماسینا او را برای ارائه نقش زنان مظلومی که مورد خیانت مردان قرار می‌گیرند مناسب می‌کند. گویی ساخته شده است تا در فیلم‌ها به او خیانت شود. حالت صورت ماسینا، چشمان بیرون زده و پف کرده، صورت گرد، میمیک کودکانه و اندام ریز او ساخته شده‌اند برای نقش زنان آسیب‌پذیر. حتی در فیلم روشنایی‌های واریته که اولین تجربه کارگردانی فلینی بصورت اشتراکی با آلبرتو لاتوادا است، ماسینا مورد خیانت کاراکتر مرد داستان قرار می‌گیرد. در این فیلم که تهیه‌کنندگی، نویسندگی و کارگردانی بین فلینی

و لاتوادا مشترک است هر دو کارگردان از همسران خود استفاده می‌کنند. یعنی ماسینا و دل پوجو که همسر فلینی و لاتوادا هستند نقش زنان اصلی فیلم را بعهده دارند.

فلینی در فیلم جاده، با استفاده از قابلیت‌های ماسینا، به تقابل سیاهی و سپیدی که درون انسان‌ها لانه کرده می‌پردازد و در نهایت پیروزی شر بر خیر را به تصویر می‌کشد. در این فیلم کشتن مرد جوان توسط زامپانو (آنتونی کویین) در واقع کشتن منجی‌ست. فلینی در جاده اعلام می‌کند هرکس یک زامپانوی درونی دارد که اگر مهارش نکند خیر را نابود خواهد کرد.

شب‌های کابیریا را می‌توان تداوم فیلم جاده دانست. در هر دو فیلم که نقش زن با ماسیناست، کابیریا همان جلسومینای جاده است. با این تفاوت که در جاده مقابل او زامپانو، بعنوان یک فرد، قرار داشت اما اینجا شر درونی زامپانو در جامعه پخش شده، همانند ویروس همه جا را گرفته، رهایی از آن سخت می‌نماید و حتی مذهب نیز در برابر آن کارساز نیست. فیلم روایتگر زندگی فاحشه‌ای خوش‌قلب و ساده‌دل است که از سرناچاری و بدلیل از دست دادن والدینش در کودکی، به این کار کشیده شده است. کابیریا در پی رفع نیازهای اولیه خود است اما از او دریغ می‌شود. حتی اسم فیلم شب‌های کابیریا تداعی‌کننده زندگی سیاه اوست. در مقابل او آدم‌های به ظاهر محترمی حضور دارند که به محض بدست آوردن فرصت، به دنبال سوء استفاده از دیگران هستند. دوست پسر اول کابیریا، هنرپیشه معروف سینما، مرد شعبده‌باز، دوست پسر دوم وی و آدم‌هایی که در نمایش شعبده‌بازی نشسته‌اند همگی نمادهایی از شر سوء استفاده کننده از کابیریا هستند که هیچ ارزشی برای او قائل نیستند. فیلم تقابل زشتی‌ها و زیبایی‌های زندگی‌ست با این زمینه ذهنی که مقدار زشتی‌ها بسیار بیشتر از زیبایی‌هاست. در واقع زیبایی را به شکل سادگی، درون زن تن‌فروش فیلم نشان می‌دهد و زشتی را درون دیگرانی که به ظاهر محترم می‌باشند. تنها نماد کمرنگ خیر در فیلم، مردی‌ست که برای بی‌خانمان‌ها غذا می‌آورد و در تضاد آشکار با کشیشی‌ست که اعانه جمع می‌کند و تنها در حرف بدنبال کار خیر می‌باشد. اینجا هم همانند جاده در نهایت شر پیروز می‌شود و زن خوش‌قلب می‌ماند با آینده‌ای که معجزه‌ای در آن رخ نخواهد داد. شری که حتی سرپناه را از او می‌گیرد.

مهمترین نکته در مورد شب‌های کابیریا این است که اگر چه فیلم در مورد زندگی یک کارگر جنسی و تن‌فروش خیابانی‌ست اما هرگز هیچ محتوای سکسی یا

مضمون اروتیکی در آن نمی‌بینیم. این نشان می‌دهد فلینی، خشونت و بی‌رحمی جامعه در قبال زنان تن‌فروش را، که جزو آسیب‌پذیرترین اقشار جامعه می‌باشند، بدون هرگونه سوءاستفاده و ایجاد جذابیت جنسی دنبال کرده است. از آنجا که داستان کابیریا ممکن است برای هر زنی با شرایط اجتماعی و روانی او در هر جامعه‌ای اتفاق بیافتد داستانی جهانی‌ست.

در فیلم جولیتای ارواح، جولیتا (ماسینا) بدون هیچ‌گونه تکلفی، سادگی را در ذات خود دارد و گویی زبانش مستقیم به قلبش چسبیده و آنچه احساس می‌کند را بی‌واسطه بیان می‌دارد. نخستین جرقه وقتی زده می‌شود که شوهر جولیتا، شب در خواب، دوبار نام گابریلاَ را صدا می‌زند. صبح جولیتا، با سادگی و صداقت تمام، از او می‌پرسد که گابریلاَ کیست. شبی که خیانت شوهر برای جولیتا مسجل می‌شود او در حالتی از انتقام به میهمانی پر از فساد زن همسایه می‌رود و تا مرز خیانت پیش می‌رود اما در نهایت به خود آمده و می‌گریزد. همه هم منتظرند که خیانت او را ببینند. اما نمی‌شود، نمی‌تواند و نمی‌کند. حتی برای فکر پلیدی که به ذهنش خطور کرده، به سختی دچار عذاب وجدان می‌شود و بهم می‌ریزد. در اطراف جولیتا تقریبا تمام زنان اغواگری زنانه دارند و حتی مادرش به او خرده می‌گیرد که چرا آرایش نمی‌کند. گویی ساده بودن حتی بین خود زنان هم دیگر جایی ندارد. حتی روح حاضر در فیلم هم او را به پیروی از زن همسایه تشویق می‌کند. اما علیرغم این توصیه‌ها جولیتا همانی‌ست که هست. تضاد سادگی جولیتا با زرق برق خانه همسایه نشانگر تفاوت زندگی او با دنیای اطراف است. او چنان خوش‌قلب است که عشق را برای همه می‌خواهد. در صحنه‌ای دقیقا دیالوگش این است، "عشق برای همه". او که هرگز با هیچ‌کس متفرعنانه برخورد نمی‌کند، وقتی همه چیز را رها می‌کند و می‌رود که در صحنه‌ای اثرگذار، هنگام حضور در منزل گابریلا، تحقیر می‌شود. او برعکس زن همسایه که بساط عشرتش به غایت مهیاست و به گفته خودش عاشق جنگیدن است، نمی‌جنگد بلکه به سادگی رها می‌کند و می‌رود.(۷)

چون فلینی در جولیتای ارواح دوباره زنی خوش‌قلب و مهربان را در موقعیتی سخت و بی‌رحم قرار می‌دهد و صداقت او را به بوته آزمایش می‌گذارد می‌توان آنرا ادامه جاده و شب‌های کابیریا دانست. در هر سه فیلم، زن ظلم‌دیده که نقش هر سه را ماسینا بازی می‌کند، هرگز به فکر تلافی نمی‌افتد و در خودش عذاب می‌کشد. در یکی می‌میرد، در دیگری به زندگی قبلی بازمی‌گردد و خنده و گریه

در او درهم می‌آمیزد و در سومی رها می‌کند و می‌رود. وجه مشترک و مشخص هر سه فیلم، تنهایی زن در هر سه نقش است. گویی دارای گوهری ناب اما بی‌مشتری ست که او را تنهاتر از همه کرده است. فلینی در این سه فیلم نشان می‌دهد برای زنی با ویژگی‌های ماسینای داستان‌هایش، در هر موقعیتی، داستان همان است و دنیا در برابر سادگی و معصومیت بی‌رحم است. برخورد محیط با او، بعنوان یک زن خوش‌قلب، چه دختری بی‌پناه باشد، چه فاحشه‌ای خیابان گرد و چه زنی مرفه و آبرومند تفاوت چندانی ندارد.
شهر زنان فیلم خوب دیگری از فلینی‌ست که در آن بیش از سایر آثارش واقعیت و تخیل را درهم آمیخته است. در شهر زنان، تلاش دارد به شیوه خود، با جمع کردن یکجای تعداد زیادی زن، فمینیسم را به تصویر بکشد و تمام جنبش زنان و فریادهایشان را نشان دهد. در این فیلم گرایش‌های مختلفی از چند شوهری گرفته تا کیسه بوکسی که شبیه مرد است تا دست انداخته شدن اسناپوراز (ماستریانی) توسط زنان، بصورت کامل فیلم شده‌اند. فلینی زنان فیمینیستی را نشان می‌دهد که خشم را در اشکال مختلفی مانند تحقیر، آزار فیزیکی و توهین بروز می‌دهند. در عین حال بیهودگی این جنبش را در پلان گلخانه یادآور می‌گردد. در فیلم‌های قبلی فلینی هم گاهی رگه‌هایی از نمایش برتری زنان قابل مشاهده است. مثلا در پلانی، تقابل زن و فروشنده مرد قوی هیکلی که سعی می‌کند او را در مغازه‌اش از جا بلند کند، قدرت جسمی زن را از مردان بیشتر نشان می‌دهد. یا هنگام یادآوری دوران کودکی در هشت و نیم، زن غول‌پیکری که در خاطر گوییدو ظاهر می‌شود فیمینیسم خشن را یادآور می‌گردد. به نظر نمایش زنان درشت اندام، که زورشان به مردان می‌رسد و آنها را شکست می‌دهند، حرکتی نمادین می‌آید.

بونوئل: در دنیای بونوئل به زنان بصورت ویژه‌ای پرداخته می‌شود. مثلا فیلم‌های تریستانا و ویریدیانا هر دو نشان‌دهنده سیر تغییر دو زن پاک و نجیب هستند. دو زنی که توسط جامعه، به وضعیتی که دوست ندارند تن داده و تغییر می‌کنند. در ویریدیانا به زیبایی نشان می‌دهد که معصومیت چگونه مورد هجوم و تاخت و تاز همه جانبه قرار می‌گیرد. چگونه ممکن است کسی، پیش از پایبندی رسمی از طریق غسل تعمید، از انزوا و گوشه‌نشینی مذهبی خود خارج شود و در مواجهه با زندگی روزمره و عادی، سرنوشتی متفاوت پیدا کند و به دیگری تبدیل گردد. ویریدیانا (سلویا پینال) خود نیز به مادر روحانی اذعان می‌دارد که دیگر آدم

سابق نیست. تغییرات درونی او ناگهانی رخ نمی‌دهند. بعد از خروج از گوشه‌گیری مذهبی ابتدا سعی می‌کند درون جامعه به کارهای خیر بپردازد. اما بعد از مواجهه با متکدیانی که به خانه حمله‌ور شده‌اند و یکی از آنها قصد تجاوز به او دارد، کاملا تغییر می‌کند و همرنگ جماعت می‌شود. رفتن به سراغ خورخه، دیدن رامونا (مارگاریتا لوسانو) نزد خورخه، همراهی ویریدیانا با آن دو نفر و ورق‌بازی آخر فیلم تمام تغییرات شخصیتی او را نمایان می‌کنند. پریدن گربه روی موش در انباری در حالی که خورخه و رامونا آنجا هستند یا نوع ایستادن متکدیان برای عکس گرفتن با ژست تابلوی شام آخر داوینچی، بیان نمادین بونوئل برای اتفاقی‌ست که می‌افتد. فیلم زیبای روز شاهکاری‌ست که بونوئل در آن در تلفیق واقعیت و رویا به کمال رسیده است. آنچنانکه هیچ سرنخی برای تمیز رویا از واقعیت نمی‌دهد و وهن تا آخرین لحظه و پس از آن، همراه مخاطب باقی می‌ماند. این فیلم، که مانند ویریدیانا و تریستانا حکایت از تغییر درونی زن داستان دارد با فلاش بک‌های کوتاه ارتباط عمیقی بین کودکی بل دو ژو (کاترین دِنُوْ) و تمایل غیر معمولش به هرزه‌گی برقرار می‌کند. با اینکه در زندگی زن داستان همه چیز مهیاست و هیچ مشکلی ندارد، تمایل عمیقی به فاحشگی و تحقیر شدن در او می‌بینیم. اما هرگز نمی‌فهمیم که آنچه در فیلم شاهد بوده‌ایم در واقعیت رخ داده یا بخشی از خیالبافی‌های کاراکتر است. حتی فیلم‌های کمتر مورد توجه قرار گرفته بونوئل مانند سوزانا نیز به برخی تمایلات منفی انسان از زاویه دید زنانه پرداخته می‌شود. زنی شیطان‌صفت که با ورود به خانواده‌ای قصد بر باد دادن ارکان آنرا دارد. یا فیلم میل مبهم هوس، واقعا در مورد میل مبهمی‌ست که در هوس شاهدیم و هر کسی را ممکن است گرفتار خود کند.

آنتونیونی: آنتونیونی هم نسبت ویژه خود را با زنان دارد. در فیلم هویت یک زن تنهایی کامل آدمی که برای بقای روح می‌جنگد را نشان می‌دهد. بقایی که در گوهر وجودی زن جستجو می‌شود. بیان و توصیف خورشید در واقع تشبیه موجودیت زن به نور است. در فیلم زنی بدون کاملیا روایتگر تمام آن چیزی‌ست که ممکن است برای یک هنرپیشه زن زیبا در زندگی واقعی بیافتد. هنرپیشه‌ای کم استعداد که در سکانس آخر نشان می‌دهد چگونه تغییر کرده، یادگرفته دروغ بگوید و به سیستم، سراسر جعلی سینما بپیوندد. این فیلم نقدی‌ست بر آنچه بر زنان، در سینما می‌گذرد. در فیلم رفیقه‌ها به دنیای زنانی که هنوز در گیر و دار

انتخاب کردن‌های جوانی هستند و تکلیفشان با محیط پیرامون روشن نیست رسوخ می‌کند. دل‌مشغولی‌هایی که به نظر می‌رسد همیشه برای زنانی در آن سن و سال و شرایط اجتماعی وجود داشته و خواهد داشت. در فیلم شب، پرسه زدن‌های لیدیا (ژَن مورو) در شهر، همانند ناظری بی‌تفاوت، به فهم بهتر شرایط جامعه مدرن از دید یک زن کمک می‌کند. روابط رو به زوال، تنهایی، مرگ، امید، سرگرمی‌های کودکانه قشر مرفه و بی‌تفاوتی نسبت به زندگی دیگران، شاخصه‌های فیلم شب آنتونیونی می‌باشند. موضوعاتی که برای وی با فیلم ماجرا شروع شده با فیلم شب ادامه یافته و در نهایت به فیلم کسوف می‌رسد.

سایرین و زنان: همانگونه که گفته شد نسبت زنان با بسیاری از فیلمسازان از آثارشان قابل تشخیص است. مثلا پازولینی هرگز در دنیای زنان عمیق نمی‌شود، همیشه در سطح می‌ماند و به آنها ابزاری می‌نگرد. با اینکه فیلم‌های او حال و هوایی بی‌پروا دارند اما زن‌ها نقش‌هایی پیچیده‌ای ندارند و معمولا منفعل بوده و در روند فیلم کم‌اثر می‌باشند. شاید این به دلیل همجنسگرا بودن وی است. به نظر می‌رسد برتولوچی بعد از فیلم دنباله‌رو ناگهان فروید را کشف می‌کند و رویکردهای او را به فیلم‌هایش تزریق می‌نماید و به عقده‌های جنسی علاقه‌مند می‌شود. اما برسون، برعکس برگمان و برتولوچی که تا مرز شکستن تابوهای مشترک در تمامی جوامع بشری پیش می‌روند، هرگز تابوشکنی نمی‌کند.
آخرین نکته‌ای که باید در این زمینه بیان کرد تفاوت‌های فرهنگی در نمایش اروتیک فیلم‌های هر کشوری‌ست. در واقع محتواهای جنسی آثار فیلمسازان بزرگ تا حدود زیادی برآمده از شرایط عرفی و اجتماعی محیطی‌ست که از آن برخواسته‌اند. مثلا اگر برتولوچی می‌خواست صحنه‌ای از سارااباند را که در آن زن داستان، لباس‌های خود را در می‌آورد طراحی کند قطعا نتیجه جور دیگری می‌شد. بطور کلی هم تفاوت نحوه نمایش صحنه‌های اروتیک در فیلم‌های ایتالیایی، سوئدی، فرانسوی و هالیوودی دقت این فیلمسازان را در درک تفاوت‌های فرهنگی کشور متبوع خود نشان می‌دهد.

مذهب و سینماگران

به جرات می‌توان فیلمسازان بزرگ غربی را از جدی‌ترین نقادان مذهب دانست که هر یک با نگاه خاص خود به این مقوله پرداخته‌اند. ترویج و نقد مذهب از

طریق سینما از آن روی مهم است که از طریق تصاویر و مفاهیم اثرگذار و جذاب در معرض دید عموم قرار می‌گیرند. در هر صورت بخش بزرگی از محتوای تولید شده توسط سینماگران بزرگ کلاسیک، مانند برگمان و برسون نمایش تعارضات درونی انسان مدرن است. بخش مهمی از این تعارضات نیز مربوط به نسبت انسان معاصر با مذهب است.

کیشلوفسکی: یکی از قابل توجه‌ترین محتواهای تصویری مذهبی ده‌فرمان کیشلوفسکی ست. این مجموعه ابتدا سریال تلویزیونی بود اما بعدها قسمت‌هایی از آن در سینما هم نمایش داده شد. نام ده‌فرمان در ابتدا کلیشه‌های مذهبی را به ذهن متبادر می‌نماید، اما او از ده‌فرمان استفاده کرده تا حرف‌های روز بزند و مسائل روانی بشر معاصر را مطرح کند. تنها در فرمان اول، که در مورد توحید است، نمی‌تواند یا نمی‌خواهد، با موضوعات روز پیوند قوی برقرار کند و تا حدودی سنتی برخورد می‌کند. پیام این اپیزود این است که اگر به خداوند اعتقاد نداشته باشی و به چیزی غیر از او تکیه کنی نابود خواهی شد. در سایر اپیزودها شاهد بیان مسائل روز هستیم. مثلا در فرمان هفتم، که اپیزود هفتم نیز است، از همسایه‌ات دزدی مکن مطرح می‌شود. با رویکرد سنتی به فرامین، تا قبل از دیدن فیلم تصور نمی‌شود کارگردان این پیام را در قالب داستان مادربزرگی بیان کند که نوه خود را تصاحب کرده و مجالی برای ابراز احساسات مادرانه به مادر واقعی طفل نمی‌دهد. یا پیش از دیدن فیلم تصور نمی‌شود فرمان نیکی به والدین، با موضوعی تاریخی مانند الکترا مطرح و بازگو شود. در کل هم، با اینکه داستان‌ها مجزا هستند کیشلوفسکی آنها را با گره‌هایی گاه شل و گاه محکم بهم پیوند زده است. مثلا گره بین داستان دوم (نام خدای خود را به باطل مبر) و چهارم (احترام به پدر و مادر) محکم است اما داستان پنجم (قتل نکن) و ششم (زنا نکن) پیوندی شل با بقیه اپیزودها دارند. احتمالا به همین دلیل این دو داستان، بطور مستقل در سینما هم نمایش داده شده‌اند. از ایده‌های بسیار ناب کیشلوفسکی این است که در تمام اپیرودهای ده‌فرمان فردی ناشناس مثل ناظری بی‌طرف و مشاهده‌گر وجود دارد، در بزنگاه‌ها حاضر می‌شود، تنها نگاه می‌کند و رد می‌شود. حالت‌های مختلف تصویربرداری از این ناظر خود گواهی‌ست بر تفاوت پیام اپیزودها.

بونوئل: بونوئل را می‌توان یکی از بزرگترین منتقدان و عیان‌کنندگان حال و

روز مسیحیت در عصر حاضر دانست. او در فیلم اشتیاق غریب نشان می‌دهد کاراکتر به شدت شکاک داستان، که به طرز بیمارگونه‌ای به همسر خود شک دارد، کشیش می‌شود. کنایه از اینکه هیچ فرد عادی و نرمالی به کشیش شدن فکر نمی‌کند. در فیلم نازارین و ویردیانا نشان می‌دهد چگونه مسیحیت در جامعه امروز غرب سرخورده شده است. این دو فیلم، که در پیام شبیه هستند، به دلیل خلاقیت بونوئل مورد توجه بسیاری قرار گرفته‌اند. فیلم ویریدیانا که نقدی بی‌ملاحظه بر عملکرد مسیحیت دارد و تفاوت بین آنچه درون کلیسا می‌گذرد را با جامعه واقعی نشان می‌دهد علیرغم برنده شدن نخل طلایی کن، از سوی پاپ تکفیر می‌شود و تا زمان زنده بودن فرانکو در اسپانیا اکران نمی‌گردد.[۸] در جذابیت پنهان بورژوازی کشیشی که تبدیل به باغبان می‌شود و همه چیزش را برای فقرا داده، نمی‌تواند در برابر انتقام خون والدینش خویشتن‌داری نماید و قاتل می‌شود. در صحنه تعویض لباس توسط کشیش هم، به خوبی حماقت طبقه بورژوا در برابر مذهب به نمایش در می‌آید.

برگمان: از جمله مهم‌ترین فیلم‌های مذهبی تاریخ سینما، مهر هفتم، چشمه باکره و نور زمستانی از ساخته‌های برگمان می‌باشند. برگمان جستجوگری‌ست که حتی در فیلم‌های مذهبی‌اش هم در حال کشف خودش و دنیای اطراف خود می‌باشد. این جستجوگری، در آثار او، رفته رفته به مضامین پیچیده‌تری می‌رسد و به درونیات انسان و تناقضات آن می‌پردازد. خودش می‌گوید با فیلم‌هایی مانند مهر هفتم خوددرمانی کرده است. توضیح می‌دهد سر صحنه هم همانند کودکی‌اش، که درب کمد اسباب‌بازی‌هایش را باز می‌کرده و با خود فکر می‌کرده که امروز چه باید کند، عمل می‌کند. یعنی از جعبه ذهنش مفاهیم مذهبی و روانی را انتخاب می‌کند و در بازی با آنها فیلم سینمایی هم می‌سازد.

فلینی: در سینمای ایتالیا نیز فلینی رویکرد و نقد خود به مسیحیت را لابلای مفاهیم عنوان می‌کند. مثلا در فیلم رم، ضمن اینکه شهر را لایه‌لایه نشان می‌دهد، به مذهب هم می‌پردازد. از خاص‌ترین پلان‌های او، صحنه فشن‌شوی راهبه‌ها و کشیش‌هاست. انواع لباس روحانیون زن و مرد به نمایش درمی‌آیند، اسقف‌ها و متولیان کلیسا نشسته‌اند، انتخاب می‌کنند و دست می‌زنند. این پلان که مقایسه تجمل مسیحیت دستکاری شده در برابر مسیحیت متواضع است نوع نگاه و نظر فلینی در مورد کلیسا را برملا می‌کند.

برسون: برسون اما نگاه مذهبی خود را تا انتهای دوران فیلمسازی حفظ کرده است. او با ایمانی قطعی فیلم می‌سازد و تکلیفش به عنوان فردی مذهبی با خودش، فیلمش و محیطش روشن است. پیام‌های روشن خود را موجز و بدون حرف اضافه بیان می‌کند. مثلا در فیلم محکوم به مرگ گریخت به شیوه مینیمالیستی و بصورت استعاره‌ای راه نجات و سعادت را فرار از زندان خود ساخته بشر عنوان می‌کند. کاراکتر اصلی این فیلم آرام و مطمئن و مسلط، همانند خود برسون، ظاهر می‌شود و به رستگاری ایمان دارد. یا در فیلم خاطرات کشیش روستا جدال شک و ایمان را در زن داستان نشان می‌دهد و در نهایت او را مومن از دنیا می‌برد.

جدول مقایسه‌ای تقابل برخی فیلم‌ها با پایه‌های مدرنیته

	ضد آموزش نوین	ضد سازمان‌های مدرن	قانون گریزی	مرگ ستایی	تحریک به اقدام چریکی	غرب ستیزی	تقابل با شهرنشینی	جنسیت زدگی	ضد کارآفرینی	درگیری فیزیکی
قیصر	■	■	■	■	■			■		■
آقای هالو							■	■		■
پنجره				■			■	■		
رضا موتوری	■	■	■	■		■		■		■
طوقی			■	■				■		■
آدمک	■	■		■		■		■		
فرار از تله				■				■	■	■
خداحافظ رفیق				■						■
داش آکل				■						■
آرامش در حضور دیگران		■		■			■	■		
صبح روز چهارم				■				■		■
تپلی				■				■	■	■
صادق کرده		■	■	■	■		■	■		■
پستچی			■	■		■		■	■	
بلوچ		■	■	■	■		■	■	■	■
تنگنا		■		■				■		■
مغولها		■					■			
خورشید در مرداب			■	■	■			■		■
هشتمین روز هفته	■							■		
تنگسیر			■	■	■					■
غزل				■				■		
خاک				■	■	■		■		■
نفرین				■				■		
شازده احتجاب				■				■		
گوزنها	■	■	■	■	■					
مسلخ			■	■	■			■		■
زیر پوست شب						■		■	■	■
کندو		■		■	■			■		■
سرایدار		■		■						
شام آخر								■		
دایره مینا				■				■		

پی نوشت

فصل اول

۱- در عصر صفویه نام‌های کمال‌الدین بهزاد و رضا عباسی می‌درخشند و در قاجاریه کمال‌الملک شاخص‌ترین نقاش می‌باشد.
۲- رجوع به مقاله "یک حکایت: ملاهادی سبزواری و دوربین ناصرالدین شاه" وبسایت پارسینه، ۲۴ بهمن ۱۳۹۱.
۳- رجوع به مقاله "تاریخ سینمای در ایران"، وبسایت انسان‌شناسی و فرهنگ.
۴- آبی و رابی، انتقام برادر، حاجی آقا آکتور سینما، دختر لُر، بوالهوس، شیرین و فرهاد، فردوسی، چشم‌های سیاه و لیلی و مجنون.
۵- زندانی امیر، طوفان زندگی، واریتهٔ بهاری و شرمسار.
۶- اگر چه به گفته بسیاری از کارشناسان سینمای ایران، از جمله فرزاد موتمن، مهدی فخیم‌زاده و عبدالله علیخانی سینمای داخلی در سال‌های ۵۵ و ۵۶ در رقابت با فیلم‌های خارجی ورشکسته شده بود اما اینجا تنها رشد کمی در نظر گرفته شده است. ملاک محاسبه تعداد تولید فیلم نیز، وبسایت سوره سینما بعنوان بانک اطلاعات جامع فیلم می‌باشد.

فصل دوم

۱- رجوع به مقاله "دانایی و توانایی بدون تظاهر و به رخ کشیدن" احمد طالبی‌نژاد، وبسایت ایران آنلاین، ۴ دی ۱۳۹۹.
۲- رجوع به مقاله "آدامس‌فروش" وبسایت رادیو زمانه، ۱۸ آذر ۱۳۹۹.
۳- مشایخی از ۶ فیلم در دهه ۴۰ به ۲۳ فیلم در دهه ۵۰ می‌رسد، کشاورز از ۴ فیلم به ۱۰ فیلم، انتظامی از ۲ فیلم به ۱۱ فیلم، نصیریان از ۲ فیلم به ۵ فیلم و رشیدی از ۱ فیلم به ۸ فیلم می‌رسد.
۴- حتی دختر لر بعنوان اولین فیلم ناطق ایرانی در هندوستان ساخته می‌شود. رجوع به مقاله "چهره به چهره با پسر ۷۸ ساله کارگردان نخستین فیلم ناطق ایران"، روزنامه همشهری، ۳ خرداد ۱۳۹۲.

فصل سوم

۱- رجوع به مصاحبه پرویز جاهد، وب‌سایت ایران آنلاین، "موج نوی سینما تعریف دقیق و مشخص ندارد"، ۴ آبان ۱۳۹۵.
2-Cahiers du Cinéma
۳- افرادی مانند شریعتی که از علاقه‌مندان قیصر بوده‌اند. رجوع به پی‌نوشت ۱۰ فصل چهارم.
4-Change Theory of Kurt Lewin

رجوع به مقاله "شهید مطهری فیلم محلل را شنید و روی آن نقد نوشت"، وبسایت خبر آنلاین، مورخ ۶ آذر۱۳۹۱-۵-.

فصل چهارم

1-Butterfly Effect

۲- طبق مصاحبه محسن صفایی فراهانی با علی دهباشی سینما رکس را انقلابیون به منظور ایجاد وحشت به آتش کشیدند و حدود ۷۰۰ نفر زنده سوختند.

۳- ممکن است گفته شود سینمای هند هم از عناصر مشابهی سود برده است. باید توجه کرد بافت مذهبی و اجتماعی و فرهنگی جامعه هند با ایران کاملا متفاوت است. مثلا در سینمای هند هم شاهد جوانمردی‌های غلو شده هستیم اما چون سوژه‌ها هنجارشکن نیستند کماکان به کار خود ادامه می‌دهند. یا با وجود اینکه حساسیت‌های مذهبی در بافت هندوستان در مورد زنان به اندازه ایران نبوده، در همان دوره، شاهد هنجارشکنی‌های جنسی سینمای ایران در بالیوود نیستیم.

۴- بریده جریده‌ای از ستاره‌ها و فوق ستاره‌های زمان پهلوی در اینترنت وجود دارد که همگی با مینی‌ژوپ مخالفند.

۵- تفاوت برخورد مردان در دوران کشف حجاب رضاشاه با حجاب اجباری جمهوری اسلامی نیازهای عمیق جامعه را نشان می‌دهد.

۶- مراجعه به مصاحبه سید محمود هاشمی شاهرودی، ماهنامه پاسدار اسلام، سال سی و چهارم، شماره ۴۰۵ و ۴۰۶ آبان و آذر ۱۳۹۴، ص ۱۲.

7-Frederick Winslow Taylor

8-Henri Fayol

۹- البته این شرایط مسئولیت نظام پهلوی برای نهادینه کردن قانون و تربیت پلیس قانونمدار را نفی نمی‌کند. هر کس بایستی کار خود را درست انجام می‌داد.

۱۰- رجوع به مقاله "دیدگاه دکتر شریعتی درباره فیلم قیصر: تنها فیلمی که به سیستم نه گفته است"، سایت تاریخ ایرانی، ۹ آذر ۱۳۹۰.

۱۱- رجوع به قبلی.

۱۲- شریعتی حتی عادت داشته در حاشیه برگه‌های امتحانی دانشجویانش یادداشت‌نویسی کند.

۱۳- رجوع به مقاله "فیلم قیصر کیمیایی به روایت دکتر شریعتی" بخش خاطرات کیمیایی و داریوش ارجمند، وبسایت تاریخ ایرانی، ۴ دی ۱۳۸۹.

فصل پنجم

۱- رجوع به مقاله "مهدی میثاقیه، مصادره اموال و بنیاد سینمایی فارابی" وبسایت

توانا.

۲- رجوع به قبلی.

۳- رجوع به مقاله " از حریق سینما جمهوری تا شعله‌ور شدن شایعات، وبسایت فردا نیوز، ۲۵ آبان ۱۳۸۷.

۵- قتل فریدون فرخزاد از سوی برخی رسانه‌ها و فعالان سیاسی در زمره قتل‌های زنجیره‌ای دسته‌بندی می‌شود

۶- در فیلمی که از کودکی گوگوش روی یوتیوب وجود دارد این آموزش کاملا مشخص است.

۷- رجوع به مصاحبه گوگوش با هما احسان در یوتیوب.

۸- اتفاقا ملک مطیعی وقتی از آن کلیشه شخصیتی خارج می‌شود و در سه قاپ در نقش یک قمارباز عاطل ظاهر می‌شود جایزه بهترین بازیگر مرد جشنواره سپاس را می‌برد.

۹- مصاحبه پرویز صیاد با شبکه تلویزیونی ایران اینترنشنال، ۲۰۲۱.

۱۰- رجوع به مقاله "از مرگ شهیدثالث ۶ سال گذشت"، وبسایت بی‌بی‌سی، ۲۹ ژوئن ۲۰۰۴.

فصل ششم

۱- رجوع به مصاحبه "هارون یشایایی، از دوستی با بیژن جزنی تا تهیه‌کنندگی سینما"، وبسایت تاریخ ایرانی، ۲۴ شهریور ۱۳۹۸.

2-http://www.vincasa.com/indexkoch.html

3-https://www.empireonline.com/features/how-hollywood-won-world-war-two/

فصل هفتم

۱- زن نازنین، چهار شب یک رویابین و پول.

۲- با این حال خود برگمان و تارکوفسکی هرگز ملاقاتی با هم ندارند.

۳- رجوع به مقاله "برتولوچی؛ سینما، سکس و انقلاب"، وبسایت بی بی سی، تاریخ ۶ اردیبهشت ۱۳۹۰.

۴- به دلیل وسعت قضاوت‌های فردی و حکومتی، شخصی کردن سینما در ایران، کار دشواری‌ست. شاید راحت ساختن اینگونه فیلم‌ها در غرب، ریشه در سنت اعتراف در کلیسا داشته باشد.

5- http://www.federicofellini.it/

۶- شهیدثالث تنها فیلم‌ساز ایرانی ست که سکوت در آثارش نقشی اساسی دارد.

۷- به لحاظ وانهاده شدن یک زن توسط شوهرش این فیلم را می‌توان شبیه کتاب

زن وانهاده سیمون بولیوار دانست. با این تفاوت که زن داستان بولیوار رها می‌شود اما اینجا زن با خیانت شوهر از درون احساس رهاشدگی می‌کند. از سوی دیگر اینکه شوهر جولیتا، او را احمق فرض می‌کند و دروغ می‌گوید برعکس کاری‌ست که مرد داستان صحنه‌هایی از یک ازدواج برگمان انجام می‌دهد. در واقع در فیلم برگمان مرد داستان مستقیم به همسرش می‌گوید که عاشق دیگری‌ست و می‌خواهد او را ترک کند. این تفاوت را می‌توان به تفاوت خاستگاه فرهنگی دو فیلمساز مرتبط دانست.

8- https://www.criterion.com/current/posts/423

منابع

منابع

1- Stephen P. Robbins, Organization Theory: Structures, Designs, and Applications, 3rd Edition, Prentice Hall, January 11, 1990.

2- Philip T. Kotler & Gary Armstrong, Principles of Marketing, 17th Edition, Pearson, 2017.

3- Fred R. David, Strategic Management: Concepts and Cases, 13th Edition, Prentice Hall, 2010.

4- Richard L. Daft, Management, 13th Edition, Cengage Learning, 2017.

5- IMDb (Internet Movie Database).

۶- وبسایت سوره سینما بعنوان بانک اطلاعات جامع فیلم ایران.